중독된 그녀들

탐닉의 늪에서 탈주하기

일러두기

1. 법률, 단행본의 경우 『 』, 영화, 신문기사, 방송프로그램 제목의 경우 〈 〉로 표기했습니다.

2. 인터뷰 자료의 경우 맞춤법 규정을 따르되, 화자의 독특한 말투나 표현 등은 그대로 싣고
자 하였습니다. 인터뷰 내용 중 생략되거나 보충설명이 필요한 내용에 대해서는 ( )로 보
충하였습니다.

3. 이 저술에 참여한 여성들의 호칭은 임의의 알파벳 이니셜로 표기하였습니다. 자신들의 목
소리를 기꺼이 내어준 네 분의 여성께 깊은 감사를 드립니다.

중독된 그녀들

탐닉의 늪에서 탈주하기

임혜영 최미경 강선경 지음

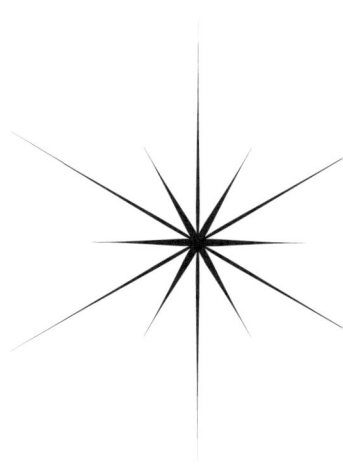

딕

목차

제1부 중독에 빠지는 그녀들

제2부 중독된 여성들을 주목해야 할 이유

중독, 우리 시대의 숨겨진 이야기

　요사이 '도파민 중독', '도파민 사회'라는 말이 유행처럼 떠돌아다닌다. 이것은 흥분과 쾌락을 주는 도파민에 중독된 사람들이 그것을 발생시키는 특정한 물질과 행위들을 적극적으로 찾아 헤매는 현상을 일컫는다. 이러한 특정 물질과 행위는 셀 수 없을 만큼 다양하다. 초콜릿, 맵고 자극적인 음식, 유튜브·인스타그램 등의 다양한 온라인 플랫폼, 각종 게임 등에 대한 중독에서부터, 알코올, 마약류, 도박, 인터넷, 쇼핑, 성형, 성중독이라고 불리는 전통적 중독에 이르기까지. 무궁무진한 중독 물질과 행위가 우리를 도파민에 과의존하는 중독자로 몰아가고 있다. 그렇다면 현대인들은 어쩌다 중독자로 내몰리는 처지가 되었을까? 그중에서도 여성들이 중독자로 내몰리는 이유는 무엇일까?

　이 글은 도파민을 찾아 헤매다 중독에 빠지는 현대인들의 근원적 기분을 '불안'에서 찾았다. 그리고 이 불안에 먼저 달려가 반응하는 우리 자신의 몸을 '지각된 몸'으로 이해했다. 특히 이 글은 중독 여성의 문제를 이해하고, 이를 독자인 세상 사람들과 함께 사회적으로 공명하고 싶다는 작은 소망에서 출발했다. 왜냐하면 현대 여성들이 처한 삶의 압력이 남성들과 비교해 전혀 가볍지 않기 때문이다. 현대사회에서 그녀들은 남성과 다를 바 없이 혹은 더 불안정하게 노동시장 내 치열한 경쟁 관계에서 살아남아야 한다. 또한, 아름다운 얼굴과 관능적 몸매에 대한 사회적 압력 또한 훨씬 더 강하게 받는 존재이다. 어디 그것뿐이겠는가? 자녀의 임신과 출산, 양육 그리고 다른 가족구성원에 대한 돌봄 압박도 여전히 남성보다 더 큰 것이 현실이다.

이 글은 현대 사회를 살아가는 여성들이 주변과의 관계 경험 속에서 어떤 내재적 결핍과 괴리를 마주하는지에 주목했다. 나아가 그녀들이 처한 사회문화적이고 구조적인 상황과 맥락 가운데 어떤 것이 그들을 중독으로 이끌었는지를 심도 있게 탐구했다.

자신이 살아온 삶의 이야기를 진술하게 들려줄 회복기의 중독 여성들을 만나기란 결코 쉽지 않았다. 그로 인해 우리 사회 어딘가에서 살아가는 중독 여성들을 만나, 그녀들의 내밀한 속내와 마주하기까지 꽤 오랜 시간이 걸렸다. 저자들은 3년이란 긴 호흡 속에서 그녀들과의 변증법적 대화를 나누며 속 깊은 이야기들을 공감적으로 이해하고자 노력했다. 이 속에서 솟아오르는 구성적 주제들을 '탐닉의 뿌리와 탄생부터, 탐닉의 늪과 탈주'까지의 연속선상에서 그녀들의 구술을 중심으로 이해했다. 이 점에서 자신들의 목소리를 기꺼이 내어준 네 명의 여성은 이 저술의 진정한 주인공들이다. 세 명의 저자들 또한 태어나지 못해 가능태로 열려있던 그녀들의 목소리를『중독된 그녀들: 탐닉의 늪에서 탈주하기』라는 제목으로 세상에 나올 수 있도록, 더 나아가 이를 세상 사람들이 들을 수 있도록 한 동시대 여성들이라는 점에서 이 저술의 또 다른 주인공들이기도 하다.

글은 4부로 구성했다. 먼저 '제1부 중독에 빠지는 그녀들'에서 '인간 심성에 관한 가설'은 인간의 근본 기분을 '불안'으로 보고, 이 불안감을 떨쳐버리기 위해 우리 몸이 중독 물질과 행위를 향해 어떻게 달려가는지를 '지각된 몸'에서 해명하고자 했다. 그리고 실존적 존재로서 타자와 관계 맺는 인간이 그들의 삶터 안에서 어떠한 '마음 씀'으로 관계 맺는지와, 이 관계 맺기가 만들어 내는 상처의 실체는 무엇인지를 분석했다. 제1부는 임해영과 강선경이 공동 기술했다.

'제2부 중독된 여성들을 주목해야 할 이유'에서는 '중독을 조장하는 불확실성의 사회'를 살아가는 현대인들이 어떤 성과와 결과물을 만들어 내기 위해 질주하는지를 살폈다. 나아가 스스로 착취하는 '자기 착취의 사회' 속에서 어떻게 피폐해지는지, 게다가 웬만한 자극에도 감응하지 못하고 오히려 권태로움을 느끼는 '지루한 사회'를 어떻게 살아가는지 궁구했다. 나아가 '완벽한 여성이라는 신화'에서는 '가족주의 압력' 속에서 여성들이 가정과 일터에서 분투하는 슈퍼우먼의 삶, 그리고 '여성의 몸에 대한 강제와 압력'이 주는 이상화된 여성의 외형적 모습이 어떻게 그녀들을 중독으로 내몰고 있는지를 조명했다. 마지막으로 '결핍이 만들어 낸 과몰입과 의존'에서는 학문적으로 정의되고 있는 중독의 개념 및 핵심적 특성과 함께, 제3부부터 다루고 있는 중독 여성들에 대한 사전 이해를 높이기 위해 중독 유형에 대한 기초적 정보를 제공했다. 제2부는 임해영이 기술했다.

'제3부 중독된 여성들의 초상'에서는 '탐닉의 뿌리로서 네 여성의 이야기'를 생애사적으로 풀어냈으며, '탐닉의 탄생과 회복의 길'에서는 중독된 여성이 중독 물질과 행위를 접하게 된 직접적인 계기를 서술했다. 아울러 중독의 늪으로 빠져들게 된 과정적 경로와 늪에 빠진 삶, 그리고 그 중독의 늪에서 탈주를 감행하게 된 계기와 회복 과정에서의 희로애락을 담아냈다. 제3부는 임해영과 최미경이 공동 기술했다.

마지막으로 '제4부 회복을 향해 나아가기'에서는 회복기에 있는 중독 여성 당사자가 '욕구하고 기대하는 것'을 서술했다. 또한 이 글을 저술한 저자들이 제언하고 싶은 내용을 '사회적 성찰'이라는 핵심 키워드를 통해 다루며 회복기 여성의 실존적 필요에 맞춘 방안들을 제시했다. 제4부는 임해영이 기술했다.

제1부

중독에 빠지는 그녀들

지금까지 중독에 빠진 이들에 대한 사회적 인식은 '질환을 가진 사람' 혹은 '취약한 어떤 결함을 가진 사람'으로 보는 경향이 강했다. 이러한 사회적 시선은 중독된 그 혹은 그녀들을 환자 내지 비난의 대상자에 위치하게 했다.

이 저술은 중독자에 대한 이러한 전통적 접근법에서 벗어나고자 한다. 제1부에서는 중독에 빠진 여성들의 근원적 출발점을 불안감으로 보고, 불안한 현대인들의 몸이 '중독에 빠지기 쉬운 물질과 행위들'에 어떻게 무의식적으로 달려 나가는지를 해명한다. 또한, 중독 물질과 행위에 매혹되는 불안한 현대인은 타자와 관계를 맺은 실존적 존재다. 그 실존의 관계성이 만들어 낸 상처인 '정서적 결핍'과 '소외감'을 이들이 어떻게 경험하며, 이 상처들이 만들어 내는 고통을 회피하고자 중독 물질과 행위를 어떻게 만나는지를 해명하는 데 이 글의 무게 중심을 두었다.

제1장. 불안: 인간 심성의 숨겨진 동력

1994년에 개봉한 〈남자가 여자를 사랑할 때(When a Man Loves a Woman)〉의 주인공 엘리스는 알코올에 중독된 여성이다. 영화 속 그녀는 알코올 중독자 모임에서 자신은 아홉 살 때부터 맥주를 마시기 시작했고, 1년 전쯤부터는 계속 술을 마시면서 그녀가 사랑하는 많은 사람에게 거짓말을 했다고 고백한다. 그리고 그녀는 자신의 술 문제로 인해 딸아이를 쇼핑몰에 두고 온 사건과, 집에서 술을 먹으면서 정신을 잃어버렸던 경험, 술 문제로 인해 결코 해서는 안 될 일이었던 '딸아이에게 폭력을 가한 기억'을 고백하고 있다.*

엘리스는 비행기 조종사인 남편, 그리고 두 딸아이와 함께 살아가고 있으며 초등학교 상담교사라는 직업을 가진 채 평범한 일상을 영위하던 여성이었다. 가정 환경은 아이들을 돌봐줄 도우미를 고용할 수 있을 정도로 경제적 여유가 있고, 그녀의 행복만을 바라

---

* 엘리스의 대사 내용과 더 구체적인 영화의 내용은 〈남자가 여자를 사랑할 때〉 속에서 감상해 보기를 권한다.

는 친정 부모님도 있다. 그래서 일견 남 부러울 것 없어 보이는 그녀가 알코올 중독자로 전락한 것이 의아하기만 하다. 그렇다면 영화 속 그녀는 왜 알코올중독이란 중독의 늪으로 빠져들게 된 것일까? 물론 어떤 이들은 중독 문제가 가족 내 폭력, 학대, 신체적 · 정신적 질병, 빈곤 등과 같이 특별히 그 무게를 감당하기 어려워 삶을 압도하는 개인적 혹은 환경적 문제에서 야기된다고 생각할지도 모른다. 그런데 현대인의 중독은 삶의 압력을 느끼는 개인이라면 누구라도 그것에 빠질 수 있는 위험이 도사리고 있다.

영화의 주인공 엘리스의 중독 문제 역시 그녀가 '일하는 여성'으로서 겪는 다양한 삶의 부담과 깊은 관련이 있음을 짐작할 수 있다. 어린 두 자녀의 양육, 비행기 조종사인 남편의 잦은 부재, 그리고 직업적 스트레스 등은 그녀에게 상당한 압박으로 작용했을 것이다. 이러한 삶의 무게를 잠시나마 잊기 위해 시작된 한두 잔의 알코올이 결국 그녀를 중독의 늪으로 서서히 이끌었을 것으로 짐작해 볼 수 있다. 어찌 보면 이것이 현대인의 중독 문제가 가지고 있는 치명적 위험성이다. 이는 중독이 현대 사회에서 삶의 무게와 압박을 느끼는 누구에게나 일어날 수 있는 보편적인 문제이기 때문이다. 중독의 수렁 속에서 허우적대는 동안에는 그것의 위험성을 인식하기 어려우며, 스스로 더 이상 빠져나오기 힘들다는 사실을 자각한 후에야 비로소 그 심각성을 깨닫게 된다.

이러한 이유로 현대사회는 중독 사회라고 호명되고 있다. 그리고 중독자로 살아가는 수많은 익명의 대중들은 알코올 · 마약중독 등과 같은 물질중독, 도박 · 디지털 · 게임 · 일 · 섹스 · 쇼핑 · 성형중독 등과 같은 행위중독에 빠져서 살아가게 된다. 그러나 특정한 중독에 빠져 산다는 건 자신을 비롯한 가족, 친구, 동료와 같은 주변인들에게 다양한 문제의 결과물들이 반드시 되돌아오게끔 만든다. 이는 자의든 타의든 상관없다. 이러한 되돌아옴의 문제 안에는 중독 당사자가 경험하는 다차원적인 감정 반응, 이로 인한 정신건강의 문제, 사회경제적 파국, 자기 파괴적 행위 등이 있다. 예컨대 중독된 당사자는 즐거움, 기쁨, 쾌감, 수치심, 죄책감, 분노, 슬픔, 좌절, 무기력감, 공허감, 우울감 등의 긍정과 부정, 쾌와 불쾌, 기쁨과 슬픔, 희망과 절망 등의 감정의 진폭을 경험하게 된다. 이로 인해, 우울증, 망상, 환각 등과 같은 정신 건강상 치명적 해를 입을 수 있다. 또한 중독자라는 부정적 꼬리표가 붙게 되면서, 사회적 비난과 낙인 혹은 처벌의 나락으로 떨어지기도 한다. 나아가 중독 문제는 중독 당사자의 노동 의지나 직업 역량을 무너뜨리면서 이로 인한 실업, 심각한 빈곤 상태로 내몰리는 경제적 파국으로 치닫기도 한다. 더욱이 자해, 자살과 같은 극단적인 자기 파괴적 행위까지 덮쳐올 경우, 중독 당사자뿐만 아니라, 그 가족, 친구, 동료, 이웃사촌, 지역사회까지도 치명타가 될 수 있다.

　문제는 엄청난 사회적 위험 요소를 내재한 중독 문제로 인해 고통받고 있는 사람들이 점점 늘어나고 있다는 것이다. 그리고 이러한 중독 문제는 현대사회를 살아가는 개인이라면 남녀노소를 가리지 않기 때문에 이 현상에는 더 큰 위험성이 내재해 있다.

그렇다면 현대인들은 어쩌다 중독으로 내몰리는 처지가 되었을까? 현대사회의 어떠한 특성들이 개인의 중독을 조장하게 되었을까? 앞서 언급한 영화 주인공 엘리스처럼 현대사회를 살아가는 여성들은 어떠한 이유로 중독 문제에서 예외가 될 수는 없는 것일까? 여성들의 가족 혹은 사회 내 어떠한 역할과 위치의 압력이 그녀들을 중독이란 탐닉의 늪으로 몰아가는 것일까? 이제 중독을 조장하는 사회는 어떤 사회이고, 우리 인간의 어떤 심리 내적 기제들이 이 사회와 연결되었는지를 찾아가 볼 때이다.

현대철학의 거장 하이데거(Heidegger)는 인간 현존재(Da-sein)의 본모습을 '쿠라(염려)'라고 부른다. 그는 '쿠라 신화'를 소개하면서, 인간은 염려로 존재한다는 것을 말하고 있다. 그 내용은 아래와 같다.

근심의 여신 쿠라(Cura)는 흙(humus: Erde)으로부터 하나의 형상을 만들고, 주피터(Jupiter)에게 이 형상에 영혼(Geist)을 불어넣어 달라고 부탁한다. 그때 쿠라는 그녀가 빚은 그 형상에 자신의 이름을 붙여 주려고 한다. 하지만 영혼을 불어넣어 준 주피터와 흙을 제공한 대지의 여신 델루스(Tellus) 또한 그 형상에 자신의 이름을 넣어야 한다고 고집한다. 다투던 이들은 시간의 신인 사투르누스(Saturnus)를 심판관으로 모셔, 판결을 부탁한다. 이때 시간의 신 사투르누스는 영혼을 불어넣어 준 주피터는 그가 죽을 때 영혼을 돌려받고, 형상을 준 델루스는 육체를 돌려받고, 그가 살아 있는 동안은 쿠라의 것으로, 그의 이름은 흙으로 만들어졌기에 인간(homo)이라 하라고 말한다. *

---

* 최상욱, 2006, 『하이데거와 여성적 진리』, 철학과 현실사, pp.60-61.

위와 같은 신화를 통해 하이데거는 인간 현존재의 실존적 본성을 '쿠라'의 모습으로 전제하면서, 인간이란 근심, 걱정과 같은 불안이라는 근본 기분에 사로잡혀서 어디에서 왔다가 어디로 가는지 알지 못하는 안개와 같은 모습으로 살아가게 된다고 했다.* 이처럼 하이데거가 '쿠라'로 규정한 인간 현존재의 근본 기분 안에는 염려와 같은 내면의 불안감이 깊숙이 자리를 잡고 있다. 예컨대 '인간의 삶'이라는 것은 시간성 속에서 '쿠라'라고 하는 염려, 즉 근심 · 걱정 등과 같은 불안감과 함께 뒹굴며 살아가는 존재라는 것이다. 그리고 이러한 염려에는 어떠한 대상이나 실체 없이 막연하게 근심 · 걱정하는 것에서부터, 그 대상이 좀 더 명확하고 그 강도에서 차이가 나는 두려움이나 겁, 공포의 감정까지도 포함된다. 이와 같은 하이데거의 사유에서 얻을 수 있는 한 가지 분명한 점은 '불안감'이 근원적인 심리 내적 기제라는 점이다. 인간으로 태어나 삶을 짊어지는 그 순간부터 불안은 그와 그녀의 삶에 스며들며, 뒤섞여 함께 뒹굴고 피어오른다.

그런데 중독 발생의 심층적 원인을 탐색한 연구자들**도 그것의 발생학적 원인을 인간의 두려움이라는 불안 기제에서 찾고 있다. 이는 곧 '두려움'이라고 하는 불안 기제가 현대인의 내면적 불안정성을 강화한다고 본 것이다. 이 때문에 두려움을 회피

---

* 위의 글, pp.60-63.

** 강수돌 · 홀거 하이데, 2018,『중독의 시대-대한민국은 포스트 트라우마 중독사회다』, 개마고원, pp.19-20.

하거나 억압하려는 수단으로서 중독에 내몰린다는 의미다. 그리고 현대인의 내적 불안정성이 커지게 된 가장 큰 원인으로 산업문명의 발달, 이로 인해 인간과 자연이 분리되며 생겨난 경향인 '탈 자연화' 과정을 지목한다. 그렇다면 산업문명에 따른 현대사회의 어떤 모습이 현대인들을 불안 심리로 소용돌이치게 하는 것일까? 그리고 이것은 증대되는 각종 중독 문제와 어떻게 상호 연결되는 것일까?

'쿠라 신화'에서 짐작해 볼 수 있듯, 우리 인간은 어쩌면 '불안'이라는 심리를 평생 짊어지고 살아야 할 운명에 처해 있다고 해도 과언이 아니다. 문제는 현대사회 자체가 숙업과도 같은 이 불안을 더욱 부추기고 조장한다는 것이다.

지난 2012년 CBS는 〈불안〉이란 다큐멘터리 3부작을 방송한 바 있다. 그 다큐멘터리를 제작한 정혜윤 PD는 그것의 취재 · 제작기에서 꿈의 스펙을 갖춘 비정규직 여성의 이야기를 소개했다.[*] 이 비정규직 여성은 '편입 준비할 때부터 4시간 이상 자 본 적이 없다'고 말했다. 물론 그녀는 돈이 없었기에 '학원을 다니는 것은 꿈도 꿀 수 없었고, 혼자 인터넷 강의와 문제집을 풀면서 자격증을 취득했다'고 한다. 그래서 이 여성은 가난한 청춘이었지만 취업에 좋은 스펙을 갖추어 나가는 자신이 자랑스럽기도 했다. 하지만 이 여성은 정규직으로 취업할 수 없었으며, 그녀가 세상 사람들에게 들은 이야기는 '왜 더 열심히 하지 못했느냐?'라는 싸늘한

---

[*] 정혜윤, 2012, "'불안'이 왜 사회적 질병인가", 『신문과 방송』, 통권 502호, p.61.

시선이었다고 한다.*

　여기서 정혜윤 PD는 확실할 것 하나 없는 사회에서 '멈춰 있다는 것'은 곧 낙오와 탈락을 의미하기에, 이와 같은 낙오와 탈락에 대한 불안과 두려움이 현대를 살아가는 그와 그녀들을 쉴 새 없이 바쁘고 초조하게 살아가도록 몰아댄다는 것을 지적했다. 그리고 이 몰아댐 속에서 어떠한 성과를 내지 못하면 그것은 좀 더 열심히 살아내지 못한, 능력이 떨어지는 개인 탓이 된다. 그러니 곧 성공적인 결과로 연결되지 못했다는 것은 덜 노력했거나 노력하지 않은 것이 되어버린다. 결국 미래가 불확실한 사회에서 낙오와 탈락에 대한 두려움이 현대인들의 불안을 더 부추기며, 이 속에서 현대인들은 어떠한 성과를 만들어 내기 위해 혈안이 될 수밖에 없다. 그래서 이 불안감들은 우리 현대인들에게 불확실성이라는 이름 아래 어떤 성과를 만들어 내도록 부추긴다. 그리고 이렇게 부추겨진 우리들은 이것을 위해 동분서주하는 과정에서 스스로 착취하게 된다. 그런데 불안한 현대인이 몸으로 먼저 만나는 능력·성과 중심의 사회는 과몰입·과잉 행위로 스스로 착취하게도 만들지만, 그것으로부터 달아나고 싶은 회피 욕망도 동시에 솟아오르게 한다. 이 과정에서 그 혹은 그녀가 어린 시절부터 축적해 온 해결되지 않은 정서적 결핍, 거대 자본주의 사회에서 살아가며 느끼는 개인의 이상화된 욕구와 현실 사이 간극, 그리고 거기서 오는 소외감은 스스로 파국에 치닫게 할 수도 있다.

---

* 　위의 글, p.61.

한편 이처럼 불안을 부추기는 현대사회에서 사는 우리는 눈코 뜰 새 없이 바쁘고 정신이 없을 수밖에 없다. 그리고 이러한 분주한 일상의 역동 안에서 많은 감각적인 자극들을 받아들이기도 하고 스스로 뿜어내기도 한다. 문제는 이것을 반복하는 과정에서 더 감각적이고 자극적인 즐길거리를 찾게 된다는 점이다. 그래서 더 강한 자극으로 충족되지 않으면 이것은 오히려 재미없거나 지루한 것이 되기도 한다. 다시 말해 성과를 만들어 내기 위해 동분서주하는 현대인들의 일상은 다람쥐 쳇바퀴 같은 반복적 삶이 되고, 이것이 오히려 삶을 지루하고 무의미하게 만들어 버릴 수도 있다는 것이다. 그래서 요사이 우리 사회는 조금 더 자극적인 것, 그리고 짜릿함과 쾌감을 더할 수 있는 것이라면 설령 그것이 범죄 행위라 할지라도 서슴지 않고 행하는 일이 자주 발생한다. 이것의 예로 한 신문 기사에서는 '청소년들 사이에서 화장실의 비품을 훔치거나 망가뜨리는 범죄 놀이가 마치 챌린지 행위처럼 소셜미디어를 통해 확산하는 현상'*을 보도했다.

불안감은 인간의 심리적 상태에서 비롯된 작은 계기로 시작되지만, 이는 내면의 파동을 일으켜 개인과 현대사회에 영향을 미친다. 이러한 상호작용 속에서 중독이라는 파괴적이고 어두운 현상이 형성되는 과정을 살펴볼 필요가 있다.

---

* 　조선일보, 2021, "美 10대 '변기 훔치기 챌린지'유행⋯. 학교 화장실 문 잠갔다"(https://www.chosun.com/international/topic)(2021.09.21 검색).

제2장. 지각된 몸: 중독을 향해 내달리는 몸

　서양의 고대철학에서는 영원불변의 본질을 상징하는 영혼보다는 인간의 몸을 더 저급한 것으로 평가하는 경향이 강했다.* 플라톤(Platon)은 몸과 영혼을 구분한 뒤 영혼이 몸보다 우월하다고 주장하면서, 인간의 인식과 윤리적 실천 등은 영혼이 주도적임을 강조했다. 데카르트(Descartes)는 심신이원론의 관점에서 몸을 정교하게 구성된 시계에 비교했는데, 그는 인간의 몸을 두고 기계적인 물질에 불과하다고 주장했다.

　그러나 현상학과 실존주의 철학에 기대어 있는 메를로 퐁티(Merleau Ponty)는 지각의 주체인 나와 세계는 이미 몸을 매개로 상호작용한다고 보았다. 그는 '나'라고 하는 자아의 의식이 생기기 이전, 우리 신체는 '세계의 일반적 형태'에 전인칭적으로 관련**되어 있다고 주장했다. 메를로 퐁티는 현대인이 생활세계에서 영위하

---

* 　허라금, 1998, "여성의 몸", 『한국여성철학회 학술대회 발표자료집』, pp.33~45.

** 　발리스 듀스 지음, 남도현 옮김, 2002, 『그림으로 이해하는 현대사상』, 개마고원, p.78.

는 소박한 일상의 경험을 두고 '의식적이고 반성적 삶 이전에 먼저 몸으로 감각하고 접촉하는 세계'라고* 제시했다. 즉 어떤 외부 현상 내지 대상을 인식한다는 것은 비어있는 의식이 아닌, 늘 충만 속에 존재하는 몸으로부터 시작된다는 것이다. 그래서 몸은 모든 인식을 위한 선행적 조건이며, 원초적이고 본질적 세계는 자아에 의식적으로 인식되기 이전에 직접적으로 감각하는 몸에 의해 경험된다.**

이러한 메를로 퐁티의 관점을 그의 주저 『지각의 현상학』에서 살펴보자. 그는 '몸'이란 순수한 의식으로써 주어지는 것이 아니라 실존적 상황 속에서 지각되는 것으로, 타자, 세계, 시공간 등은 이 몸을 통해 인식과 표현이 가능하다***고 했다. 이는 몸과 세계와의 관계가 마치 뫼비우스의 띠처럼**** 안과 밖이 연결되어 있어, 세계로부터 구조화된 몸은 자신의 모습으로 세계를 재구조화하고, 구조화된 세계는 몸을 다시 구조화하는 반복적인 순환 관계에 있다는 것을 뜻한다.*****

메를로 퐁티에게 몸은 감각기관을 통해 들어온 '정보'라는 새로운 세계와의 소박한 접촉을 통해 먼저 그 세계를 체험하는 통로다.

---

*   정지은 · 강기수, 2021, "메를로- 퐁티의 『지각의 현상학』에 나타난 몸철학의 교육적 의의", 교육사상연구, 제35권 2호, p.78.

**   위의 글, p.78.

***   김화자, 2020, 『모리스 메를로-퐁티 간접적인 언어와 침묵의 목소리』. 책세상. pp.111-112.

****   조광제, 2003, 『주름진 작은 몸들로 된 몸』. 철학과 현실사, p. 81.

*****   위의 글, p.81.

그리고 이때 체험한 세계는 의식적 판단이나 인식에 앞서, 몸을 통해 감각되고 지각된 것이다. 2019년 전 세계적으로 작품성을 인정받은 봉준호 감독의 〈기생충〉이라는 영화에서도, 오감을 통해 세상과 타인을 체험하는 여러 장면이 연출되었다. 영화 초반 기우는 오토바이 소리를 듣고 민혁이 왔음을 추측했고, 소리를 통해 예상된 타인은 그대로 적중했다. 그리고 기택, 충숙, 기우, 기정의 몸에서 풍기는 어쩔 수 없는 반지하의 냄새는 그들이 아무리 동익과 연교를 속이려고 해도 완벽하게 속일 수 없는 교묘한 빈틈을 만들어 냈다. 결국 이성이 인간 인식 영역의 모든 것을 통제할 수 없다는 것을 이야기하는 메를로 퐁티의 '지각된 몸'은 체험된 세계로서 우리 인간의 지각력의 예를 잘 보여주는 것이라고 할 수 있다. 일상에서 우리의 몸은 본능적이고 무의식적으로 움직이는 경우가 많다. 뜨거운 물체를 잡았을 때, 넘어질 것 같을 때, 운전 중 사고를 당할 것 같을 때 등의 다양한 상황 속에서 순식간에 저절로 먼저 반응한다. 이를 우리는 몸이 '먼저 만난다'고 표현한다. 그러니 몸과 세계가 촘촘하게 서로 유기적으로 조응하며 얽힌 관계라는 것을 위와 같은 예시를 통해 알 수 있다.

우리의 몸이 세계와 촘촘히 얽혀 있다는 사실을 가장 잘 보여주는 현상 중 하나가 중독이다. 중독은 인터넷, 게임, SNS(소셜 네트워크 서비스), 스마트폰, 약물, 도박, 쇼핑 등의 특정한 물질이나 행위에 대한 강박, 의존, 갈망에 반복적으로 빠져들고 탐닉하는 걸 말한다. 이는 단순한 의식적 판단의 문제가 아니라 몸이 세계에 먼저 반응하는 방식에서 비롯된다. 몸은 특정 물질이나 행위를 반복 소비하며 쾌락적 만족을 추구하고, 시간이 지나면서 그 쾌락에 길들여진다. 결국 쾌락이 몸에 각인되면서 자제해야 한다는 의식적 판단과 상관없이 몸이 원하는 방향으로 끌려가는 상황이 만들어진다.

현대인들은 무엇 하나 확실한 경로가 정해지지 않은 현대사회에서 끊임없이 능력을 입증해야 한다. 직장생활, 대인관계, 학업 등에서 오는 스트레스는 필연적이다. 그러다 보면 스트레스를 풀기 위해 '의식보다 한발 앞서 달려 나가는 우리 몸'을 통해 중독을 매개하는 자극제와 만나게 된다. 과거에는 중독을 매개하는 자극제와의 만남이 특정한 직업군과 연령대에 집중되었다. 그러나 현재는 누구나 마음만 먹으면 이를 마주할 수 있다. 설령 마음을 먹지 않더라도 누군가 웃으며 권하는 술 한 잔에, 게임 한 판에, 자신도 모르게 빠져드는 소셜미디어에, 살 빠지는 약이라는 얕은 속임수에 걸려들어 중독을 매개하는 자극제와 손쉽게 만나며 변질되어 가고 있다. 그래서 애나 램키(Anna Lembke)는 현대사회 중독의 가장 큰 위험성은 중독을 일으키는 물질과 행위에 대한 접근성*이 쉬워졌다는 것을 지적하고 있다.

일례로 2023년 초 여러 매체는 미국 필라델피아 켄싱턴 거리의 중독 문제를 다루었다. 그 지역 특정 거리에는 펜타닐 복용으로 마치 좀비처럼 몸이 꺾여 굳어버린 채 정지된 수많은 사람이

---

* 애나 램키 지음, 김두완 옮김, 2022, 『도파민네이션』, 흐름출판, p.30.

즐비해 있다.* 이들의 기괴한 모습은 암울한 디스토피아의 세계를 연상시키는 듯하다. 그 와중에도 거리에서 약은 계속 거래되고, 경찰이 주변에서 근무하고 있으나 이들은 폭행 등의 사고를 예방할 뿐 마약에는 별 관심이 없어 보인다. 실제 수없이 신종 마약 펜타닐을 투약한 손 혈관은 비정상적으로 부어있고, 약물에 익숙해진 그들은 제정신이 아님에도 불구하고 계속 투약을 위해 헤맨다.

그렇다면 펜타닐 중독이 비단 미국이라는 나라에서만 발생하는 사회문제일까? 최근 우리나라 언론에서는 이 펜타닐 중독의 문제가 10대 청소년들에게까지 침투했으며, 이들을 지옥 같은 삶으로 몰아넣고 있다고 연이어 보도했다. 한 뉴스 기사 인터뷰에 응한 10대 청소년은 펜타닐에 중독된 자신이 겪은 고통을 '돈까스 망치로 신경을 모두 찢는 지옥 같은 느낌'이라고 표현했다. 그러면서 그녀는 '펜타닐에 손을 대는 순간 인생이 망가진다는 걸 알 필요가 있다'**고 인터뷰했다.

이처럼 혈관이 비정상적으로 부어버릴 만큼 수없이 마약을 투약한 손, 그리고 손대면 인생이 망가져 버린다는 표현을 곰곰이 생각해 보자. 이는 곧 의식적으로 통제하고 제어하려 해도, 그것을 향해 질주하고 '손대는 몸'은 우리의 이성적 판단으로 결코 따라잡을 수 없다는 것을 암시한다. 현대인들은 어떤 중독이건 머리로

---

* 서울신문, 2023, "'좀비영화' 아닙니다. 실제 美 길거리 모습입니다"(https://www.seoul.co.kr/news/life/health-news)(2024.01.04. 검색).

** SBS 뉴스, 2023, ""13살에 첫 마약…손 대는 순간부터 인생 망가져"(https://news.sbs.co.kr/news)(2023. 12. 24 검색).

는 그것을 끊어내야 한다는 걸 잘 알고 있다. 그리고 자극을 불러 일으키는 매개체와 멀어지기 위해 의식적으로 노력을 기울이기도 한다. 하지만 짜릿한 전율과 몽환적 쾌감이 주는 중독의 강렬함에 언제나 한발 앞서 반응하는 우리 몸은 그것의 매혹에 압도되어 불나방처럼 빠져든다. 중독에 빠진 이들은 그 중독이 인생을 망친다는 것을 알며, 자신이 중독의 노예로 전락했다는 사실 역시 알아차리기 마련이다. 이 때문에 중독의 늪에서 빠져나오려 발버둥 치기도 한다. 그러나 중독 물질과 행위를 향한 충동과 갈망은 어느새 그 혹은 그녀를 재발이라는 수렁으로 밀어 넣어버린다. 그야말로 '중독된 몸'이 그들을 다시 탐닉의 늪으로 빠져들게 해 악순환을 반복하는 것이다.

그렇다면 현재의 이 세계는 왜 이토록 중독에 취약해졌을까? 우리 몸은 왜 죽을 줄 알면서도 불구덩이를 향해 달려드는 불나방처럼 중독을 향해 질주해 나가는 것일까?

현대인들의 삶은 불안과 두려움의 연속이다. 성과 위주의 경쟁 사회에서는 불안이 순간순간 엄습해 온다. 또한 필연적으로 두려움을 마주해야만 할 때도 있다. 이러한 순간들은 지금까지 쌓아왔던 공든 탑이 순식간에 무너질 수도 있다는 아찔한 상상이나 경험에 압도되게 한다. 그래서 그 혹은 그녀들은 이를 감추기 위해 혹은 벗어나기 위해 고군분투하게 된다. 그럼에도 그 분투의 감옥에 갇혀버린 개인은 삶이 짓누르는 무게감을 잠시나마 회피하고자 중독을 촉진하는 자극제가 있는 길로 진입해 간다.

최근 들어 우리 사회는 남녀노소 가릴 것 없이 누구나 이 자극제에 대한 접근이 쉽고 빨라졌다. 그것은 100%에 가까운 스마트폰 보급률로도 짐작할 수 있다. 이 스마트폰의 보급률은 중독의 일상화에 한몫을 담당하고 있다. 심지어 어린아이들을 육아할 때도 스마트폰만 있으면 양육자는 잠시 숨을 돌릴 수 있다. 학령기 아이들에게 스마트폰은 또래 관계를 넓히기 위해서 필수적이며, 심지어 학습까지도 담당하는 유용성을 발휘한다. 성인들에게 스마트폰 사용은 각종 정보 검색, 쇼핑, 대화, 게임, 음식 주문, 건강 관리 등 모든 일상을 영위하는 수단이 된다. 그래서 언제, 어디서든 스마트폰과 모든 것을 함께하는 현대인들은 '포노 사피엔스(Phono Sapiens)*'라는 신인류로 지칭되기도 한다. 이 포노 사피엔스는 스마트폰을 자신의 신체 일부처럼 쓰기 때문에, 잠시도 스마트폰을 몸에서 떼어놓을 수 없다. 이제 몸의 일부가 되어버린 스마트폰에게 언제나 먼저 몸으로 반응하는 우리는 그 스마트폰을 매개로 삼아 감각을 자극하고, 말초적 즐거움을 느낄 수 있는 각종 게임, 도박, 쇼핑, 관계 등에 과몰입·과의존하게 된다.

우리는 앞에서 '왜 우리의 몸이 중독을 향해 먼저 달려나가는가?'라는 물음을 제기한 바 있다. 그것은 아마도 '중독이라는 탐닉의 늪'에 너무도 쉽게 빨려들게 하는 현대사회의 환경, 그리고 이러한 구조에 단 한 명도 예외 없이 모든 현대인이 노출되었기 때

---

* 더 구체적인 내용은 '최재붕, 2019, 『포노 사피엔스 스마트폰이 낳은 신인류』, 쌤앤파커스'의 책을 참고하길 권한다.

문이라고 답할 수 있지 않을까. 즉 내 몸은 나를 지키기 위해 세상으로부터 자극제를 가져오기도 하며, 때로는 스스로를 파괴하는 자극제를 들여오기도 한다. 이러한 의미에서 몸은 내 삶을 결정짓는 주인이자 결정권자라고 할 수 있다. 그렇다면 이 저술은 왜 여성의 중독 문제에 주목하고자 하는가?

여성의 중독 문제에서는 사회의 구조적 모순에 대한 비판이 가장 먼저 제기된다. 홍주연과 윤미(2013)*는 중년여성을 대상으로 '행복과 우울'에 관한 연구를 진행했다. 이 연구에서 중년여성은 남성보다 사회적으로 불공평한 대우를 받으며 합리적이지 않은 사회문화를 수용하며 살아온 모순적인 경우가 많아, 이것이 우울의 문제로 연결될 경향이 있다고 논의한다. 한 뉴스 기사(2022)에서 직장인 4명 중 3명은 사회구조적인 측면에서 남성과 여성의 성차별이 존재한다**고 답변했다. 이처럼 세상에는 여성에 대한 사회적 불평등과 차별이 넘쳐난다. 이때 여성들은 그녀들만의 삶의 압력과 스트레스를 풀기 위한 해소책이 필요한데, 그것이 특정한 물질이나 행위에 과도하게 집중하는 '집착'으로 나타날 수 있는 것이다. 게다가 여성의 아름다움을 사회적 미덕으로 삼는 현대사회에서 아름다움에 대해 여성들이 받아들이는 압력은 더욱 심각해졌다. 이 또한 여성들을 중독 문제에 더 취약하게 만들었다고 할 수

---

* 홍주연·윤미, 2013, "중년여성의 영성이 행복과 우울에 미치는 영향", 『한국심리학회지』, 제18권 1호, pp.219-242.

** 연합뉴스, 2022, "직장인 4명 중 3명 "한국 사회 구조적 성차별 있다"(https://www.yna.co.kr/view/AKR20221127019300004)(2023.08.04 검색).

있다. 그것은 우리 한국 사회가 마약 및 환각제에 의한 중독을 포함해, 진통제 및 식욕억제제, 수면제 등과 같은 의약품 진료를 받은 수가 급증하는 결과*에서도 짐작하게 한다. 여기서 주목해야 할 점은 남성들의 의약품 중독은 매년 감소하고 있지만, 여성의 약물 중독은 꾸준히 증가하고 있다는 것이다.

오랜 시간 사회문화적 규범 안에서 형성되어온 여성을 향한 강제와 압박은 〈욕망이라는 이름의 전차(A Streetcar Named Desire)〉라는 영화의 대사 내용처럼, '마약에 취해 살던지, 미쳐버려야 살 수 있을 만큼' 여성을 짓누르는 삶의 무게로 나타나고 있다. 어찌 보면 여성 개개인은 불평등한 사회구조와 문화가 만들어 내는 압력의 응어리를 풀어내기 위해 스스로를 갉아먹는 탐닉의 늪으로 빠져들고 있는 것은 아니었을까? 유리천장처럼 뚫기 어려운 사회적 불평등이 존재하는 사회, 그리고 여성의 아름다운 외모를 강제하는 건강하지 못한 사회를 마주해야 하는 게 지금의 현실이다. 그러니 그녀들의 몸은 때로 부조리한 현실을 잊어버리기 위해 '의식을 흐릿하게 하는 것'들과 만날 수밖에 없는 도피처를 찾고 있었던 건 아니었을까.

그래서 메를로 퐁티가 언급한 지각된 몸은 무엇 하나 확실할 것

---

* 건강보험심사평가원(2024)은 2019-2023년 최근 5년간 '의약품 중독 진료 현황' 결과를 발표했다. 최근 5년 이내 마약 및 환각제에 의한 중독을 포함해 진통제 및 식욕억제제, 수면제와 같은 의약품 중독으로 진료를 받은 환자 수가 1.4%, 진료비 17.8% 증가한 것으로 보고하였다. 청년의사, 2024, "마약류 중독 청구건수, 5년새 15.4% 증가"(https://www.docdocdoc.co.kr/news/articleView)(2024. 12.14 검색).

없는 불안정한 현대사회를 살아가는 불안한 그녀들이 어쩔 수 없이 선택해야 했던 필요악이었을지도 모른다. 이성적 통제를 무력화시키며 몸으로 먼저 만나고 자신도 모르게 잠식되어 버리는 중독이라는 늪의 실체는 과연 무엇일까? 과연 무엇이 불안한 현대 여성들의 심리 내적 기제와 뒤엉키고, 고착화되고, 그녀들을 중독의 고통 속에서 허우적거리게 하는지를 한 발 더 깊게 들어가 살펴볼 때다.

제3장. 관계의 그림자: 관계성이 만들어 낸 상처

우리 인간은 현실 세계에서 실존하는 존재이다. 여기서 실존이란 영원불변을 뜻하는 본질(Essential)에 대응하는 것이다. 사전적으로는 '현실적 존재' 혹은 '개별자로서 자신의 존재를 물으면서 존재하는 인간의 주체적 상태*'를 의미한다. '실존한다는 것'은 이상이 아닌 현실에 존재하면서, 개별적 주체로서 자신의 존재성에 대해 묻고, 그 물음에 해답을 얻는 방식으로 살아가는 상태로 볼 수 있다. 그런데 이렇게 실존하는 인간은 홀로 존재하는 것이 아니라 또 다른 타인, 세계, 과거, 역사 그리고 실재하지는 않지만 앞으로 다가올 미래, 다양한 가능성, 상상 등과 관계 맺으면서 존재한다.

인간의 실존이 '관계 맺음'에 전적으로 의존되어 있다는 것을 어원적 의미로 이해하면 좀 더 분명해진다. 라틴어로 '있음'은 Ex-

---

* 네이버 지식백과, 2023,(https://terms.naver.com)(2023. 12. 24 검색).

istentia로 밖에-나가- 서-있음을 의미한다.* 실존을 영어로 번역하면 Existence가 된다. 이는 '밖', '밖으로부터'를 의미하는 'ex'와 '있다', '있음'을 의미하는 'istence'가 결합한 것이다. 즉 '무엇으로부터 나와서 현재 있는' 인간의 실존은 언제나 자신의 밖 너머에 있는 타자나 세계 등과 관계를 맺는다. 말하자면 '인간의 실존'이라는 건 스스로 존재성에 대해 질문을 던지거나, 그 존재성을 문제 삼으며 관계 내 에서 살아간다는 의미인 것이다. 하이데거는 인간의 '거기-있음(Da-sein)'이라는 실존의 의미에 대해 '모든 것에 똑같이 존재하는 게 아니'라고 했다. 오히려 자기 자신의 존재 가능성을 염려하고 배려하며 타인, 세계, 사유, 역사와 관계를 맺으면서 상호적으로 존재하는 것이라 보았다. 여기서 관계를 맺는다는 것은 그냥 관계 맺는 것이 아니라, 특정한 기분 안에서 타자에 대해 마음을 쓰면서 관계를 맺는다**는 것을 의미한다. 이 마음을 쓰는 관계는 자기 자신, 타자에 대한 존중과 배려, 공감 처럼 선물과 같은 마음 씀으로 관계 맺기도 한다. 그러나 슬픔, 우울, 짜증, 분노 등과 같은 상처 입거나 입히는 마음 씀으로, 때로는 불쌍하고 안타까운 동정심을 유발하는 마음 씀으로 관계 맺기도 한다.

마음을 쓰며 관계 맺는다는 것을 중독 문제와 연결해 보면 우리 몸은 늘 인간의 이성적 판단을 앞질러 중독 물질과 행위를 향해

---

* 마르틴 하이데거 지음, 이기상 옮김, 2008, 『존재와 시간: 인간은 죽음을 향한 존재』, 살림, pp.174-175.
** 위의 글, pp.200-216.

내달린다는 사실을 이해할 수 있다. 그러나 이때 우리의 몸은 그냥 내달리는 것이 아니라 관계를 맺는 타자, 세계, 그리고 자기 자신 등에 마음을 쓰면서 내달린다. 그리고 이 마음 씀 안에는 자신도 모르게 엄습해 오는 근심 · 걱정 · 염려를 떨쳐내기 위해 칼날 같은 말을 하는 것, 몸짓언어, 행위 등에 상처받으면서도 내달리는 것이 포함된다. 그렇다면 지각된 몸으로 먼저 만나 중독의 늪에 빠져드는 '그' 혹은 '그녀'는 수없이 상처를 주고받았던 어떤 사건, 사람, 대상, 세계와의 관계 맺기 안에서 탄생하지 않았을까? 도대체 이 관계 맺기가 만들어 내는 상처가 무엇이길래 중독된 그와 그녀들이 알코올, 도박, 마약, 인터넷, 스마트폰, 섹스, 쇼핑, 일 등에 과몰입 · 과의존 상태가 되어 스스로를 망쳐가는 것일까?

영화 〈몬스터(Monster)〉(2004)의 주인공 에일린이 언급한 말 중에는 '나한테 항상 마음의 생채기를 낸 인간들은 그렇게 선량한 존재들이었지. 오히려 끔찍한 것들은 상대하기가 쉬워. 그런데 선량한 것들은 제대로 겪어 보기 전까지는 잘 모르지*'와 같은 대사가 있다. 자신에게 치명적인 상처를 입히는 자가 선량한 존재라고 믿었던 이들이라면 어떨까? 거기다 그 존재가 자신이 온전히 의지하고 기댈 수 있다고 믿었고, 보호와 보살핌이라는 안전함과 안정감을 주는 존재라고 믿었던 가족, 배우자, 연인, 친구라면 어떨까? 그래서 에일린은 〈몬스터〉라는 영화 제목처럼 미국 최초의 여성 연쇄 살인범이라는 괴물로 만들어지지 않았을까? 관계성이 만들어 내

---

* 영화 〈몬스터〉 대사 중에서

는 상처는 타자를 파멸시키는 극악한 범죄를 불러일으키거나 자기 자신을 파괴의 극단으로 몰아가는 자살까지는 아니더라도, 자신과 타자의 삶을 심각하게 망가뜨리는 치명적 위험일 수 있다. 이제 그 혹은 그녀들을 수렁으로 몰아가는 관계성 속 상처의 실체가 무엇인지를 탐색할 때다.

1. 정서적 결핍

중독 문제를 애착 장애 관점에서 바라보는 플로레스(Flores)는 애착을 추구하는 인간은 태어날 때부터 따뜻하고 애정 어린 접촉을 추구하면서 성장한다고 했다. 이때 누군가와의 친밀한 접촉을 박탈당하고, 이것을 성취하는 능력이 얼마나 취약한가에 따라서 우리는 정서적으로 결핍되고 중독에 노출되기도 쉽다*고 언급했다. 플로레스의 시각에서 보면 인간은 애정 어린 어떤 대상과의 따뜻한 접촉, 즉 몸과 외부 간의 소통이 부재하거나 취약하면 관계를 통한 긍정적 환류가 이어지지 않아 정서적으로 결핍된다는 것이다. 이 정서적 결핍이 고착된 상태에서 주변과의 관계를 맺으면 결핍된 정서는 그 정서를 채울 다른 대체적인 것을 찾기 때문에 중독에 취약한 몸이나 성격이 되기 쉽다. 예컨대, 주변의 관심과

---

* 필립 제이 폴브레스 지음, 김갑중 · 박춘삼 옮김, 2010. 『애착 장애로서의 중독』 도서출판 눈, p.79.

지지, 인정과 사랑에 목마른 사람은 따뜻한 접촉과 소통의 방식에 취약하기 때문에, 그것을 대체하는 알코올, 마약, 도박, 인터넷, 스마트폰, 쇼핑, 성형, SNS 등 다양한 물질과 행위 속에서 결핍된 정서를 채우려는 것이다.

우리 인간이 어린 시절부터 관계를 학습한다는 것은 관계를 맺는 상대와의 균형감 있는 상호작용을 습득해 나간다는 것을 뜻한다. 그렇지만 어린 시절부터 균형감 있는 관계 속에서 적절한 접촉, 표현, 수용, 거절 등을 주고받는 것을 제대로 학습하지 못한 사람들은 이것으로 인해 공허감, 무기력감, 불안감, 우울감 등을 경험할 가능성이 크다. 김의현 외(2023)[*]는 어린 시절부터 주 양육자에게 지속적인 거부를 당한 사람은 의미있는 타인과의 관계에서 수용이나 지지를 원해야 할 경우, 자신이 거절당할 수 있다는 내적 모델을 작동하며 거부를 피하는 것에 가치를 둔다"고 했다. 이것은 '친밀한 정서적 유대 관계'인 애착 관계를 형성하는 생애 초기 단계에서부터 관계를 학습하는 것이 중요하다는 것을 의미한다. 또한 우재희(2014)[**]는 성인이 되기 전 불안정한 애착을 경험한 사람들은 성인이 되어 겪는 대인관계의 스트레스를 즉각적으로 해소하기를 원하면서, 이러한 성향이 타인과의 정상적 관계 형성에 장애가 된다고 했다. 일군의 가족치료 학자들도 갈등 관계에 있는

---

[*]   김의현 외, 2023, "애착불안이 관계중독에 미치는 영향: 거부 민감성과 정서조절 곤란의 매개효과", 『재활심리연구』 제30권 1호, pp.133-150.

[**]   우재희, 2014, "외상경험과 애착이 알코올중독자의 음주에 미치는 영향", 『정신보건과 사회사업』 제42권 3호, pp.121-150.

가족 내 양자의 관계 속에 알코올 등과 같은 문제를 끌어들여 긴장감을 해소하고 정서적 편안함을 얻으려고 하다 보면, 이러한 삼각관계가 중독에 빠질 위험을 높일 수 있다[*]고 했다. 이외에도 다수의 연구[**]들은 외상 경험이나 외상 후 스트레스를 경험한 이들이 알코올중독은 물론, 인터넷, 스마트폰 중독 등에 빠질 위험이 크다고 보고한다. 여기서 외상이란 가정폭력, 아동학대, 사랑하는 이의 죽음, 각종 폭력 등과 같은 개인의 신체적 · 정신적 안녕을 심각하게 위협하는 사건을 직접 경험하는 것, 그리고 이로 인해 극심한 공포, 무력감, 두려움 등을 경험하는 것[***]을 뜻한다. 곧 외상을 경험하는 이들은 그것으로부터 야기되는 신체적 · 심적 고통을 회피하기 위해 중독 물질이나 행위에 집착하게 되고, 이러한 강박적 행위는 중독의 늪에 다시 빠져들게 하는 악순환을 일으키는 것이다. 그렇기에 취약한 관계가 만들어 낸 정서적 결핍이라는 상처는 관계의 질을 거듭 떨어지게 하는 비극적 심리이자, 중독의 늪으로 빠져들게 하는 매개 요인이 될 수 있다.

---

[*]   김유숙, 2015, 『가족치료』, 학지사, p.120-121.

[**] 최은실, 2017, " "중학생의 정서적 외상 경험이 인터넷 · 스마트폰 중독 성향에 미치는 영향-자아존중감의 조절효과-", 『한국콘텐츠학회논문지』, 제17권 2호, pp.375-383; 남현지 · 하은혜, 2022, "대학생의 아동기 대인 외상 경험이 SNS 중독경향성에 미치는 영향 - 불안정 성인애착과 소외에 대한 두려움의 순차매개 효과 - ", 『한국아동복지학』, 제71권 4호, pp. 63-91; 한주현, 2020, "게임중독의 정신분석적 함의" 한국게임학회 논문지, 제20권 4호 pp. 33-46; Robinson, J., Sareen, J. J., Cox, B, J., Bolton, J., 2009, Self-medication of anxiety disorders with alcohol and drugs: Results from a nationally representative sample, *Joural of Anxiety Disorder*, Vol. 23 No. 1, pp.38-45.

[***] APA 지음, 권준수 외 옮김, 2024, 『DSM-5-TR 간편 정신질환의 진단 및 통계 편람』, 학지사, p.193.

2. 소외감

실존적 존재로서 인간은 자신을 둘러싼 다양한 환경과 사회적 구조, 그리고 그 안에서 맺는 수많은 관계 속에서 상호작용하며 살아간다. 이러한 과정에서 발생하는 상처 중 하나가 바로 '소외감'이다. 멜빈 시맨(Melvin Seeman)은 소외감을 개인의 기대, 욕구와 보상 사이의 간극이 클 때 겪게 되는 심리적 괴리*로 설명하고 있다. 이는 현대인들이 고도화된 자본주의 사회에서 신자유주의나 세계화와 같은 거대 이데올로기, 또는 물신주의와 소비만능주의와 같은 부조리한 사회적 흐름과 통념, 거대 관료 조직이나 기업 구조에 종속되면서 인간성을 박탈당하고 비인간화되는 현상을 의미하기도 한다. 그래서 마르크스(Marx)는 소외를 '인간이 유목적적인 창조적 활동으로부터 벗어나 자본 획득만을 위해 노동이 수단화될 때, 공동체 내에서 타자와의 진정한 상호작용을 하지 못하고 고립되어 외톨이가 되어갈 때, 자기와의 관계에서 실존적 주체로서 삶에 몰입하지 못하고 살아갈 때**' 발생한다고 했다. 멜빈 시맨은 이러한 인간 소외감을 무력감, 무의미감, 무규범성, 자기소외, 사회적 고립***으로 구체화하고 있다. 무력감이란 사회적 가치를 추구하는 과정에서 자신을 통제하고 강화하는 능력이 부족하고 이

---

*   장효민, 2018, "자본주의 사회에서의 인간 소외 극복과 가치 합리성",『동서철학』제 87권, p.349.
**   위의 논문, p.354.
***   황갑진, 2020,『현대인의 자유와 소외』, 산지니, pp.79-80.

것이 외부의 힘에 맡겨져 있다고 생각하는 것이고, 무의미감은 삶의 전반적 목적이 상실된 느낌을 말한다. 무규범성은 사회적으로 용인되지 않는 수단을 동원하는 것이며, 자기소외란 스스로를 외부적 목표의 도구로 전락시키는 것이며, 사회적 고립은 사회적 관계에서 느끼는 고독감이나 배척감* 등을 의미한다.

결국 인간 소외는 거대 자본이 중심이 되는 현대사회에서 도구화된 현대인들이 겪는 심리적 괴리로, 이것은 고립감과 비인격화의 경험을 의미한다. 그런데 특정한 물질과 행위에 강박적으로 과몰입하거나 과의존해 삶의 전반이 무너지는 중독 현상도 이러한 소외감과 유기적으로 연동될 수밖에 없다. 왜냐하면 인간은 긴밀하게 관계 맺는 사람, 집단, 조직, 사회, 국가체계와의 상호작용이 부적응적일 때, 그리고 그 관계 맺기에 지배당하고 압도되어 그 속에서 자신을 잃어간다고 느낄 때 인간 소외를 경험할 가능성이 크기 때문이다. 그리고 사람들은 이러한 소외감을 잠시라도 회피하거나 대체할 수 있는 물질·행위에서 잠깐의 만족과 위안을 찾는다. 이는 곧 중독을 불러일으킬 위험이 있다.

최근 포모증후군(Fear of Missing Out, FOMO) 즉, '소외되는 것에 대한 두려움'이라는 새로운 병리 현상이 주목받고 있다. 이 현상은 사회적 관계 맺기 과정에 자신만 겉돌지 않으려고 필사적으로 매달리

---

* 위의 글, p. 79. 이병욱, 2021, "인간소외 어떻게 극복할 것인가", 『불교평론(2021. 10. 10 기사)』,(http://www.budreview.com/news/)(2023. 12. 26 검색).

는 현대인의 불안한 모습을 단적으로 표현하는 현상*이다. 그래서 사람들은 소셜미디어 망 안에서 소외감을 느끼지 않기 위해, 유명인들의 특정 이슈에 과몰입하며 과잉된 표현, 위험한 혐오를 무분별하게 드러내기도 한다. 즉 사람들은 사회적 관계에서 소외되는 것을 두려워하며, 이 두려움이 과잉된 몰입 행위로 이어지면서 '포모 증후군'이라는 현상으로 나타난다. 이러한 이유로 소외에 대한 두려움이 높은 사람일수록 소셜미디어에서 그 대체제를 찾으려는 경향이 강하다. 다시 말해 소외되거나 소외당할 것에 대한 불안이 온라인 세계에서의 관계 맺기에 대한 집착으로 이어지며, 결국 스마트폰과 인터넷 중독을 초래하는 것이다. 그래서 관계가 만들어내는 상처 중 하나는 우리들이 소속된 크고 작은 사회 안에서 경험하는 소외감일 것이다.

결국 사람들은 고립감, 상실감, 무기력감, 무규범감, 자기 소외, 사회적 고립감 등의 소외감을 느끼며, '뒤처지지 않기 위해', '따돌림받지 않기 위해', '남들도 다 하는데' 등의 외부적 준거, 즉 타인과 사회의 기준에 자신을 맞추려 한다. 그 과정에서 정작 자신만의 고유한 정체성과 본질을 점차 잃어가고 있는지도 모른다. 타인이나 사회와의 관계에서 비롯된 의식적 · 무의식적 불안감이 현대인을 주체적인 존재로서 온전히 실존하지 못하게 만들고, 결국 사회적 문법이 요구하는 가면적 삶을 진짜 삶인 것처럼 여기며 살아가게 만드는 것은 아닐까? 이 상실감을 암암리에 자각하는 현

---

* 네이버지식백과, 2024(https://terms.naver.com/)(2024. 03. 14 검색).

대인들은 그것으로부터 파생될 우울감과 방황으로부터 도망치기 위해 중독이란 늪의 파괴적 수렁으로 스스로를 몰아가고 있지는 않았을까?

제2부

중독된 여성들을
주목해야 할 이유

제2부는 중독 물질과 행위를 강박적으로 소비하는 중독 여성들의 행동 패턴이 단지 그녀들의 개인적 결함에서 기인한 것이 아니라는 것에 주목하고자 한다. 이 글은 오히려 그녀들을 둘러싼 현대사회의 고유한 특성과 그녀들이 처한 사회적 현실에 주목한다. 이로 인해 이 저술은 여성들을 중독으로 몰아가는 현대사회의 주요한 특성을 '불확실성의 사회', '자기 착취의 사회', '지루한 사회'란 세가지 측면에서 접근한다. 그리고 남성에 비해 여성들에게 더 큰 압력으로 다가오는 한국 사회의 규범적 현실을 '가족주의 압력'과 '여성 몸에 대한 강제와 압력'의 측면에서 접근한다.

제1장. 사회는 어떻게 중독을 키우는가

1. 불확실성의 사회

전 근대사회는 먼 지역으로의 인구 간 이동도 쉽지 않았고, 생활 방식 또한 전통적 사회 질서에 순응하며 살아가는 고정성이 큰 사회였다. 그래서 지그문트 바우만(Zygmunt Bauman)은 근대 이전의 사회를 '고체사회'라고 명명했다. 그러나 현대사회로 접어들면서 우리 인류는 자본 시장의 흐름에 따라 움직이게 되었고, 인구는 물론 가늠하기조차 힘든 다양한 상품들의 전 지구적 이동이 빈번해졌다. 바우만(2013)은 이전과 다른 이런 사회를 '고체사회'와 대비된 '액체사회'*라고 명명한다.

액체사회라는 호칭은 유동성이 큰 현대사회를 규정하는 또 다른 이름이다. 그래서 모든 것이 액체처럼 유동하는 현대사회에서

---

* 지그문트 바우만 지음, 윤태준 옮김, 2013, 『유행의 시대, 유동하는 현대사회의 문화』, 오월의 봄, pp.22-23.

는 지금까지의 사회를 견고하게 떠받쳐 왔던 이데올로기, 법과 제도, 규범과 통념적 가치조차도 시시각각 변화시키고 있다. 이로 인해 사회적 변동의 진폭도 커졌고, 그 진폭이 뿜어내는 불안정성이 내일을 내다보기 어려운 불확실한 사회로 현대인들을 빨려 들어가게 하고 있다. 그래서 바우만(2020)은 "지금 우리에게 유동적인 근대의 도래가 인간 사회에 야기한 변화를 부정하거나 회피하는 것은 현명하지 못한 일이다"*라고 조언했다.

일례로 2019년 말부터 전 지구를 강타한 코로나19(Covid-19) 바이러스는 얼굴과 얼굴을 마주 보며 접촉하던 사회를 한순간에 비대면, 비접촉의 사회로 바꾸어 놓았다. 이것은 학교 수업, 친목과 사교 모임, 각종 집회 또한 비대면 · 비접촉의 국면으로 일시에 전환되는 급변이었다. 이 과정에서 사람들은 비대면 · 비접촉의 온라인 세계에 시공간적 제약 없이 동시다발적으로 참여해야 했고, 이에 따른 새로운 커뮤니티 형성과 소통의 창구에 빠르게 적응해야 했다.

이는 필자들의 개인적 경험과도 연결된다. 팬데믹 초기 교수들은 익숙하지 않은 원격강의를 세팅하고 수업자료를 공유하며 호스트로서 학습자들이 토론하는 토론방을 만드는 등 낯설기만 한 온라인상 조작 행위들을 발 빠르게 익히느라 고군분투했다. 게다가 실시간 온라인 수업에 어느 정도 익숙해질 무렵, 다시 변화된

---

* 지그문트 바우만 · 토마스 레오치니 지음, 김혜경 옮김, 2020, 『액체 세대: 지그문트 바우만의 마지막 대담집』, 이유출판, pp.19-20.

코로나19 상황으로 인해 온라인과 오프라인을 병행하는 하이브리드 수업방식이 새롭게 요구됨에 따라, 교수들은 다시 이 생소한 수업방식에 재빠르게 적응하느라 숨이 턱 밑까지 차오기도 했다. 그런데 이처럼 새로운 수업방식이라는 이름의 변용들이 여기에서 발걸음을 멈출까? 아마도 새로운 수업 운용 방식이라는 또 다른 이름의 변화가 지속적으로 요구될 것이다.

그래서 바우만(2020)은 21세기 고도화된 삶의 기술을 자신의 것으로 만들어 활용하는 역량의 중요성을 언급하고 있다. 이 세기를 살아가는 현대인들은 온라인과 오프라인이라는 두 세계를 넘나들며 살아간다. 이는 곧 각종 온라인 정보기술이 제공하는 다양한 기기와 전략 등이 우리 생활양식과 수단을 형성하도록 부추기는* 세상을 살아간다는 의미와도 같다. 결국 온라인과 오프라인이라는 두 세계를 오가며 살아야 하는 현대인들은 바우만(2020)의 주장처럼 이 두 세계를 넘나들며 복잡한 삶의 규칙, 공존과 상호 교류 방식, 언어와 행동 규범 등에 발 빠르게 적응하며 살아야 하는 것이다.

그런데 시시각각 변화하고, 이 변화가 어떻게 그리고 무엇으로 포착될지 예측하기 어려운 시대를 살아가는 현대인들에게 급변의 사회에 재빠르게 적응하기란 결코 쉽지 않다. 왜냐하면 현대인들은 시시각각 변화하는 사회현상들이 어떤 모양새로 어떻게 흘러가는지 제대로 알지 못한 채, 자신들의 눈앞에 벌어지는

---

* 　위의 글, p.73.

일련의 새로운 사회현상들을 불안하게 경험할 수밖에 없기 때문이다. 그래서 사회현상을 깊이 있게 사유해 볼 틈도 없이 그 변화를 따라가기 급급하며, 어느 때는 그 변화조차도 감지하지 못한 채 그것이 일으키는 소용돌이 속에 빨려 들어가 잠식당해 버리기도 한다.

한편 한국 독자들에게 사랑을 받는 알렝 드 보통(Alain de Botton) 또한, 현대인들의 불안한 심리를 가중하는 원인 중 하나로 불확실성을 꼽는다. 그는 개인의 성취 능력인 재능을 그 개인 스스로가 통제하기 쉽지 않으며, 이것이 우리 인간의 삶을 예측 불가능한 불확실성으로 밀어 넣어버리는 조건이 된다고 했다. 또한 개인을 둘러싼 주변 환경을 스스로 통제하고 예측할 수 있다고 믿는 근대적 합리성이라는 것이 행운, 불운과 같은 우연적 요소로 좌지우지된다는 사실도 현대인의 불안을 가중하는 원인이 된다고 했다. 다음은 우리의 직업적 지위, 곧 직업적 생사여탈권이 고용주에게 달려 있으며, 특히나 고용주의 이익을 최대화하기 위해 사용할 수 있는 가장 효과적인 수단이 '피고용인의 숫자를 대폭 줄이는 것'이라는 점에서 불확실성은 더욱 극대화될 수밖에 없다[*]고 했다. 더욱이 성장과 퇴보를 반복하는 세계경제의 변덕스러운 특성들로 인해 회사와 종업원들의 생존은 더욱 위태로워졌다[**]고 언급하고 있다.

현대사회를 위험사회로 규정한 울리히 벡(Ulrich Beck) 또한, 20세

---

[*]   알랭 드 보통 지음, 정영목 옮김, 2012, 『불안』, 은행나무, pp.117-130.

[**]   위의 글, pp.117-130.

기 말 늘어나는 실업, 이혼, 질병, 신용불량, 극빈층의 문제들이 노숙으로 떨어지는 전형적인 덫의 진입로가 되고 있다고 주장했다.[*] 우리나라는 1990년대 중후반에 IMF 경제위기라는 사회적 위험을 겪었다. 이는 복지시스템이라는 사회적 보호 장치가 취약한 한국 사회 내 개인들을 실업, 빈곤, 노숙이라는 나락으로 한순간에 떨어지게 했다.[**] IMF 외환위기 당시 한보, 진로, 해태, 뉴코아 등 이름만 들어도 쟁쟁했던 국내 굴지의 대기업들은 연쇄적으로 도산했다. 이로 인해 우리나라 노동자들은 대량 정리해고의 파고를 넘어야 했고, 본격적으로 비정규직 시대가 시작되었다.[***]

이 과정에서 현대사회의 불확실한 액체적 특성은 그것을 온몸으로 마주해야 하는 현대인들의 삶을 여전히 불안하게 만든다. 우리는 미래가 어떻게 전개될지 알 수 없으며, 그 미래를 온전히 통제할 수도 없다. 그로 인해 현대인의 마음 깊숙이 알 수 없는 불안감이 자리 잡게 되는 것이다. 알랭 드 보통(2012)이 언급한 것처럼 개인을 둘러싼 주변 환경, 예컨대 고용주, 고용주의 이익, 세계 경제의 변덕스러운 특성을 제외하더라도 기계처럼 일률적일 수 없는 인간 능력의 한계, 그리고 인간의 예측을 뛰어넘는 운이라는 것에 의해 우리의 삶은 불안으로 가득 찰 수밖에 없다. 더욱이 한국 사회의 경제 구조를 뒤흔들었던 IMF 같은 국제적 금융위기로

---

[*] 신경아, 2013, '시장화된 개인화와 복지 욕구', 『경제와 사회』, 제98권, p.271.

[**] 위의 글, p.293.

[***] 한겨레신문, 2021, "IMF 극비 문서 속 '신자유주의 앞잡이 캉드쉬' 첫 확인"(http://www.hani.co.kr)(2023. 07. 31 검색).

인해 많은 평범한 노동자가 하루아침에 실업자나 빈민으로 추락했다. 또한, 예상치 못했던 코로나19라는 전 지구적 재난은 감염병으로 인해 나와 내 가족의 삶이 순식간에 끝날 수도 있다는 극도의 공포를 불러일으켰다. 뿐만아니라 코로나19는 사람들의 생활 방식, 사람과 사람의 상호작용 방식조차도 일순간에 급변하게 했다. 어떤 이들은 전 지구적 거리두기와 멈춤을 야기시켰다고 투사할 만한 대상들을 찾아 혐오와 증오범죄*로 드러내기도 했다.

이제 실업자가 되거나 혹은 언제 어디에서 빈민으로 추락할지 모르는 개인들의 어깨 위에 실업, 빈곤의 나락에서 벗어나야 한다는 무거운 짐이 지워지게 되었다.** 나아가, 급작스러운 사회적 거리 두기와 멈춤 현상 등 급변하는 사회 환경에 적응하는 것을 넘어, 아시안이라는 이유로, 혹은 노인, 장애인, 여성 등 사회적 약자라는 이유로 특정 개인이나 세력의 혐오와 증오의 대상이 되지 않기 위해 더욱 숨을 죽여야 하는 상황까지 요구되었다. 그렇기에 불확실성의 사회가 야기하는 불안정이라는 유동성은 '쿠라 신화'의 내용처럼, 우리 개인을 평생 염려, 근심, 걱정, 두려움, 공포라는 불안의 근본 기분에 가둔다. 그리고 그 불안 속에서 각자의 인생을 어떠한 보호 장치 없이 스스로 짊어지도록 부추긴다.

불확실성이 만연한 현대 사회에서 불안감에 휩싸인 사람들은

---

* 프레시안 "'소수자 혐오 트윗' 늘면, '혐오범죄'도 증가" (http://www.news.naver.com) (2024. 09. 24 검색).

** 임지현 외, 2017,『지그문트 바우만을 읽는 시간 불안한 현대인에게 전하는 바우만의 철학적 사유』, 북바이북, p.24.

두 가지 선택지를 마주한다. 하나는 이 불안감을 직시하고 이를 극복하기 위해 마음을 다잡는 것이며, 다른 하나는 불안을 외면하거나 억압하는 데 집중하는 것이다. 강수돌과 홀거 하이데(2018)는 사람들이 두려움에 대해 어떤 반응을 보이는지에 대한 대처방식을 언급한다. 두려움을 있는 그대로 직시하고 돌파하거나, 아니면 다양한 형태로 억누르는 것이다. 전자의 구체적 방법으로는 포용·체감·극복이 있다고 했고, 후자는 회피·마비·통제가 있다고 했다.* 그런데 삶의 무게와 압력을 감당하기 쉽지 않은 상황에서 어느 순간 덮쳐올지 모르는 이 불안감을 담담하게 혹은 담대하게 마주하기란 쉽지 않다. 오히려 부지불식간에 엄습해 오는 불안으로부터 도망치기 급급해질 수밖에 없다.

그렇다면 현대인들이 불안을 피하기 위해 주로 사용하는 방법은 무엇일까? 그것은 불안을 대체할 수 있는 특정한 생각이나 행위 혹은 대상에 몰두하는 것이다. 그렇지만 이 몰두가 균형감을 잃고 반복적인 매달림으로 뒤바뀐다면, 우리는 이것을 '강박'이라고 부를 수 있다. 『정신분석용어사전』에서는 '강박적 사고'를 자신의 의지에 반해 일어나는 관념이라고 했다. 또한 '강박적 행동'이란 강박적 사고에 상응해 겉보기에 의미가 없는 행동을 반복적이고 지속적으로 표출하는 것**이라고 개념화했다. 예컨대 회사에서 해

---

* 강수돌·홀거 하이데, 2018, 앞의 글, p.24.
** 미국정신분석학회 지음, 이재훈 옮김, 2002, 『정신분석용어사전』, 한국심리치료연구소, p.27.

고될까 두려운 사람은 그렇게 되지 않기 위해 회사의 성과나 긍정적 인사 평가를 만들어 내는 데 온 에너지를 쓰게 된다. 그리고 이러한 몰두가 과잉되었을 때 이것은 강박적 행위가 된다.

취업이 되지 않을까 두려운 젊은 청춘은 취업에 유리하다는 온갖 스펙을 쌓기 위해 그것에 매달릴 수밖에 없다. 또 병에 걸릴까 봐 두려운 사람은 자신의 건강을 지키기 위한 온갖 건강보조식품과 약을 구매하고 복용하는 데 온통 에너지를 쏟아부을 것이다. 이처럼 이 시대를 살아가는 현대인들은 무엇인가에 강박적으로 매달리지 않으면 불안감을 떨쳐버리기 쉽지 않다. 그것이 해고이건, 취업 실패이건, 건강 상실이건 간에 현대인에게는 자신이 사회적으로 쓸모없어진 잉여 인간으로 추락하는 것에 대한 근본적 불안감이 존재할 수밖에 없다. 이 불안상태가 현대인들을 강박적으로 생각하거나 행동하도록 몰아대며, 이것이 과잉되었을 때 그것은 중독으로 변질될 수도 있다.*

바우만(2020)의 경우도 소비사회 내 현대인들의 쇼핑 행위를 강박현상으로 설명한다. 여기서 말하는 쇼핑 행위는 단순히 음식, 의상, 신발, 차량, 가구, 약품 등 물건에 국한되는 것이 아니라 인생의 본보기나 비결이 될 만한 각종 기법을 끝없이 배우러 다니는 행위 역시 포함된다. 더 나아가 경쟁력을 갖추고자 각각의 분야를 넘나들며 학습 혹은 재교육을 받는 행위도 이러한 이름들의 새로

---

* 위의 글, p.199.

운 쇼핑을 하는 것이라고 했다.[*] 바우만(2020)은 이러한 쇼핑 행위로 비유되는 현대인들의 강박적 사고와 행위가 곧 중독으로 변질된다고 설명하고 있다.

이와 유사하게 강수돌과 홀거 하이데(2018)는 중독사회의 징후 중 하나를 '터널 비전'이라는 개념으로 설명하고 있다. 이것은 현대인들이 힘겨운 현실에서 느끼는 불안을 회피하고자 코앞의 현실에 급급해 매달리는 것[**]이라고 할 수 있다. 예컨대 터널 비전은 현재에 매달리는 것에 과잉 집중하다가 주변 것들을 놓쳐 버리는 현상이다. 이로 인해 자신이 현재 중요하다고 생각하는 것에 과잉 편향이 일어나면, 그 편향으로 인해 잃어야 할 것이 더 커질 수밖에 없다.[***] 불확실성의 시대를 살아가는 우리 현대인들은 자신들을 둘러싼 불안감으로부터 도망치기 위해 특정한 생각, 행위, 대상에 지나치게 몰입한다. 이는 곧 강박이 되고, 그것이 다시 중독으로 변질된다.

하나의 예로 홈쇼핑에서 물건을 구매하는 것에 강박적으로 집착하는 여성이 있다고 가정해보자. 이 여성에게 물건을 구매하는 소비 행위에 대한 강박적 집착은 자신의 의지에 반할 수 있으며, 이로 인해 그녀는 자신의 소비 집착을 후회하거나 자책할 수도 있다. 하지만 그녀는 이러한 후회와 자책에도 불구하고, 또다시 물

---

[*] 지그문트 바우만 지음, 이일수 옮김, 2009, 『액체 근대』, 도서출판 강, pp.116-119.

[**] 강수돌 · 홀거 하이데, 2018, 앞의 글, p.6.

[***] 범상규, 2015, 『멍청한 소비자들-당신의 지갑을 여는 '지름신'의 주문 9가지』, 매일경제신문사, pp.119-123.

건을 구매하는 행위에 반복적으로 몰두할 수 있다. 그리고 이것이 장기간 지속되고, 이 문제로 인해 가정 경제가 파탄나고 가족 간 심각한 갈등과 가정 해체가 빚어진다면 이 여성의 강박적 쇼핑 행위는 쇼핑중독으로 변질된 것이라고 할 수 있다.

그렇다면 이러한 쇼핑중독 현상 이면에 숨겨진 내적 심리가 무엇인지를 유추해 보아야 할 것이다. 아마도 그녀가 직장 여성이라면 그녀의 쇼핑중독에는 직장이 주는 스트레스, 그리고 부담감 등에서 벗어나고 싶은 내적 욕망이 존재할 수 있다. 또 그녀가 배우자나 자녀의 무관심 혹은 갈등으로 상처받고 있다면 그 상처를 메우기 위해 쇼핑중독에 빠져들 수도 있다. 그녀는 직장이나 가정이 주는 스트레스, 부담감, 상처, 우울을 회피해 보고자 쇼핑 행위에 매달렸지만, 그럴수록 그 쇼핑 행위는 또 다른 직장과 가정 내 문제를 일으킨다. 이로 인해 그녀가 강박적으로 몰입한 쇼핑이라는 '터널 비전'은 오히려 다른 관계를 파탄 내 버리는 역설로 그녀를 몰아갈 것이다. 이처럼 안전장치가 사라져 버린 불확실한 사회가 만들어 내는 불안감을 견뎌내기란 쉽지 않다. 그래서 현대인들에게는 이 불안감을 회피하거나 억압하기 위한 수단으로 특정한 생각, 대상, 행위에 집착하는 강박이 일어난다. 이러한 강박은 스스로뿐만 아니라 의미 있는 타자와의 관계도 비극으로 몰아가는 중독으로 빠져들게 한다.

2. 자기 착취의 사회

우리는 앞에서 무엇 하나 불변을 보장해 주지 않는 사회의 변화무쌍함과 불안정 속에서 힘에 부치는 삶을 살아가는 현대인들의 불안한 현실을 검토했다. 또한 이러한 현실을 살아가는 현대인의 불안한 기분이 어떻게 강박과 중독으로 변하게 되는지도 확인했다.

불안(Anxity)의 어원은 '목이 졸려서 숨이 막히거나 질식하는 고통스러운 상황'을 의미하는 라틴어 'angustiae'와 '마음을 죄다'의 뜻을 지닌 라틴어 'angree'로부터* 유래했다. 불안은 곧 고통스러운 상황을 유발하는 것을 의미한다. 즉 우리 인간은 자신에게 고통을 안겨주는 불안으로부터 벗어나고자 이것을 회피하거나 억압할 수 있는 대체물 혹은 행위를 필요로 한다. 그러나 대체물이나 행위가 인간의 근원적 불안감을 해소하기는 어렵다. 때문에 그것을 통해 욕구를 충족할수록 오히려 그 욕구가 더 큰 욕구의 충족을 불러일으키고, 결국 더 큰 욕구는 여전히 충족되지 않는 역설이 발생한다. 이로 인해 현대인들은 불안한 기분이 자아내는 심적 고통을 피하고자 할수록 그것이 더 큰 고통으로 돌아오는 역설의 세계에 살고 있다. 그렇다면 왜 현대인들은 이토록 불안하게 살아가고 있을까? 단지 세상이 불안해서일까?

---

* 박병준, 2016, "불안과 철학상담-불행을 넘어서는 '치유의 행복학'의 관점에서", 『철학논집』 제46집, pp.13-14.

한병철(2012)은 그의 저작 『피로사회』에서 20세기까지의 사회가 규율사회였다면 우리가 살아가는 21세기 후기 근대사회는 성과사회로의 패러다임 전환이 일어났으며, 규율사회가 금지, 명령, 법률에 의해 지배되었다면 성과사회는 프로젝트(Project), 자기주도(Initative), 동기(Motivation)가 그 자리를 대신했다*고 주장한다. 다시 말해 성과사회가 현대사회의 개개인에게 무엇인가를 '무한대로 할 수 있음'과 '예스 위 캔'이라는 욕망의 과잉표출, 그리고 이것을 가능하게 하는 자유**를 줌으로써 개인의 생산성을 최대한 끌어올릴 수 있도록 했다는 것이다.

그런데 이때의 생산성 내지 성과는 무한정으로 무엇인가를 할 수 있는 주체인 개인의 능력에 따라 얼마든지 달라질 수 있다. 그래서 이 성과는 타인과의 경쟁이 아니라, 오직 자기 자신과의 경쟁을 통해서 이루어낼 수 있다. 현대인들은 스스로 자유롭다고 느끼는 후기 자본주의 사회 안에서 자신들의 능력을 최대한 발휘할 수 있는 성과 주체로서의 욕망을 마음껏 드러낼 수 있는 것이다.

그래서일까? 한국 사회 노동자들은 IMF와 그것으로 부터 야기된 대량 정리해고라는 사회적 트라우마를 겪은 뒤 '아직 잘리지 않았을 때 더 많이 벌어야 된다'라는 불사의 각오로 일에 매달리게 된다.***

---

*　한병철 지음, 김태환 옮김, 2012, 『피로사회』, 문학과지성사, p.24.

**　여기서 자유란 인도주의나 인권적 의미의 자유가 아니라, 신자유주의적 자유로서 성과를 위한 탈규제와 의무의 면제를 위한 자유라고 할 수 있다. 주광순, 2017, "피로사회에서의 저항", 『대동철학』 제81권, pp.198-199.

***　강수돌, 2012, "성과사회, 자기 착취 그리고 피로사회: 한병철 『피로사회』(서평)", 『진보평론』, 제52호, p.281.

여기서 우리는 한 가지 질문을 던질 필요가 있다. 만약 후기 자본주의 사회의 성과 주체로 등극한 개인이 성과를 추구하는 과정에서 불안한 내면 심리와 마주하게 된다면, 과연 그는 어떤 반응을 보이게 될까? 다시 말해 사회 내 불안한 개인이 성과에 대한 강박으로 자신을 끊임없이 몰아붙인다면, 그 혹은 그녀는 과연 어떻게 반응하게 될까? 한병철(2012)은 행위 과잉에 따라 소진, 피로, 질식이 발생하고, 이것은 우울증, 소진, 만성피로, 주의력결핍장애, 경계성 성격장애 등과 같은 신경증적 질환의 증가로 이어질 것이라고 주장했다.* 현대사회로부터의 낙오와 탈락에 대한 근심과 걱정을 가진 수많은 개인들이 '자신이 속한 사회로부터 인정받지 못할까, 버림받지는 않을까, 소속된 조직 내지 집단으로부터 사회적 죽음을 선고받지는 않을까' 하는 불안감으로 인해 어떤 성과와 효율을 향해 자신을 몰아대고 닦달하는 것이다. 그래서 김정현(2013)은 현대인의 '자아신경증'이라는 과잉 활동으로 닦달당하는 이들이 성과와 피로 사이에서 탈진하게 되며 생겨난 증세**라고 주장하고 있다.

물론 이러한 성과사회가 주는 현대인의 병증을 한병철(2012)은 '우울증과 소진증후군'으로, 롤로 메이(Rollo May, 2020)는 '신경증적 불안으로 부터 기인하는 자아의식 상실' 등으로 표현하고 있다. 이

---

*   한병철 지음, 김태환 옮김, 2012, 앞의 글, pp.11-19.

**   김정현, 2013, "불안의 치유와 소통의 사유-'자아신경증'을 중심으로", 『범한철학』, 제71권, p. 330.

말은 곧 현대인들이 성과에 대해 느끼는 강한 압박 때문에 스스로를 과잉으로 몰아가고, 이 과잉이 곧 우울, 소진증후군, 자의식 상실로 연결된다는 의미다. 그렇다면 여기서 성과를 향한 현대인들의 과잉 행위를 과연 무엇으로 명명할지가 중요하다.

한병철(2012)은 그것을 '자기 착취' 행위라고 호명하고 있다. 착취의 사전적 의미는 '비틀어 짜내다'라는 뜻이다. 경제학적 측면에서 보면 이것은 자본가가 자신의 이득을 최대화하기 위해 최소한의 비용으로 노동자의 잉여노동과 잉여생산물을 최대한 취득하는 것*을 의미한다. 그러므로 착취란 누군가가 자신의 이득을 위해 그 어떤 누군가를 비틀어 쥐어 짜내는 행위라고 할 수 있다. 그리고 자기 착취란 자신이 자신의 최대 이익을 위해 스스로를 비틀어 쥐어짜는 행위라고 할 수 있다. 즉 개인이 더욱 혹독하게 자신을 비틀어 짜면서 어떠한 성과를 만들어 내는 행위는 스스로 가해자이자 피해자가 되는 것과도 같다. 그런데 이처럼 스스로 비틀어 쥐어짜는 개인의 자기 착취 행위가 과연 자신을 고갈시키고 우울증의 늪으로 밀어 넣는 데서 발걸음을 멈출까? 저자들이 보기에 이러한 자기 착취 행위는 자신을 더 쥐어짬에 있어 도움을 받을 수 있는 특정 물질이나 행위에 더 의존하는 과잉행동으로 연결될 가능성이 크다.

한병철(2012)은 이러한 현상을 최대 성과를 내기 위해 약물도 불

---

* 표준국어대사전(http://ko.dict, naver.com)(2022.12.23. 검색).

사하는 도핑 주체가 증가하는 사회로 언급한다.[*] 현대인들이 스스로 비틀고 쥐어짜다 보면 그것을 극대화하는 특정 물질이나 행위에 과잉 의존이 일어날 수 있다는 것이다. 예컨대 생산성의 극대화가 외모와 관련된 것이라면, 이에 따라 외모 관리를 위한 자기 착취가 일어나게 된다. 만약 성과의 극대화가 '노동'이라고 한다면 그것은 노동에 대한 과잉행동인 '자기 착취'가 나타나게 될 것이다. 우리는 이러한 현상을 운동중독, 다이어트중독, 성형중독, 일중독 등으로 경험하면서 과도하고 극단적인 형태의 과몰입 행위에 매몰되어 살아가기 쉽다.

이처럼 성과를 위해 스스로 쥐어짜는 자기 착취 행위가 압도적이라면 우리는 그 삶의 압력과 직접적 관련이 없는 다른 대상이나 행위에 반사적으로 의존할 가능성이 크다. 이를테면 술이나 마약류 같은 특정 약물, 그리고 도박이나 디지털 세계 같은 특정 행위에 과잉의존하고 과도하게 몰입해 해결하려는 자기 착취 행위가 일어난다고 할 수 있겠다. 따라서 성과 주체의 자기 착취가 만들어 내는 만성화된 증상은 단순히 우울증이나 소진증후군, 만성피로증후군, 경계성 인격장애 등과 같은 심리적, 정신적 차원의 문제로만 나타나는 것이 아니다. 오히려 자기 조절 능력을 점차 상실해 가면서 특정한 물질이나 행위에 집착하는 중독 문제로 연결되는 것이다. 이로 인해 자기 착취 행위는 피로와 소진, 우울, 중독 현상 등으로 다양하게 나타날 수 있다. 또 이러한 현상들은 상호 배

---

[*]   한병철 지음, 김태환 옮김, 2012, 앞의 글, p. 121.

타적 관계가 아니라 유기적 연결성을 가질 수밖에 없는 상호의존적 관계이기도 하다. 또한 자기 착취의 도핑 행위로 특정 물질이나 행위에 강박적으로 의존하다 보면 그것으로 인해 우울, 심신의 피로, 소진 현상이 함께 나타날 수도 있다. 그로 인해 자기 착취와 중독 간의 관계는 상호의존적인 영향 관계 안에서 한 개인이 완전히 망가지도록 몰아가는 파괴적 악순환의 관계라고 할 수 있다.

어찌 보면 외부적인 사회적 평가와 인정을 통해서만 자신의 실존을 확인하는 현대인에게 자기 착취는 필연적으로 수반될 수밖에 없는 일종의 자기 파괴적 행위일 것이다. 왜냐하면 현대인에게 자신의 정체성과 지위를 결정하는 요소는 사회적 평가와 인정의 수준이기 때문이다. 만약 사회적 평가와 인정이 낮다면 그 기준에 대한 사회적 검열을 내면화한 개인은 자기 검열의 과정을 거칠 것이고, 그러한 사회적 기준에 부합하지 못한 자신에게서 문제의 원인을 찾을 것이다. 그렇기 때문에 불확실한 사회 내 불안한 개인들은 탈락하거나 낙오되지 않기 위해 자신을 착취할 수밖에 없다. 이러한 자기 착취가 곧 만성피로와 소진 증후군, 우울증뿐만 아니라 각종 중독행위라는 현대인들의 지속적이고 파괴적 증상을 불러일으키는 매개체 역할을 하는 것이다. 결국 불확실한 사회가 조장해 내는 불안감이 원인 변수의 역할을 한다면, 자기 착취는 중독과 같은 만성 병증을 조장해 내거나 부채질하는 또 다른 경로의 매개 변수 역할을 한다.

3. 지루한 사회

2019년 개봉된 영화 〈뷰티풀 보이(Beautiful Boy)〉의 주인공 닉 셰퍼(Nick Schaeffer)는 열렬한 독서가이자 예술과 운동을 좋아하며, 외모까지 잘생긴 아름다운 청년이다. 거기다 그는 응시하는 대학마다 모두 합격 통보를 받을 만큼 완벽에 가까운 청년이기도 하다. 이 완벽에 가까운 닉의 모습이 오히려 질투의 신인 젤로스(Jealous)*의 시샘을 부른 걸까? 닉은 10대 시절부터 약물을 탐닉하는 중독자의 삶으로 빠져들게 된다. 그의 일상은 무엇인가 빠져 있는 듯한 공허감과 무기력으로 가득하다. 그리고 그에게 약물은 신물나게 겪어야 하는** 지겨운 일상을 벗어나게 하고, 극적인 기분에 치달을 수 있게 하는 마력의 자극제가 된다.

이 영화는 닉이 왜 이토록 자기 삶에 권태를 느끼게 되었는지 구체적인 이유를 설명하지 않는다. 다만 우리가 알 수 있는 것은 닉이 무료한 자신의 삶에 활기를 불어넣을 수 있는 극단적 조치를 약물에서 찾았다는 것이다.

하이데거는 권태(Die Langeweile)를 '우리를 힘들게 하는 기분'으로, 누구든 권태 속에 놓이면 그것을 피하고 싶은 기분을 느끼게 될 것이라 정의하고 있다. 우리는 권태가 조금씩 올라올 때 그것이 올라

---

* 그리스 신화에서 젤로스는 열의, 전념, 시기, 질투를 의미한다. "그리스로마신화 인물백과"(https://terms.naver.com)(2022.05.14 검색).

** 영화 〈뷰티풀 보이〉(https://www.tving.com)(2021.12.24일 검색).

올 수 없는 곳으로 달아나려 하며, 어떻게든 이것을 누그러뜨리려고 한다.* 하이데거는 이 누그러뜨리는 행위를 '시간죽이기'라고 명명했다.** 여기서 시간을 죽여야만 하는 권태라는 기분은 재미없고 싫증 난 상태를 의미하며, 사람들은 권태로울 때 그것으로부터 피하거나 도망치고 싶은 기분을 느끼게 된다.

그렇다면 닉 셰퍼라는 이 젊은 청년은 삶에서 피하고 싶고, 도망치고 싶기만 한 권태로움을 무엇으로부터 느꼈던 것일까? 영화 속에서 그는 아버지 데이비드 셰퍼에게 '그냥 긴장감만 조금 풀려고 하는 거야. 한심한 현실이 주는 재미없는 긴장감'*** 이라는 톤의 말을 내뱉는다. 닉에게 있어 한심한 현실이란 시간성 속에서 반복되고 패턴화된 일상, 그리고 그 일상 속 새로울 것 없는 따분한 나날을 의미했을지도 모른다. 어쩌면 그는 그 재미없는 일상에서 오는 지루하고 무력한 기분으로 인해 어떤 차질이 발생하지 않도록, 긴장을 유지하기 위해 약물에 손을 댔을지 모른다.

파스칼(Pascal)은 권태에 빠진 사람은 스스로의 비참함과 허무때문에 끊임없이 오락을 추구하며, 이 오락을 통한 잠시의 만족은 우리를 더 큰 권태에 빠지게 해 결국 무의식중에 죽음의 파국으로 치닫게 한다.**** 고 했다. 이는 곧 일상이 주는 지루함이란 권태를 피하려고 일시적 기분전환, 즐거움, 쾌락감을 주는 대리물 · 대리행

---

*   구연상, 2007, "하이데거의 권태",『동서철학연구』, 제45권, pp. 248-249.

**   위의 논문, p. 249.

***   좀 더 명확한 대사의 내용은 영화 〈뷰티풀 보이〉를 참고하기 바란다.

****   파스칼 브레이즈 지음, 김형길 옮김, 2005,『괭세』, 서울대학교출판부, pp.17-18.

위를 찾는 과정에서, 스스로를 자기파괴라는 파국으로 치닫게 만드는 원인이 될 수도 있다는 것이다 그렇다면 현대인들은 권태로움을 느낄 때 왜 그 기분 안에 자신을 잠시라도 내버려두거나 스스로를 내맡기지 못하고 달아나려고만 할까?

앞에서 설명한 것처럼 그것은 우리 인간에게 공허함, 무기력함, 무의미라는 심리적 결핍을 던져준다. 그러므로 현대인들은 그것에 붙잡히고 싶어 하지 않는다. 또한 권태를 느끼는 사람은 사회적 관계, 특히 직업적이거나 전문적인 관계 안에서는 권태롭다는 것을 타인이 알아차리는 걸 원하지도 않는다. 그래서 그 혹은 그녀는 자신의 권태로움을 상대가 느끼지 못하도록 은폐하고, 적극적인 대화 혹은 사교의 장 안으로 자신을 빠르게 밀어 넣어 그 지루함으로부터 벗어나려 한다. 이처럼 현대인들이 사회적 관계 안에서 만나는 사람들에게 자신의 권태로움을 드러내지 않으려고 하는 이유는 이것이 부정적인 사회적 편견과 밀접하게 연결되어 있기 때문이다. '성공하고자 한다면 한가할 틈도, 지루할 시간도 없이 너무 바쁜 나'와 같이 표현했던 호킨스(Hawkins)의 언표는 그 사람의 사회적 중요성과 지위를 드러내는 표식이라고 했다.* 바꾸어 말하면 곧 성공하고 싶거나 성공한 사람은 지루할 수 없고, 지루해서도 안 된다는 의미가 된다.

이처럼 현대사회는 지루함을 부정한다. 그래서 바쁜 일 속에 파

---

* 호킨스 마크 지음, 서지민 옮김, 2018, 『당신은 지루함이 필요하다』, 틈새책방, pp.41~42.

묻혀 있지 못한 사람 혹은 파묻히고 싶어 하지 않는 사람은 사회가 요구하는 바람직한 기대에 부응하지 못하는 나태하고 방만한 사람으로 치부되기 쉽다. 보통 우리 사회는 분주하게 살아가며 그 속에서 어떤 성과를 만들어 내는 이들을 두고 '적응적'이라고 표현한다. 현대인들은 사회가 정해놓은 이 적응적이라는 기준과 기대에 자신을 일치시키기 위해 분주한 활동들로 스스로를 몰아가지만, 그 분주함이라는 것도 늘 똑같은 상태와 강도로 존재하지는 않는다. 그래서 자신을 바쁘게 만드는 분주함도 어느새 재미없거나 답답함을 느끼게 하는 '틀에 박힌 일상'으로 변하게 만든다. 분주한 삶이 일정한 패턴으로 고정화되면 그것은 더 이상 흥미롭지도, 새롭지도 않은 지루한 삶으로 다가오는 것이다. 마치 다람쥐가 쳇바퀴를 돌 듯 말이다. 이는 곧 분주함이 지루함으로 변질된 것이나 다름없다. '유효기간이 짧은 재미있는 일은 단지 지루함을 몇 발짝 밀쳐낼 정도밖에 되지 않는다'라고 말한 스벤젠(Svensen)*의 표현처럼, 양립할 수 없을 것 같은 분주함과 지루함이라는 두 속성이 마치 동전을 굴리듯 함께 뒤엉켜 돌아가는 이율배반이 존재하는 것이다.

인간이란 어떤 것을 좋아하다가도 금세 싫어하고, 자유로움을 느끼지만 동시에 구속된 것 같은 답답함을 느낀다. 또 수많은 관계 안에 있지만 동시에 고립과 소외감을 경험하기도 한다. 그래서

---

* 라르스 스벤젠 지음, 도복선 옮김, 2005, 『지루함의 철학: 지루함이 주는 놀라운 삶의 변화』, 서해문집, pp.51-52.

인간에게는 어떤 일에 몰입해 잠시도 못 쉬다가, 한번 쉬기 시작하면 쉽게 그로부터 빠져나오지 못하는 모순*이 존재한다. 이처럼 우리 인간의 내재적 속성에는 이율배반적 모순이 꿈틀거린다. 이로 인해 우리는 강박적으로 분주하게 살아가지만, 동시에 지독한 지루함을 느끼며 의미 부재의 삶을 살아간다. 게다가 우리 인간 군상이 만들어 내는 사회라는 거대 집단과 그 속에서 담론으로 형성되는 통념, 규범, 미덕 등과 같은 '사회문화적 구성물'이라는 개념도 사실은 분주함과 지루함을 동시에 배태한 모순투성이의 표준에 불과하다. 이로 인해 인간이 사회적 표준과 상호작용할 때는 그 인간의 상반된 속성들이 사회적 표준 안에 편입되는 것 같지만, 동시에 그 표준이라는 기준을 훌쩍 뛰어넘는 더 강도 높은 자극을 추구하려는 경향도 있다. 마치 뷰티풀 보이의 닉 셰퍼라는 청년이 지독한 권태로부터 벗어나기 위해 '술, 마리화나, 엑스터시, 코카인, LSD, 필로폰' 등의 온갖 약물을 섭렵하면서 그 자극과 강도를 점점 높여갔던 것처럼 말이다.

기존 학자들은 지루함이 크거나 그것을 견디기 어려울수록 사람들은 더 자극적이고 극단적인 유해 물질이나 행위에 의존하게 된다**고 했다. 그 대표적 예가 마약류와 포르노그라피에 대한 탐닉일 것이다. 우리 사회에서 터부시 되는 마약류의 약물과 외설적

---

*   스베냐 플라스 푈러(Svenja Flasspöhler) 지음, 장혜경 옮김, 2013, 『왜 우리의 노동은 우울한가』, 로도스, pp.30-31.

**   제임스 댄커스·존 D 이스트우드 지음, 최이현 옮김, 2022, 『지루함의 심리학』, 로크 미디어, p.128.

이고 음탕한 포르노그라피에 사람들이 더 광적으로 빠져드는 이유는 금기를 억압하면 할수록 이를 위반할 때 더 자극적이고 강렬한 스릴과 쾌감을 맛보게 되기 때문이다.* 좀 더 강렬한 자극, 그로 인한 기분 전환, 즐거움, 쾌락을 추구하는 행위는 그것을 추구하면 할수록 더 강도 높은 자극을 원하게 된다. 그 자극제의 극적 효과가 사라졌을 때, 강렬하게 고양되었던 기분은 더 강한 침잠과 침울, 더 깊은 재미없음과 지루함으로 돌변하게 되는 것이다. 그리고 이러한 자극 추구의 행위는 점점 스스로를 통제하기 어렵게 해서 더 강력한 자극제를 찾게 만들기 때문에, 어느새 사회적 도덕, 규범, 법이라는 금기를 넘어서는 극단적 행위와 범죄 행위로 변질되기도 한다. 어찌 보면 정신없이 살아가도록 몰아대는 불확실한 성과 사회가 자아내는 불안감의 증폭은 분주함과 지루함이 뒤엉킨 모순적 사회에서 사람들을 스스로 이율배반의 늪에 빠져들게 몰아가는 것이다.

결국 현대인들은 나태, 목표 의식의 결여, 사회적 실패와 지루함을 연관 짓는 사회적 편견 속에서 살아가게 된다. 그러다 보면 빈둥거리고 무료하게 생활하는 사람은 무엇인가 잘못된 사람이라든지, 실패한 사람이라는 낙인 속에서 살아갈 수밖에 없다. 이와 같은 맥락에서 '지루함'을 느끼는 사람은 '낙오자' 혹은 '문제 있는 사람'으로 스스로 낙인 찍는 '자기 비하'로 연결된다. 잘못되거나

---

* 심형준, 2013, "섹슈얼리티의 성스러움: 금기 너머의 더럽고 위험한 성스러움과 (正常) 섹슈얼리티", 『종교문화비평』, 제23권, pp.15-46.

실패한 사람이 되지 않기 위해 사람들은 이 지루함으로부터 어떻게든 도망치지 않으면 안 된다. 그렇기에 현대인들은 스스로 두렵게 만드는 이 지루한 기분으로부터 벗어나기 위해 최음제 역할을 하는 특정한 물질이나 행위에 과도하게 몰입할 수 있다. 그리고 이 과도한 몰입이 그 혹은 그녀를 강박과 중독이라는 탐닉의 늪으로 점점 더 빠져들게 한다.

제2장. '완벽한 여성'이라는 신화

1. 가족주의 압력

'결혼은 선택', '1인 가구', '비혼주의', '혼밥' 등 사람들 입에 오르내리는 최근의 표현에서 알 수 있듯, 이제 우리 사회는 가족주의라는 말에 내포된 전통적 의미들이 퇴색되어 가고 있다. 하지만 그럼에도 불구하고 한국 사회에서 가족은 여전히 중요한 제도이다. 부계 직계의 규범을 근본으로 삼는 유교적 가족주의 규범까지는 아니더라도, 부모에 대한 공경, 친족 부조, 부계 가문 계승 등 가족 중심의 가치는* 은 여전히 유효하다. 그래서 '믿을 건 가족뿐이다', '피는 물보다 진하다' 등과 같은 사회적 통념은 가족에 대한 전통적 언표들이 퇴색하고 있는 2020년대의 현시점에서도 변함없이 작동되고 있다. 특히 가족원 간 정서적 유대와 결속을 통

---

* 김혜경, 2013, "부계 가족주의의 실패?: IMF 경제위기 세대의 가족주의와 개인화", 『한국사회학』 제47권 2호, pp.102-106.

해 강한 일체감을 보이는 정서적 가족주의*는 오히려 더 강화되어 가는 경향이 있다.

일례로 N세대라고 칭하는 1980년대생, 소설 속 '김지영'이라는 여성은 가부장적인 아버지, 남동생만을 무조건 두둔하는 할머니를 둔 전통적인 한국 가정에서 나고 자란 여성이다. 그녀는 '정상 가족'이라는 규범과 여성에 대한 사회구조적 차별을 부정하기 어려운 현실에서 출산과 육아를 할 수 있는 '여성'이라는 이유로 인사상 불이익을 받는다. 또 결혼 후에는 딸아이의 출산과 육아를 전담해야 한다는 이유로 엄마로서 역할을 떠맡으며 경력 단절 여성이 된다. 그러던 어느 날, 그녀는 마치 자신이 타인이 된 것처럼 친정엄마, 남편의 결혼 전 애인으로 빙의해 가족들을 당혹스럽게 하는 이상 증세를 보인다.**

이 소설은 남존여비의 가부장적 가풍 속에서 태어나 성장한 한 여성의 생애를 따라가며, 그녀가 취업과 직장 생활, 결혼, 출산, 자녀 양육, 그리고 경력 단절 등의 삶의 압력에 압도되는 현실을 여실하게 그려낸다. 한국 사회 여성들이 이 소설에 격렬하게 공감할 수밖에 없었던 것은 그녀의 삶이 곧 한국 사회 여성의 삶이라고 해도 과언이 아닐 만큼 여성들의 삶 전반을 소설 속에 잘 반영했기 때문이다.

저자들 또한 전형적인 X세대로서 누구보다 성실하게 학업과 직

---

* 위의 글, p. 107.

** 조남주, 2016, 『82년생 김지영』, 민음사.

장생활을 병행해 온 기혼 여성들이지만, '아들을 낳지 못했다는 이유'로 시부모에게 타박의 대상이 되거나, '자식을 잘 키우는 것이 우선이라는 이유'로 경력 단절을 강요받던 사회문화적 분위기 안에서 순응하며 살아온 세대이다. 그래서 그 어떤 이들보다『82년생 김지영』이라는 소설에 공명할 수밖에 없었다.

'엄마처럼 살지 않을 거야'라는 표현에 그 모든 의미가 함축되어 있듯, 대부분의 이 땅의 기·미혼의 여성들은 어머니의 일방적 희생과 헌신을 자양분 삼아 성장한 세대이기도 하다. 그래서 한국 사회 여성들에게는 자신의 어머니처럼 가족을 위해 일방적으로 헌신하며 살고 싶지 않다는 양가감정 또한 공존한다. 그렇지만 한국 여성들은 마치 마법에라도 걸린 것처럼 그녀들의 어머니가 걸어왔던 30·40년 전 삶과 많이 다르지 않은 전철을 되풀이하기도 한다. 똑같이 공부했고 취직했으나, 육아는 혼자의 몫이 되어버린 힘겨운 순간을 경험한다.

그러니 주변인의 적극적인 도움이 없다면 경력 단절이라는 강요된 선택으로 내몰릴 수밖에 없다. 어느 정도 제도가 보완해 준다고는 하지만 직장에서 일하는 부모는 마음 자체가 다를 수밖에 없다는 말처럼, 한국 사회에서 여성은 자녀 양육과 가사라는 무급의 돌봄 노동뿐만이 아니라 일터에서의 유급 노동까지 모두 완벽히 해내야 하는, 마치 그 모든 것을 사명처럼 짊어져야만 하는 버거운 현실과 마주한다. 그래서 여성들은 마치 그러한 사명을 띠고 이 땅에 태어난 존재인 것처럼 '슈퍼우먼'의 길로 자의든, 타의든 걸어 들어갈 수밖에 없다. 오죽하면 2018년 지방선거를 앞두고 어떤 정당에서는 '일터 노동과 독박 육아와 가사노동이라는 이중고에 시달리는 워킹맘, 자녀 출산과 육아를 위해 직업적 꿈을 포기해야 하는 여성'들을 위한『슈퍼우먼 방지조례(가족친화 사회환경 조성 및 지원에 관한 조례)』제 · 개정 공약*을 그 정당의 10대 공약으로 내걸었겠는가. 그만큼 한국 사회에서 여성들은 가정과 일터라는 이중 노동의 압력이 클 수밖에 없다.

그렇다면 자발적 비혼을 선택한 여성 혹은 미혼 여성이라면, 가정과 일터라는 이중 노동이 만들어 내는 삶의 압력들로부터 자유로울 수 있을까?

그녀들 역시 한국 사회에서 가장 중요하게 여기는 가족의 가치, 즉 가족과 자신을 동일시하거나, 부모를 공경하거나 돌봐야 하는 것, 힘들고 어려울 때 의지할 수 있는 것이 가족이라고 여기는 정서적 가치로부터 자유롭지 않다. 이 점에서 그녀들 또한 여전히 가족주의의 직간접적 영향력 아래 살아가고 있다.

그뿐만 아니라 어머니인 여성들은 모성에 기반한 육아를 잘 해내고 있지 못하다는 자책감, 스트레스 등과 같은 심리 내적 갈등, 경력 포기 등을 경험**하게 된다. 그래서 한국 사회 내 여성은 그녀가 기혼이건 미혼이건 가정과 일터 노동 모두를 잘해 내야 한다

---

* 경향신문, 2017, "정의당, 워킹맘 고충막겠다… '슈퍼우먼방지조례' 공약"(https://www.khan.co.kr)(2023. 01. 10 검색).
** 권김현영 외, 2017,『양성평등에 반대한다』, 교양인, p.54.

는 무게감, 그리고 가족과 자신을 옭아매는 정서적 가치로부터 벗어나기가 어려운 존재이다. 오히려 가족주의라는 허위의식이 만들어 낸 사회문화적 규범과 고정화된 시선들을 내면화시킨 순응적 존재로서 여성들은 그것을 더 잘 해내기 위해 고군분투할 수도 있다.

결국 유교적 가부장제를 밑동으로 한 한국 사회 내 가족주의의 견고성은 2020년대를 살아가는 이 땅의 여성들에게 의식적이건, 무의식적이건 그것을 여전히 내면화해 살아가도록 강권한다. 그리고 그것을 적극적으로 잘 따르는 여성들이야말로 바람직한 여성이 되는 역설이 존재하는 것이다.

그렇다면 어머니, 아내, 노동자로서 살아가는 한국 사회의 여성들은 자신에게 주어진 역할을 더 완벽하게 수행하기 위해 가정과 일터에 과몰입하는 가운데 있는 건 아닐까? 혹은 슈퍼우먼이 되기 위해 스스로 몰아세우며 과잉 노동과 과잉 돌봄에 내몰리고 있지는 않을까? 치열한 경쟁사회 안에서 직업적 생존력을 발휘하기 위해 좀 더 좋은 딸, 어머니, 아내가 되고자 과몰입했던 행위가 이 여성들을 사회나 가족 내에서 더 불안하고 불안정하게 만들지는 않았을까? 이 과몰입의 행위가 여성들을 자기 착취의 과잉 행위로 몰아가지는 않았을까? 그래서 그녀들에게 가족주의가 만들어 내는 일도 잘하고, 아이도 잘 키우고, 살림도 잘하는 슈퍼우먼의 삶은 역설적이게도 어제와 오늘이 크게 달라질 것 없는 다람쥐 쳇바퀴 같은 '답답한 일상'으로 변질되고 있지는 않았을까? 어쩌면 이 힘겨운 현실에서 탈피하고 싶은 욕망을 재빠르게 알아차린 우리 여성들의 몸이 다양한 중독 물질과 탐닉 행위들을 향해 앞서 달려 나가지는 않았을까?

2. 여성 몸에 대한 강제와 압력

'제3의 성 아줌마', '용모 단정', '예쁘면 모든 게 용서된다', '너도 여자냐'라는 문구들에서 알 수 있듯, 아름다운 여성의 겉모습은 소비적 후기 자본주의를 살아가는 21세기나 이전 세기의 여성에게는 강력한 자원이었다. 또한 사회적 신분과 지위라는 계층적 사다리를 단박에 올라탈 수 있는 권력이 되기도 했다. 특히 여성에게 아름다운 외모와 관능적인 몸매는 미적 이상이 되면서 모든 여성이 매일 다이어트 중이라고 할 만큼, 아름다운 얼굴과 몸매는 소비 자본주의 사회를 상징하는 핵심이 되었다.

이처럼 외모가 여성의 사회적 신분 상승의 자원과 권력이 되면서, 일명 '얼굴과 몸매가 되는 여성'과 '그렇지 않은 여성'들 사이에서 발생하는 사회적 차별은 더 견고하게 심화되고 있다. 급기야 우리나라는 이처럼 심화되고 있는 차별을 법적으로 규제하기 위해, 『남녀고용평등과 일 · 가정 양립 지원에 관한 법률』 제7조에, "모집과 채용에 있어 여성의 용모, 키, 체중 등의 신체적 조건, 미혼 조건 등을 두어서는 안 된다"는 규정과 벌칙(제37조)*을 정하기에 이르렀다. 이와 관련해 김동식 외(2019)는 2013년 세계 최초로 시행된 이스라엘의 『모델몸무게규제법(The Act Limiting Weight in the Modeling Industry)』이나, 2015년 제정된 프랑스의 『포토샵법』** 등을 소개하고 있다. 이러한 법들은 마른 몸을 이상화하고, 거식증과 같은 섭식장애로 심각한 건강상 위험에 빠지는 청소년과 성인들을 보호하기 위해 일부 국가가 시행한 법적 노력의 일환이다. 이처럼 외모 차별, 지나치게 깡마른 몸을 법과 제도로서 규제하려는 몇몇 국가들의 강제적 노력은 그만큼 외모지상주의와 이로 인한 외모에 대한 강박적 집착이 전 지구적 차원의 사회 문제가 되고 있다는 것을 방증하는 사례라고 할 것이다.

그뿐만 아니라 사회가 요구한 미적 기준에 진입하지 못한 여성들은 여성이지만 여성일 수 없거나, 여성이 되기 어려운 존재라고 할 수 있다. 그래서 한설아(2005)는 날씬한 몸을 갖지 못하거나 유지할 수 없는 여성들은 자신의 몸을 여성적인 몸으로 인식하기 어렵고, 그것은 '아줌마 체형'***이라는 비아냥 섞인 기표로 상징화된다고 언급했다.

이제 비혼 여성이건 기혼 여성이건, 여성들은 아름다운 얼굴과

---

* 국가법령정보센터, 2023, 『남녀고용평등과 일 · 가정 양립지원에 관한 법률』(https://www.law.go.kr/LSW/lsInfoP.do?efYd)(2023.01.10 검색).

** 위 법과 관련된 구체적인 내용은 여성정책연구원에서 발간된 김동식 외, 2019, 『한국 사회의 젠더와 건강불평등 연구 Ⅲ: 외모 강박과 미용 성형을 중심으로』란 정책자료를 참고하기 바란다.

*** 한국성폭력상담소, 2005, 『섹슈얼리티 강의』, 동녘, pp.160-161.

체형을 갖기 위해 매달릴 수밖에 없다. 왜냐하면 여성들에게는 이것이 '여성성'이라는 자기 정체성을 유지할 수 있는 중요 요소로 이해되기 때문이다. 또 아름다운 외모는 가정이나 일터에서 교양인이라면 꼭 지녀야 할 '절제력'을 갖춘 품위 있는 미덕이기 때문이다. 그래서 여성들은 뚱뚱한 몸이 되지 않도록, 나아가 탄탄하고 육감적인 몸매를 갖기 위해 각종 의료적 시술이나 수술에 의존하기도 한다. 어떤 때에는 몸매 관리에 도움이 되는 의약품이나 건강식품을 섭취하기도 하며 그러한 자신의 행위에 '자기관리', '건강관리'라는 그럴싸한 합리화의 이름을 붙인다.

이것은 언뜻 우리 사회가 부여한 '이상화된 몸을 향한 절제와 조절'이라는 수준 높은 자기관리의 노력처럼 보이기도 한다. 그래서 이런 사람들은 그야말로 사람들의 부러움을 한 몸에 사는 동경의 대상이 되기도 한다. 하지만 반대로 뒤집어 보면 현대사회 여성들은 '이상화된 몸'이라는 허구적 신화를 쫓아서 자신을 극단적으로 내몰아 가는 과몰입과 과의존의 '과잉된 욕망'과 마주하기도 한다.

결국 사람들이 동경하는 표준화된 몸을 기준으로, 한 여성의 외모는 곧 평가와 차별의 기준이 된다. 또 이러한 기준은 여성들에게 외모에 집착하게 하는 외모지상주의를 부추기면서 뷰티산업의 활성화와 과도한 외모 가꾸기 열풍에 기여하게 만든다. 그래서 최혜진(2016)은 현대인들 내면에 자리한 외모에 대한 불안감이 외모 강박으로 연결된다는 점을 지적한다. 현대인들은 사회가 이상화한 얼굴과 몸매를 갖기 위해 더욱 운동, 뷰티산업에 의존할 수밖에 없다는 것이다.[*] 이 지점에서 만날 수 있는 대표적 과의존 행위가 성형중독, 다이어트중독, 운동중독, 쇼핑중독 등과 같은 것이다. 여성들이 몸에 대한 사회적 압력과 그로 인한 강제 속에서 성형, 다이어트, 운동중독 등에 빠져드는 것은 외모에 대한 근원적 불안감이 작동되고 있기 때문이다. 이로 인해 젊은 여성일수록 그녀의 외모가 사회적인 미적 기준에 못 미칠까, 좋은 직업적 기회를 자신의 외모 때문에 잃어버릴 수 있다고 걱정하는 외모 불안감이 높아진다[**]고 했다. 더욱이 외모지상주의 사회 속에서는 중장년층 여성도 나이듦으로 인한 외모 불안감이 젊은 여성들 못지 않게 높을 수 있다. 여성들이 유명인의 외모를 아름다움의 이상으로 삼듯 '이상화된 겉모습'이 어떠한 기준점으로 작용할 때 그 표준 안에 편입될 수 없는 여성들은 더욱 불안해질 수밖에 없다.

이러한 맥락에서 대중매체, 뷰티산업, 그리고 외모 차별을 공고히 하는 기업 및 공공·민간 기관 전반에 만연한 차별 행태는 여성들을 외모지상주의와 외모 집착으로 몰아간다. 이는 결국 이 시대의 여성들에게 근원적 불안감과 자기 착취를 부추기며, 강박적 행위로 이어지게 만든다고 볼 수 있다. 이로 인해 현대 여성들

---

[*] 　최혜진, 2016, "외모지상주의의 문학적 극복과 치료적 대안-외모지상주의로 인한 사회적 문제의 인문학적 해결방안", 『문학치료연구』 제40호, pp.226-227.

[**] 　위의 글, p.227.

은 아름다운 얼굴, 관능적 몸매를 향한 강박적 사고와 행위에 잠
식당하는 중독이라는 탐닉의 늪에 빠져들게 되는 것이다.

제3장. 결핍이 만들어 낸 과몰입과 의존

1. 중독을 어떻게 정의할 것인가?

중독에 대한 우리나라의 의학적 정의는 '특정한 물질이나 행위를 과도하게 소비해 부정적인 결과가 초래함에도 불구하고, 쾌락감을 주는 것에 집착적으로 매달리게 되는 만성적인 뇌 기능의 손상 정도'*로 규정해 볼 수 있다. 그리고 특정 물질이나 행위에 집착한다는 것은 그것에 대한 조절능력의 상실을 의미하며, 이것은 만성화의 경향성과 함께 중독화 되고 있다는 것을 알려주는 중요한 신호가 되기도 한다.** 또한 개인의 의지만으로는 치료되기 어려우므로 치료가 쉽지 않은 치명적 질병이기도 하다. 2012년의 자료에 따르면 우리나라 인구 가운데 약 8명 중 1명은 치료가

---

*   국가 공공기관에서 규정하고 있는 의학적 정의는 보건복지부 국립정신건강센터 내 국가정신건강정보포털(https://www.mentalhealth.go.kr)을 확인해 보기 바란다.

**   중독에 관한 국가 기관의 공식적인 정의와 진단기준 확인은 위 포털을 활용하길 바란다.

필요한 4대 중독자(알코올, 도박, 마약, 인터넷)에 해당*한다. 이것은 중독이 우리 사회 내 심각한 사회문제가 되고 있다는 것을 의미한다.

아치볼트 하트(Archibald Hart)는 인간이 중독에 빠지는 이유를 다양한 욕구와 감정에서 찾는다. 그는 중독의 원인으로 불안을 회피하려는 욕구, 죄책감을 줄이거나 자신의 환경을 통제하고 지배하려는 욕구, 신체적·심리적·영적 고통을 피하려는 욕구, 완전한 사랑을 갈망하는 욕구 등을 제시한다. 또한 권태로움, 단조로움, 우울감, 무기력감, 불완전함, 낮은 자존감, 스트레스**와 같은 감정 역시 중독으로 이어질 수 있다고 설명한다. 그는 우리 인간이 욕구와 감정으로부터 벗어나기 위해 흥분과 자극제를 찾는 과정에서 중독에 빠져든다고 했다. 예컨대 중독은 다양한 형태로 나타나는 정신적이고 심리적인 고통과 공허함을 '있는 그대로' 겪고 싶지 않은 회피의 기제로부터 출발한다.

중독은 크게 물질중독과 과정(행위)중독으로 대별 될 수 있다. DSM(Diagnostic and Statistical Manual of Mental Disorders)에서는 물질중독을 물질 의존(Substance Dependence) 개념으로 사용한다. 즉, 특정한 물질에 대한 심리적 갈망 및 통제하기 어려운 욕망에 의한 과의존, 그로 인해 물질의 양을 더 많이 사용하게 되는 내성, 그것을 중단했

---

*   세계일보, 2012, "알코올·도박·인터넷·마약… 8명 중 1명 중독"(http://Segye.com/newsView/20121212023584)(2024.12.14 검색).

**   아치볼드 하트 지음, 온누리사역본부 옮김, 2009, 『참을 수 없는 중독』, 두란노, pp. 25-27.

을 때 오는 금단 현상을 특성으로 한다. 그로 인해 이미 물질중독 상태에 빠져든 사람은 가족생활, 직장, 학교생활에서 요구되는 삶의 정연한 질서가 파탄 나기 때문에 정상적이라고 부르는 삶을 영위하기 힘들어진다고 제시한다.* 반면 과정중독은 행위중독으로도 불리며, 이것은 특정한 행위에 과몰입, 과의존하게 되면서 중독에 빠져드는 것을 의미한다. 과정중독은 정신장애 진단 및 통계 편람인 DSM이 5판으로 개정될 때 도박 장애라는 명칭이 사용되면서, 과정중독이 정신장애라는 것을 공식화**했다. 과정중독, 즉 행위중독에는 도박, 스마트폰 게임, 음식, 쇼핑, 성, 일중독*** 등이 포함되고 있다.

물질 중독이든 행위 중독이든, 두 경우 모두 자기 조절 능력의 상실이라는 공통된 특징을 가지고 있다. 이러한 자기 통제력의 상실은 특정 물질이나 행위에 대한 과도한 몰입과 의존을 초래하며, 결국 개인을 파국으로 몰아넣는다. 따라서 중독에 빠진 사람들은 삶의 붕괴라는 동일한 결말에 이르게 된다.

위에서 살펴본 중독의 정의를 바탕으로 볼 때, 개인의 중독은 인간이 지닌 욕망과 감정을 회피하려는 시도에서 비롯된다. 이는 순간적인 위안을 얻기 위해 특정 물질이나 행위에 의존하게 만들며, 결국 그에 대한 조절 능력을 상실하고 만성적으로 지속되는 경향

---

*   APA 지음, 권준수 외 옮김, 2024, 『정신질환의 진단 및 통계편람: DSM-5-TR』, 학지사, pp. 602-603.
**   최삼욱, 2017, 『행위중독: 인간의 행동이 중독의 대상이 되다』, 눈출판사, p. 32.
***   위의 글, p.32.

을 보이게 된다. 의학적 측면에서 중독은 중독된 개인을 파탄으로 몰아가는 지극히 개인적 차원의 질환인 셈이다. 그러나 의학적 관점에서 중독을 정의하고 그 원인, 과정, 해결책을 명확히 규정하기 어려운 이유는 중독이 개인과 사회의 강도 높은 상호작용 속에서 심화되기 때문이다. 때때로 가족, 집단, 조직 등 사회 전체가 중독의 영향을 받아 그 안에서 살아가는 개인을 집어삼킬 수도 있다. 이러한 중독된 사회에 포획된 개인은 자신의 중독 상태를 자각하지 못한 채, 오히려 비정상적인 과몰입을 정상적인 행동으로 인식하며 살아갈 가능성*이 높다. 앤 윌슨 쉐프(Anne Wilson Schaef)는 그녀가 상담했던 한 여성의 이야기를 아래와 같이 소개하고 있다.

> '지금까지 우리가 이야기 한 모든 중독들, 예를 들어 약물, 알코올, 니코틴, 음식, 섹스, 관계 중독 등은 모두 2차적 중독에 불과해요. 이 모든 2차적 중독은 1차적 중독에 뿌리를 두고 있거든요. 그 1차적 중독은 살아있지 않는 것 같은 시체화된 삶 즉 무기력과 같은 중독이에요. 앞에서 말한 2차적 중독은 모두 이 1차 적 중독으로부터 비롯돼요.(…이하 생략)**

이 이야기의 주인공인 여성은 미국 남부의 한 주에서 성장하며

---

* 좀 더 상세한 내용은 중독의 발생학적 원인을 사회구조적 측면에서 "폭력-트라우마-두려움-회피"로 제시하고 있는 강수돌(2021)의 『중독공화국(세창미디어)』와, 강수돌·홀거 하이데(2018)의 『중독의 시대-대한민국은 포스트 트라우마 중독사회다(개마고원)』 등의 저서를 읽어보길 권한다.

** 앤 윌슨 섀프 지음, 강수돌 옮김, 2017, 『중독사회: 우리는 모두 중독자다』, 이상북스, p.41의 내용 중 일부를 대화체 형태로 약간 재구성했다.

근본주의적 기독교 교회의 교육을 받았고, 가정과 교회의 영향을 깊이 받아왔다. 그러나 그녀는 행동과 감정 표현 방식에 따라 상반된 평가를 받았다.

그녀가 행복한 표정을 짓고, 활기차며, 에너지가 넘치고, 성적 매력이 드러날 때는 '나쁜 아이'라는 낙인이 찍혔다. 반면, 조용하고, 병약하며, 생기가 없고, 우울한 모습을 보일 때는 '착한 아이'로 인정받았다.

이 여성은 주변 세계의 인정을 받기 위해 무기력하고 살아 있지 않은 상태로 머물러 있도록 강요받던 것이 1차적 중독이었으며, 이것이 이후 그녀의 니코틴 중독, 관계중독이란 2차 중독을 유발했다*는 것이다.

에리히 프롬(Erich Fromm)은 '죽음을 사랑하는 사람'을 네크로필리아적인(Necrophilia) 사람으로, '삶을 사랑하는 사람'을 바이오필리아(Biophilia)**적인 사람으로 개념화했다. 즉 네크로필리아적인 사람은 살아있지만 살아있다고 말하기 어려운, 죽은 시체처럼 무기력하고 시들어가는 존재라고 할 수 있다. 후기 산업자본주의 시대를 살아가는 현대인들도 이와 같지 않을까? 현대사회의 개인들은 고도로 분업화되고 전문화된 환경에서 시장의 무한한 자유 속에 놓여 있다. 그러나 무한경쟁, 능력주의, 성과주의, 소비주의, 남성중심주의, 가족주의 등 국가와 사회라는 거대 시스템이 요구

---

* 위의 글, p.42.

** 에리히 프롬 지음, 황문수 옮김, 2002, 『인간의 마음』, 문예출판사, pp.58-59.

하는 허위의식에 맞추느라 질식할 듯한 상태로 내몰리고 있지는 않을까?

이 질식할 것 같은 삶의 압력에 압도된 사람들을 우리는 과연 살아 숨 쉬는 생명체라고 말할 수 있을까?

살아도 살았다고 할 수 없는, 그래서 살았지만 죽어가거나 죽어 있는 사람들이라고 이름을 붙일 수 있지 않을까?

그렇다면 개인의 중독은 개인으로부터 유발되는 것인가? 사회로부터 유발되는 것일까?

개인이 중독된 것일까? 사회가 중독된 것일까?

중독된 개인이 문제일까? 중독된 사회가 문제일까?

치유와 회복은 개인의 차원에서 일어나야 하는 것일까? 사회 차원에서 일어나야 하는 것일까?

2. 중독의 핵심적 특성

DSM-5에서는 물질로 유발된 장애로는 알코올 사용장애를, 비물질 관련 중독 장애로는 도박장애를 포함시키고 있다. 보건복지부 국가정신건강포털(2024)에서는 DSM-5에 의한 알코올 사용 장애와 도박장애의 진단 기준을 살펴볼 수 있는데, 우선 알코올 사용 장애를 진단하기 위한 기준으로 열한 가지 증상을 제시하고 있다. 이 열한 가지 기준 중 지난 12개월 사이에 두 개 이상을 충족하면 알코올중독으로 진단할 수 있다고 설명한다. 도박중독의 경우 아홉 개 증상을 제시하고, 지난 12개월 동안 아홉 개 중 네 가지 이상 충족하면 도박중독으로 진단할 수 있다고 판단하고 있다.[*] 이러한 물질중독과 행위중독의 대표적 예라고 할 수 있는 알코올중독과 도박중독의 진단 기준을 통해 중독의 핵심적 특성을 아래 세 가지 정도로 요약해 볼 수 있다.

첫째, 중독은 불안, 무기력, 우울감 등의 심리적 괴로움을 회피하거나 쾌감을 얻기 위해 특정 물질이나 행위에 집착하는 것이다. 이는 그로 인한 부정적 결과에도 불구하고 강박적으로 매달리는 증상을 동반한다.

둘째, 조절력을 상실하고 더 많은 물질이나 행위를 원하게 되는 내성, 그리고 이를 끊으려 할 때 신체적·정신적 고통을 수반하는 금단 현상이 나타난다. 또한 중독된 물질과 행위에 대한 충동에서 벗어나지 못하는 노예화 현상이 발생한다. 이는 마치 주인이 노예를 부리듯, 중독자가 중독 물질과 행위에 지배당하는 것과 같다.

셋째, 중독은 중독 물질과 행위에 장시간 노출되면서 자신뿐만 아니라 그들의 주변인까지도 파국으로 몰아가는 파괴성을 가지고 있다. 이로 인해 중독은 중독 당사자의 신체적, 정신적 건강 문제와 동시에 인간관계의 파괴, 재산상의 손실, 일상생활 및 직업

---

[*] 이것에 대한 좀 더 구체적인 내용은 보건복지부의 국가정신건강정보포털(2024) 게시 내용을 살펴보길 바란다.

생활의 파탄, 가족과의 갈등 및 해체를 이야기하는 부정적인 영향[*]을 보인다.

그렇다면 위와 같은 중독 현상의 특성들은 개인과 그 개인이 살아가는 사회의 어떤 영향 관계 안에서 개인을 중독시키고, 사회를 중독시키며, 서로가 중독을 조장하고 촉진시키는 공모 관계로 얽히게 되는 것일까? 강수돌과 홀거 하이데(2018)는 자본주의와 중독 사이에는 상당한 친화성이 있어, 이 자본주의 시스템이 일중독, 소비중독, 알코올중독, 마약중독, 성형중독 등을 조장하면서 그 토대 위에서 더 잘 작동되고 발전한다[**]고 언급하고 있다.

그래서 일련의 학자들은 중독을 조장하고 촉진하는 사회 전반의 시스템을 '중독사회'[***]라고 호명하고 있다. 또한 이 '중독사회'는 백인 남성을 정상성에 두는 '백인 중심 시스템'으로 명명한다. 학자들은 '백인 중심 시스템'의 원리가 정부기관, 법률체계, 종교와 학교기관, 경제체계, 그리고 사회 전반[****]에 문화, 규범, 규율의 전형으로 작동하면서, 이 속에 살아가는 개인들을 거기에 순응하게 만든다고 이해했다. 또한 이 시스템은 자신이 가장 객관적이고 합리적이라는 믿음을 사람들에게 절대적으로 심어주며, 그 규칙을 무조건 따르도록 조장한다. 이는 사회가 곧 '정상성'이라는 신

---

[*]   아치볼트 하트 지음, 온누리사역본부 옮김, 2009, 앞의 글, pp.30~35.

[**]   강수돌 · 홀거 하이데, 2018, 앞의 글, pp.44~45.

[***]   '중독사회'란 용어를 제시하고 있는 학자는 쉐프 앤 윌슨(2016), 쉐프 앤 윌슨 · 다이앤 파슨(2015), 강수돌 · 홀거 하이데(2018), 강수돌(2021) 등을 들 수 있다.

[****]   앤 윌슨 새프 지음, 강수돌 옮김, 2016, 앞의 글, p.25.

화 속에 사람들을 중독시키는 전형적인 방식을 보여준다.

그렇다면 중독된 사회가 드러내는 핵심적 특성은 무엇일까? 강수돌·홀거 하이데(2018)는 한국 사회가 드러내는 중독의 특성으로 '성장 제일'에 초점을 맞춘다는 점을 꼽았다. 70·80년대의 한국인들은 '하면 된다'라는 구호 아래 '한강의 기적'을 이루기 위해 자신과 가족의 삶은 아예 존재하지도 않는 것처럼, 국가와 회사의 성공·성장을 위한 삶을 당연시하며 살아왔다.* 그런데 70·80년대 시대 우리나라의 '성장 제일'은 90년대 중후반 IMF를 겪으면서 신자유주의에 기반한 '성과 제일'로 옮겨갔다. '성장 제일'이건, '성과 제일'이건, 이것을 위해 한국 사회의 지배 세력은 피지배 세력인 국민 혹은 노동자를 과잉 착취로 몰아갔으며, 거기서 얻어지는 성과물은 승자 곧 정치권력가나 기업가와 같은 지배 세력이 독식하는 사회경제적 구조였다는 것**이다.

이러한 관점에서 보면 신자유주의 사회경제 구조 시스템 안에서 작동되는 한국 사회의 현실에서, 개인은 '성과'를 위해 자신의 능력을 끊임없이 증명해야 하는 안쓰러운 처지에 있다. 그래서 개인은 입시·스펙·취업·성과·이윤 경쟁에서 승자가 되기 위해 과몰입하는 강박이 발생할 수밖에 없다. 거기다 강박적 삶이 주는 고통과 불안에 사로잡힌 사람들은 그것을 무마시키기 위해 일시

---

* 강수돌·홀거 하이데, 2018, 앞의 글, pp.80-84.

** 위의 글, pp.80-84.

적 쾌감을 주는 중독 물질과 행위에 빠져든다.* 더욱이 사회 내 지배 세력들은 사람들의 중독 물질이나 행위를 적절하게 부추기면서, 자신들의 돈과 권력이 더 커지거나 유지될 수 있도록 중독 시스템을 공고히 하는** 것이다.

어찌 보면 중독화 된 사회를 살아가는 개인은 너, 나 할 것 없이 자신도 모르게 어느새 중독자가 되어버린 것은 아닐까? 중독자들이 넘쳐나는 사회, 그리고 이미 중독된 사회가 사람들을 중독의 악순환에 빠져들도록 더 부추기고 있는 것은 아닐까? 그래서 이 둘의 공모적 관계 안에서 희생자와 가해자의 역할을 동시에 수행하고 있는 것은 아닐까?

3. 중독의 다양한 유형들

앞에서 살펴본 바와 같이 중독은 두려움 혹은 고통을 회피하거나 인위적으로 향락적 즐거움을 추구하려 할 때, 특정 물질이나 행위에 강박적으로 의존하며 집착하는 일종의 노예화 현상으로 규정된다. 그렇다면 대표적인 물질 중독인 알코올·마약류 중독은 어떻게 정의되며, 대표적인 행위 중독인 도박 중독, 인터넷·스마트폰·게임 중독은 어떻게 설명될까?

---

* 　강수돌, 2021, 『중독공화국』, 세창미디어, pp.23-24.

** 　위의 글, p.24.

1) 알코올중독

알코올중독은 알코올에 과도하게 의존한다는 의미를 담고 있고, 여기서 의존이란 중독자 개인의 부정적 생각과 신체적 고통을 회피하고자 음주에 대한 지속적인 욕망을 드러내는 상태를 의미한다. 강수돌(2021)은 심리적 차원에서 부정적 느낌이나 감정을 회피하고자 하는 욕망과, 쾌락을 느끼고자 하는 또 다른 욕망이 결합해 알코올에 대한 강박적 집착을 높인다고 했다. 또한 이러한 집착은 알코올에 대한 내성, 그리고 중단했을 때의 금단증상이라는 신체적·정신적 고통을 겪게 만든다*고 언급했다. 결국 알코올 중독은 알코올에 강박적으로 의존하는 상태로, 이를 사용하지 못할 경우 강한 갈망과 금단 현상을 경험한다. 또한 정상적인 신체적·심리적 기능을 유지하기 위해 점점 더 많은 알코올을 필요로 하는 내성 증상을 보이며, 이는 만성적인 부적응적 문제로 이어진다. 2021년 기준 우리나라 국민의 알코올 남용과 의존증을 포함한 알코올 사용 장애의 1년 유병률은 2.6%에 해당된다고 제시되고 있다. 이것은 알코올 문제를 겪고 있는 사람이 대략적으로 약 134만 명 정도** 라는 것을 추정하게 하는 비율이다.

---

* 강수돌, 2021, 앞의 글, p.120.

** 한국경제, 2024, "'알코올 중독' 130만명⋯전문병원은 겨우 8곳"(https://www.hankyung.com/article/202410172251)(2024. 10.28 검색).

2) 마약류 중독

　중독의 원리가 중독 물질과 행위에 강박적으로 집착하는 의존적 행위라고 앞에서 언급했던 것처럼, 마약류에는 흥분과 진정 효과가 있는 약물이 포함된다. 한국 사회의 경우, 마약류에 대한 법적 금지주의를 채택한다. 때문에 대마·신경안정제·펜타닐 등과 같은 진통제, 필로폰·암페타민 등의 물질*이 마약류에 포함되며, 이러한 물질들을 법적 허용 여부와 정도를 넘어 과도하게 오용, 남용, 의존하는 것은 불법에 해당된다. 2023년 한 신문보도에 따르면, 2022년 기준 마약류 사범은 1만8395명으로, 이것은 10년 전인 2013년보다 2배로 늘어난 수치라고 한다. 또한 이 기사에서는 이러한 마약 사범 중 투약 사범이 8,489명으로 46.1%를 차지한다**고 보도했다. 보통 마약류 중독자의 추정은 붙잡힌 마약 사범의 암수 인원, 즉 숨겨진 인원으로 추정한다. 이 뉴스 기사는 '마약범죄 암수율' 측정을 전문적으로 분석한 연구에서 제시한 28.57배를 적용해, 마약류 중독자가 약 24만명에 달할 될 것***으로 추정했다. 문제는 전체 마약 사범의 60% 정도가 10대에서 30대까지의 젊은 청년층들이라****는 점에서 심각하다.

---

* 　앤 윌슨 새프 지음, 강수돌 옮김(2016)의 앞의 글 p.52를 참고해, 재구성했다.

** 　조선일보, 2024, "국내 마약중독 24만명… 치료는 연 700명뿐"(https://www.chosun.com/national/welfare-medical)(2024.10.29 검색).

*** 　위 뉴스 기사.

**** 　위 뉴스 기사.

3) 도박중독

　도박중독은 고통을 회피하거나 기분 전환 및 향락을 추구하려는 생각에서 비롯되며, 시간적·경제적·사회적 자원을 과도하게 소비하는 특징을 가진다. 이에 따라 도박중독이라는 건 개인의 정상적인 삶에 심각한 문제가 발생함에도 불구하고, 도박 행동을 조절하거나 통제하지 못하는 상태로 정의된다. 이러한 도박중독을 유발하는 사행활동은 다수인으로부터 재물 또는 재산상의 이익을 모아 우연적인 방법에 의해 득실을 결정해 재산상의 이익 또는 손실을 주는 행위*로 규정되고 있다. 여기에는 카지노, 경마, 경륜, 복권, 스포츠도박, 화투, 성인오락실, 온라인 도박 등이 포함**된다. 한 언론매체에 따르면 2024년 국정감사에서는 청소년들의 도박중독이 약 4년 동안 14배 폭증했다고 언급하였다. 또한 도박 유형 중에서도 '온라인 카지노 불법도박'이 59%로 가장 높게 나타났고, 이로 인해 청소년들의 도박중독 치유·상담 건수도 2020년 대비 2배 이상 증가했다***고 보도했다.

---

*　　『사행행위 등 규제 및 처벌특례법 제2조 1항』(https://law.go.kr/법령/사행행위등규제 및처벌특례법)(2024. 10.29 검색).

**　　시행활동에 관한 해당 법규는 사행산업통합감독위원회 (www.ngcc.go.kr/police/intro.do)의 포털을 활용하면, 상세한 내용을 확인할 수 있다.

***　　아주경제, 2024, "[2024 국감] 청소년 도박중독 심각…4년 동안 14배 폭증"(https://www.ajunews.com/view/20241015121754203)(2024. 10.29 검색).

4) 인터넷 · 스마트폰 · 게임중독

인터넷 · 스마트폰 · 게임중독은 이를 과도하게 사용함으로써 일상생활에 심각한 지장을 초래하는 상태를 의미한다. 중단할 경우 불안감과 조급함 등의 금단 현상이 나타나며, 디지털 기기와 게임 콘텐츠에 더 많은 시간을 소비하려는 내성 증상이 동반된다. 한 언론 매체에서는 2022년 과학기술정보통신부의 스마트폰 과의존 관련 실태조사 결과를 근거로 만10~19세의 청소년 40.1%가 스마트폰 과의존 위험군이라고 보도했다. 이러한 수치는 전년 대비 3.1% 상승한 것으로, 이것을 통해 이 매체는 한국 사회 청소년들의 스마트폰 과의존 같은 중독현상이 날로 심해지고 있다는 것[*]을 지적했다.

5) 성중독

성중독은 성 관련 행위를 통제하지 못하고 반복적으로 성행위에 강박적으로 집착하는 증상[**]이라고 정의할 수 있다. 이러한 성행위에는 자위, 포르노와 야동 등과 같은 음란물 사용, 사이버 섹스, 전화 섹스, 삽입성교, 구강성교, 항문성교 등의[***] 성행위가 포

---

[*]   조선비즈, 2023, "스마트폰 중독 청소년만 늘었다… 40%가 과의존위험군"(https://biz.chosun.com/it-scienc)(2024.10.29 검색).

[**]   박소영 · 박경, 2020, "한국판 성 중독 척도(K-HBCS)의 타당화 연구", 『청소년학연구』 제27권 제12호, p. 224.

[***]   위의 논문, pp.225-226; 강수돌, 2021, 앞의 글, pp.251-252.

함된다. 성중독 인구에 대한 우리나라 국가통계치는 존재하지 않으나, 통계청의 한국의 사회동향 자료에 따르면 카메라 등을 이용해 촬영한 범죄와 통신매체를 이용한 음란 범죄가 2018년 기준으로 약 12년간 9배가 증가했다고 보고되고 있다. 이에 반해 전통적 성범죄인 강간, 강제추행 등은 약 1.7배 늘었다는 것을 발표*한바 있다.

상술한 물질중독이나 행위중독 이외에도 우리 사회에는 훨씬 다양한 형태의 중독들이 존재한다. 이러한 중독의 다양한 모습에는 카페인, 쇼핑, 일, 성형, 종교, 관계 등 다양한 형태의 중독들이 포함되고 있다. 그렇다면 중독된 그녀들은 생활 세계 안에서 어떠한 생애 경로를 밟아오며 중독의 뿌리와 탄생, 중독의 늪이라는 악순환적 삶의 맥락들과 마주하게 된 것일까? 즉 그녀들이 어떠한 개인 내적, 사회문화적, 구조적인 맥락들 속에서 중독의 늪에 빠져들게 되었는지를 좀 더 생생하게 만나볼 필요가 있다. 그 속에서 그녀들은 중독으로 인해 '파탄난 삶'을 개인, 가족, 소속 집단, 사회 문화와 제도 관계 안에서 어떻게 이해하고 있으며, 이 속에서 어떠한 '바닥을 치는 삶'을 경험하는지를 포착해 볼 필요가 있다. 그리고 이들은 어떤 '회복탄력성'과 '지지체계' 안에서 다시 중독의 늪으로부터 탈출을 감행하는지, 그 속에서 그녀들은 어떤 맥락 안에서 회복을 향한 탈주와 재발이라는 회귀의 갈

---

* 통계청, 2020, "[안전] 디지털성범죄의 현황과 특성"(https://www.kostat.go.kr/board. es?mid)(2024. 10.29 검색).

등적 역동을 경험하게 되는지를 따라가 볼 것이다. 물론 이 글만으로 중독된 그녀들의 물질, 행위중독 현상 모두를 포착하기란 현실적 어려움이 있다. 다만, 알코올, 마약, 도박, 성중독을 중심으로 그녀들이 발화하는 생생하고 내밀한 서사 안으로 들어가 볼 것이다.

제3부

중독된 여성들의 초상

제3부는 중독된 여성들이 살아온 삶의 초상들을 당사자들이 구술한 인터뷰 내용을 중심으로 기술한다. 먼저 '탐닉의 뿌리-네 여성의 이야기'에서는 그녀들이 살아온 삶의 경로를 따라, 생애 초기 배경과 삶의 국면들을 '생애사' 측면에서 기술한다. '탐닉의 탄생과 회복의 길'에서는 이 저술의 주인공인 여성들이 중독자로 탄생하게 된 직접적 계기에서부터 중독의 늪이라는 비극적 삶에 빠져 바닥을 쳤던 삶, 그리고 회복으로의 탈주를 감행하면서 그녀들이 겪었던 삶의 희노애락을 주제화해 기술한다.

제1장. 탐닉의 뿌리: 네 여성의 이야기

"실패한 인생은 없는 것 같아요. 그것도 지금의 나를 있게 하기 위해 꼭 필요했던 삶이었어요(K의 구술 중에서)."

K의 이 고백은 서른 살 가까이 살아온 그녀의 인생을 스스로 대변하는 듯한 말이다. K는 자신이 살아온 삶의 배경에서 중독 물질을 만나게 된 계기, 그리고 그것에 빠져 자신의 인생을 망쳐 버렸던 삶도 결코 실패한 인생이 아니었다고 말하고 있다. 오히려 K는 이러한 삶의 국면들이 지금의 그녀를 있게한 예비된 삶이었던 것 같다고 고백하고 있다.

이 글에 참여한 네 명의 여성 모두는 알코올, 마약, 도박, 성중독에 빠졌던 경험과 그것으로부터 벗어나기까지의 삶을 이야기했다. 그녀들은 어린 시절의 성장 배경, 중독 물질과 행위를 접하게 된 직·간접적인 계기, 그리고 중독의 늪에서 허우적대며 삶의 밑바닥을 경험했던 순간들을 솔직하게 풀어놓았다. 또한 그녀들은 중독의 탐닉에서 벗어나 회복의 길로 들어선 직접적 계기, 회복자로서의 현재의 삶 등을 생애 시공간의 흐름에 따라 구술했다. 저자들은 이 여성들의 목소리를 통해 그들이 중독이라는 탐닉적 삶에 빠져들게 된 생애적 배경과, 그 탐닉에서 벗어나 현재를 살아가는 과정 속에서 삶의 본질적 주제가 무엇인지 고민했다.

이 여성들은 유년 시절 부모 · 형제자매 · 조부모 등과의 가족 환경 속에서 '뿌리 깊은 내면의 정서적 결핍감', '불우한 가정 환경'을 형성해 왔다. 그녀들은 이러한 정서와 '소비적 자본주의 사회가 조장하는 일탈과 무규범을 무분별하게 수용하는 태도'가 자신들의 중독과 깊이 연결되어 있음을 인식했다. 그러나 중독된 여성들은 중독의 올가미에 갇혀 절망 속에 머무르지 않았다. 오히려 그 덫에서 벗어나기 위해 몸부림치며, 비록 힘겹고 어려운 과정이었지만 한 걸음 한 걸음 회복을 향해 나아가고 있었다.

필자들은 중독된 여성들의 몸부림을 그들의 생애 배경 속에서 본질적인 주제로 의미화했다. 참여자 J는 '평범한 일상을 영위하는 것이 진정한 삶임을 깨달아 가는 여정'으로, K는 '파탄과 성장의 교차점에서 분투하는 삶'으로, S는 '돈에 대한 맹목적 허기가 관계 결핍에서 비롯되었음을 자각하는 과정'으로, M은 '진정한 사랑의 본질을 찾아 헤매는 삶의 고단한 여정'으로 의미를 부여했다.

1. 평범한 일상을 영위하는 것이 진정한 삶임을 깨달아 가는 여정_J 이야기

J는 40대 후반의 미혼 여성으로 1남 2녀 중 장녀로 태어났다. 그녀의 아버지는 사업을 했으나 늘 불안정했다. 그로 인해 J의 어머니는 직장생활을 원하지 않았음에도 가정 경제를 위해 초등학교 교사 생활을 해야만 했다. J에 따르면 그녀의 어머니는 어린아이를 좋아하는 사람이 아니었다. 그렇지만 아버지의 불안정한 사업 상황으로 인해 어쩔 수 없이 일을 해야만 했기에 직장에서 남들보다 더 많은 스트레스를 받았고, 이를 장녀인 J에게 풀고는 했다. 그로 인해 J는 기억할 수 있는 어린 시절인 5세 무렵부터 자신이 어머니로부터 사랑받지 못하는 존재라고 여겼다고 한다.

이러한 생각이 강해진 것은 초등학교 5~6학년 시기로, 당시 그녀는 "매일 같이 베갯잇이 젖을 정도로 울었다"고 회상하면서, 어머니의 화풀이 대상이 되는 자신의 처지가 슬펐다고 했다. 이처럼 어머니에게 사랑받지 못했다는 결핍감은 그녀 마음 깊은 곳에 막연한 우울감으로 자리잡았다. 아버지는 어머니에게 정기적으로 생활비를 가져다주지 못했고, 어머니는 이 모든 것이 아버지의 무능함 때문이라 여겼다. 그로 인해 두 사람 사이에는 다툼이 잦았다. J는 그녀가 5~6세쯤 어머니에게 폭력을 행사한 아버지의 모습을 기억했다. 그때 그녀는 아버지에게 어머니를 "때리지 마"라고 소리쳤고, 그 순간 자신을 바라보던 아버지의 흔들리던 눈빛을 잊을 수 없다고 했다. 그 순간 아버지는 어머니를 때리던 손을 머쓱하게 내려놓았지만, J에게 그날 아버지의 폭력적 모습과 아버지에게 맞던 어머니의 모습은 죽을 때까지 잊을 수 없는 아픈 기억으로 선명하게 남아있다.

J는 부모의 잦은 다툼과 아버지의 가정폭력이 그녀의 어머니를 힘들게 한다는 걸 인식하고 있었다. 또한 생계를 위해 일을 하는 어머니의 스트레스가 이윽고 J의 마음에도 커다란 그늘로 드리워졌다. 그래서 그녀는 어린 시절부터 중고등학교 시절까지 자신의 감정을 드러내지 않는 일에 더 익숙했다. 그리고 그것이 어머니를 힘들게 하지 않는 것이라 여겼다. 자신의 힘든 감정도 꾹꾹 참으며 어머니에게 인정받기 위해 노력했다. 그러나 어머니는 늘 자신을 냉담하게 대했다. 이러한 마음의 상처가 쌓이고 쌓여 그녀는 중학교 2학년 때 유서를 쓴 채 수면제를 먹고 자살까지 시도했다. 하지만 깨어난 J에게 어머니는 무엇이 힘든지, 왜 죽으려고 하는지 묻지 않았다. 그저 자신이 힘들다는 이야기만 J에게 늘어놓았다. J는 자신의 힘듦과 상처를 공감해 주지 않는 사람이 친어머니일리 없다는 망상에 한동안 사로잡히기도 했다. J가 대학 시절 내내 친구들과 술을 마시면서 친구 관계에 몰입했던 배경에는 어머니로부터 사랑받지 못한 존재라는 허전함이 자리 잡고 있었다.

J가 술을 접하게 된 건 대학 1학년 타 대학 축제 기간 때 주점에서 어울리게 된 친구들과 마셨던 첫 경험으로부터 시작되었다. 그녀는 그때까지만 해도 카페인이 들어있는 커피나 음료조차도

'핑 돈다'는 느낌 때문에 마셔본 적이 거의 없었다. 그래서인지 그녀에게는 머리가 핑 도는 그 느낌이 무언가 신비한 경험이었다. 또 술을 함께 마시던 남학생들이 보낸 은근한 유혹의 눈빛이 술자리의 묘한 분위기와 뒤섞이면서 첫 술의 경험이 너무나 강렬하게 자리 잡았다. 하지만 첫 술자리에서 그녀는 블랙아웃 상태가 되어 한 남학생의 등에 업혀서 집으로 돌아왔고, 이렇게 각인된 술자리 경험은 둘째 날, 셋째 날까지 연달아 이어지는 큰 사건으로 번졌다. J의 어머니는 연달아 만취 상태가 되어 남학생 등에 업혀서 집으로 돌아온 그녀에게 분노했고, 이후 일주일간 화장실이 있는 안방에 갇혀 밖으로 나오지도 못할 만큼 어머니에게 두들겨 맞기도 했다. 이후 J와 술을 마시고 놀았던 친구들은 모범생이었던 그녀가 술에 취해 재미있게 놀기도 하고, 집에 갇혀 학교도 나오지 못 하는 상황을 오히려 재미있어했다. 그녀는 그 사건을 계기로 친해진 여자친구 여섯 명, 그리고 타 대학 선배 격인 남학생 네 명과 대학 시절 내내 몰려다니면서 술을 마셔댔다.

J는 그전까지 알코올중독자인 아버지로 인해 술에 대한 부정적 생각이 컸지만, 그녀에게 첫술의 경험은 너무도 즐겁고 기분 좋은 경험이었다. 그래서 그녀에게 술은 즐거움과 행복이라는 긍정적 기분을 고양하기 위한 촉진제이었다. J는 대학을 졸업하고 대기업 패션의류 업체에 취업해서 직장에 다닐 때까지만 해도 거의 매일 친구들, 직장 동료들과 몰려다니면서 술을 마셔댔다. 그러나 자신이 알코올에 중독되었다는 것을 전혀 인지하지 못 했다. 물론 대학

시절 내내 술 먹고 어울리던 남학생과 술 취한 상태에서 섹스 관계에 진입하면서 어떤 상태에서 어떻게 그 남자와 성관계를 했는지도 기억나지 않았지만, 그것이 비정상적인 성경험이었다는 것도 당시에는 제대로 인식하지 못했다. 서로 호감 있는 남자와 그렇게 성관계를 시작하는 것 역시 있을 수 있는 일이라며 가볍게 생각하기도 했다. 게다가 그녀는 알코올중독 문제와 사업적으로 능력을 발휘하지 못한 아버지를 늘 무시하던 어머니 밑에서 성장했다. 그런 탓에 그녀에게 매력적으로 다가온 남자도 조금만 빈틈을 보이면 별수 없는 인간으로 여기며 애써 밀어내기 바빴다.

J가 알코올에 중독되었음을 처음 자각한 것은 결혼을 약속하고 동거를 시작한 남자와 헤어지면서부터다. 그녀는 위암 2기 진단을 받고 완치된 남자친구와의 결혼을 어머니가 극구 반대하자, 어머니와 의절까지 하면서 그 남자를 선택했다. 하지만 남자는 자신과 동거를 하면서 직장 동료들과 술자리를 가졌고 집에도 늦게 들어오기 시작했다. 아이를 갖기 위해 1년 이상 회사도 그만두고 단주하고 있던 J는 자신을 배려하지 않는 남자에게 분노가 차올랐다. 결국 두 사람 사이에 큰 싸움이 벌어졌고, 이 일을 계기로 그녀는 남자와 헤어져 원룸에서 홀로 생활하게 된다. J는 어머니와 의절까지 하면서 택한 남자와 헤어지면서 좌절감이 컸다. 그래서 그녀는 매일 술로 시간을 보냈고, 급기야 환청이 들려오는 상태에서 자신도 모르게 원룸 3층에서 뛰어내리게 된다.

이후 그녀는 구사일생으로 목숨을 구했고, 1년이 넘는 기간 병원에서 재활치료를 받으며 다시 사회로 복귀할 수 있었다. 그러나 경력 단절을 만회하기 위해 다니던 컴퓨터 학원 친구들과 친해지면서 다시 술을 마시기 시작했다. 그 사건을 통해 J는 자신이 알코올에 중독되었다는 것을 인정할 수밖에 없었다. 이 사건이 발생한 이후에도 그녀는 입·퇴원을 반복하면서 단주하려고 노력했으나 재발로 이어지는 악순환의 고리를 끊어내지는 못했다. 그리고 2016년 알코올중독자 재활시설에 입소해 약 3년 정도 생활하게 된다.

현재 J는 퇴소했고, 장애인자립지원센터에서 근무하고 있다. 그녀의 단주 기간은 약 5년이 넘었으며, 재활시설에서의 경험이 그녀가 회복할 수 있는 커다란 동력이 되었다는 것을 언급했다.

J는 어릴 적부터 어머니로 인해 자신이 외로웠고, 결국 알코올중독자가 될 수밖에 없었다는 원망과 피해의식이 컸다. 그러나 시설에서 만난 회복 과정의 동료들은 자신보다 훨씬 더 비참한 삶을 살아온 이들도 많았다. J는 자신의 삶이 그들에 비해서는 더 나았음에도 불구하고, 자신의 삶을 원망했던 스스로가 부끄러워지기도 했다. 그래서 그녀는 더 가혹한 삶을 살아온 재활시설 동료들을 보면서 응석부리지 않고 꿋꿋하게 회복의 길을 가야겠다는 마음을 굳게 먹었다.

J는 회복해야 한다는 의식적 노력과 회복 초기에 형성되는 '회복해야 한다'는 강한 신념과 동기가 서로 균형감을 잃을 때 오히려 강박으로 이어지며 재발을 초래할 수 있다고 했다. 그래서 J는

하루하루 일상생활을 충실하게 살아내면서 그 일상에 대한 점검과 작은 자기성찰이 회복의 시간을 지속시켜 준다고 했다. 또한 회복의 동기도 점차 강화시켜 준다고 했다. 그로 인해 J는 회복하고자 강하게 의식하는 것이나 적극적인 의지를 가지고 노력하며 술을 참아내는 것보다, 하루를 별 탈 없이 충실하게 사는 것이 더 강력한 회복의 과정이고 동기라고 이야기했다.

2. 파탄과 성장의 교차점에서 분투하는 삶_K 이야기

K는 20대 후반의 여성으로 부모님과 함께 살고 있다. 그녀는 부모가 맞벌이를 했던 관계로 조부모 밑에서 성장했다. K의 조부모는 그녀 외에도 K의 사촌 언니와 오빠를 함께 양육했다. 그 이유는 K의 큰 아버지가 이혼을 하면서 손주들의 양육을 조부모가 도맡았기 때문이다. 그래서일까? K는 조부모와 부모의 사랑을 모두 독차지하는 것을 당연하게 생각했고, 혹여 자신의 부모가 사촌들을 조금이라도 더 챙기는 모습을 볼 때면 질투심을 느끼며 화를 내기도 했다.

하지만 그녀는 어린 시절부터 아버지의 엄청난 폭력과 욕설에 노출되기도 했다. K는 초등학교 입학 후 시계를 제대로 보지 못한다는 이유로 아버지에게 매질을 당한 적도 있고, 노래방 마이크를 다른 사람과 나누지 않는 행동으로 인해 다른 방으로 끌려가서 아버지에게 폭력을 당하기도 했다. 거기다 그녀의 아버지는 어린 K가 짜증이라도 부리면 폭언과 함께 집안의 물건을 그녀에게 던졌다. K가 아버지에 대해 부정적 감정을 가지게 된 또 다른 사건이 있다. 어린 시절 그녀의 아버지가 술에 취한 상태에서 죽은 척을 했을 때다. K는 겁에 질려 부들부들 떨며 큰 소리로 울음을 터뜨렸다. 나중에 그것이 어린 딸이 받을 수 있는 충격을 의식하지 못한 아버지의 장난이었다는 것을 알게 되었지만, 시간이 지난 후에도 그때의 기억은 엄청난 부정적 기억으로 남아 술 취한 어른들만 보면 자신도 모르게 싫은 혐오의 감정을 갖게 되었다.

K에 따르면 그녀의 아버지 또한 어릴 때부터 주의가 산만했고, 그것으로 인해 엄격한 할아버지와 할머니, 학교에서 자주 꾸지람을 듣고 자라며 늘 주눅이 들어있었다. 어른이 되어서는 이러한 주눅 듦이 완벽주의적 성향을 가진 예민한 사람으로 바뀌는 데 일조했다. 특히 K의 아버지는 그녀와 어머니 앞에서 가끔 분노 조절이 잘 되지 않아 거친 폭언과 폭력을 드러냈다. 이것이 그녀가 아버지와 감정적으로 멀어지게 되는 계기가 되었다. 이에 반해 K의 어머니는 딸 많은 가난한 집에서 성장한 탓에 원하는 만큼 배울 기회가 없었다. 그래서인지 그녀의 어머니는 K가 배우고 싶다는 것은 무엇이든 물심양면 지원을 아끼지 않았다. 하지만 K의 아버지는 자신보다 더 높은 경제적 수입을 벌어오는 어머니에게 자격지심이 있었고, 그로 인해 어머니를 무시할 때가 많았다. 그리고 어머니는 계속해서 그 폭력을 묵묵히 견뎠다.

한편 K는 조부모 손에 자랐으나 이혼가정은 아니었고, 집안에서도 함께 사는 사촌 언니·오빠보다 특별한 대우를 받았다. 그로 인해 그녀는 자신이 남들과 다른 특별한 존재라 여겼다. 어릴 때부터 예능에 남다른 재능을 보였던 K는 학원에서도 인정을 받기 시작했다. 그러면서 자신이 특별한 존재라는 자만심은 더욱 커졌다. 고등학생이 되었을 무렵부터는 아버지와 갈등이 심할 때면 일주일씩 집에 들어가지 않고 친구 집에 머물며 입시를 준비했고, 어떤 때에는 한 달씩 들어가지 않을 때도 있었다. 이후 K는 원했던 예술대학에 합격하면서 학교가 멀다는 핑계로 아버지와의 갈등을 피하기 위해 집에서 나와 살기 시작했다. 그녀의 어머니는 경제력이 있었으므로 K에게 방을 따로 하나 얻어주었다.

그녀가 약물에 손을 대기 시작한 시기는 대학 입시 시험을 마친 직후이다. 그녀는 고등학교 시절에 늘어난 체중을 줄이기 위해 약물로 다이어트를 시도했다. 이렇게 시작된 약물의 양이 늘어나자 결국 수면 장애에 시달렸다. 수면제, 신경안정제, 술을 함께 먹게 된 순간부터 분노 조절이 되지 않는 문제가 불거졌다. 그로 인해 가족들과 말다툼을 하거나, 자신도 감당하기 어려운 화를 폭발시키며 감정을 터뜨렸다. 이 문제로 가족들과의 갈등이 심해졌으며 대화는 단절되었다.

K는 자신이 약물 중독에 빠질 수밖에 없는 무질서한 삶을 시작한 게 이 무렵부터였다고 말한다. 그녀는 혼자 살기 시작하면서 돈을 더 많이 쉽게 벌고 싶은 마음에 중학교 친구에게 소개받은 유흥

업소 일을 시작했다. 남들은 한 달을 꼬박 일해도 벌기 어려운 돈을 하루 만에 벌기 시작하면서 또래처럼 아르바이트나 하며 살아가는 평범한 삶이 시시해 보였다. 남성들의 성적 상대가 되어 돈을 더 많이 쉽게 벌 수 있는 건 자신이 특별한 존재이기 때문이라고 생각했다. 그 돈으로 클럽에 가고 거기서 만난 친구들과 어울려 일명 '허브, 케이, 캔디'라고 불리는 마약류 약물에 취했다. 그럼에도 그녀는 이 모든 쾌락적 삶은 자신이기에 누릴 수 있는 특별한 삶이라고 생각했다.

더욱이 그녀는 유흥업소에서 만난 남성 손님들을 접대하며 큰 돈을 벌고 있었다. 그렇기에 늘씬한 몸과 외모에 대한 집착은 더욱 심해졌다. 이는 곧 성형외과에 가서 지방흡입이라는 두 번의 큰 수술을 받는 행위로 이어졌다. 또한 여기에 그치지 않고 폭식과 거식을 반복하는 섭식장애의 문제도 불거졌다. 이러한 삶의 반복으로 인해 그녀의 외로움과 공허함은 날로 커져만 갔다. 그 외롭고 공허한 기분을 달래기 위해 남성을 자신의 집으로 불러들인 적도 여러 번이다.

K가 필로폰을 처음 접하게 된 계기는 유흥업소에서 함께 일하던 여성 동료가 그녀의 친구였던 남성을 K의 집으로 불러들이면서부터다. 남성은 K와의 첫 만남에서 필로폰을 투여했다. 그 시작은 그동안 마약류, 술, 신경안정제를 함께 복용해 왔던 K를 신세계로 끌고 갔다. 그녀에게 첫 필로폰 투여 경험과 자신에게 필로폰을 투여한 남자와의 섹스 경험은 너무나 강렬하게 다가왔다. K는

자신이 그 남자를 사랑한다고 착각했고, 이는 필로폰을 구하기 위해 술집과 클럽에서 만나 친해진 친구들에게 돈을 빌리는 무리한 행동으로 연결되었다. 중독의 노예가 되어 삶이 파국으로 치달아갈 때, 그녀의 망가진 삶을 안타깝게 여기던 친구들이 어머니에게 몰래 연락을 취했다. 그리고 그녀는 병원에 강제 입원하게 된다.

병원에 처음 입원한 K의 머릿속에는 하루빨리 병원을 나가고 싶다는 생각밖에 없었다. 또 입원 당시만 해도 K는 자신이 마음만 먹으면 언제든지 단약할 수 있다고 자신했다. 그래서 단약 초기에는 빨리 퇴원시켜 달라고 어머니에게 소리를 질렀고, 최대한 불쌍한 척하며 통 사정을 하기도 했다. 그러나 K는 입원 치료 과정에서 어머니가 간식을 사 먹을 수 있도록 매점에 맡겨준 돈까지 빼내 필로폰을 구매하려 했다.

K는 이때의 자신을 두고 '마약에 취해 사는 삶밖에 모르는 사람'이라고 말했다. 병원에 입원했던 단약 초기만 해도 학창 시절의 친구들처럼 평범하게 사는 게 얼마나 의미 있는지, 열심히 땀 흘려 일하고 적게 벌어도 그 자체가 얼마나 가치 있는지 이해할 수 없었다. 그 과정에서 그녀는 자신과 연락을 차단하는 주변 친구들이 점차 많아지면서 무엇인가 잘못되었다는 생각을 처음 하게 되었다. 하지만 이때만 해도 자신의 의지만으로 약을 끊을 수 있다는 자만심과 성급함이 있었기에, 자신을 치료해 주는 병원 의료진의 말조차도 귀에 잘 들어오지 않았다. 그러나 병원의 장기치료에 스스로 끊을 수 있다는 확신도 무너지기 시작했다. 더욱이 별 볼 일 없다

고 생각했던 중고등학교, 대학 친구들이 어느새 사회에서 안정적인 직장생활을 준비하는 시기가 찾아왔다. 그 모습을 보면서 K는 초라해 보이는 자신이 혼란스러웠다. 이후 그녀는 1년 동안 두문불출하며 집안에서 고립된 생활을 했다. 그때 병원 생활에서부터 가끔씩 나가 알게 된 회복자 모임(NA)의 동료가 그녀에게 연락을 해왔고, 그는 K에게 어떤 특별한 목적 없이 반려견, 일상생활 이야기를 함께 나누었다. 처음에는 그녀에게 연락해 만나러 온 회복자가 어떤 의도가 있어 자신을 만나는 것 아닌가 하는 의심에 경계를 했다고 한다. 하지만 그녀와 일상을 나누는 그에게 K는 조금씩 마음의 문을 열기 시작했고, 이것이 계기가 되어 익명의 회복자 모임인 ○○에 지속적으로 나가기 시작했다.

K는 단약한 지 3년이 조금 넘었다. 그녀에게 극단적인 기분의 고양과 활력감, 그리고 격렬한 섹스 경험을 선사했던 마약을 끊는 일은, 동시에 지독한 외로움과 삶의 공허함이라는 두 가지 절망적인 감정과 맞서 싸우는 힘겨운 여정이기도 했다. 그것은 그녀가 단약 전 만나왔던 유흥업계 사람들을 모두 끊어내는 것을 의미하며, 필로폰이라는 마약을 자신의 삶에서 완전히 몰아낸다는 것을 의미한다. K는 회복의 길에서 자신을 가장 힘들게 하는 부분이 깊은 외로움과 공허감이라고 했다. 약물을 통해 극단적인 흥분감과 희열감을 인위적으로나마 맛보았던 그녀에게 보통 사람들이 느끼는 소소한 행복이나 평범한 일상은 너무나도 무미건조한 삶으로 여겨졌다. K가 온전히 회복해 나간다는 건 그동안 자신이 살아온

삶과 삶의 방식을 완전히 바꾸어 나간다는 것을 의미한다. 그래서 그녀는 단약을 위해 약물 중독이 아닌 또 다른 행위중독에 몰입되기도 했다. 그것은 돈이 없음에도 불구하고 쇼핑과 성형에 과몰입하는 행위로 나타났다. 현재는 어느 정도 쇼핑과 성형에 몰입하는 행위에서 벗어났지만, 여전히 마른 몸에 대한 집착과 강박은 벗어나기 어렵다고 했다. 그로 인해 K는 자신이 생각해도 심각하리만큼 폭식할 때가 있고, 이것을 토해내는 섭식장애의 문제에서만큼은 아직 완전히 벗어나지 못한 상태다.

그럼에도 불구하고 K는 단약을 유지하기 위해 회복모임에 참여하고, 절대자인 신께 의지하고자 노력하고 있다. 그녀는 성급하게 중독 문제에서 벗어나려고 하면 할수록 오히려 중독의 늪에 더 깊게 빠져드는 악순환에서 벗어날 수 없다는 것을 깨달았다. 이것이 그녀가 신께 매달리면서 얻은 깨우침 중 하나다. K는 마약 중독이라는 게 자신의 삶을 완전히 망가뜨린 것으로 보이기도 하지만, 오히려 그 망가짐을 통해 성장할 수 있었다고 말했다. 그래서 그녀에게 중독은 파탄 난 삶을 안겨주는 동시에 성장하는 한 인간으로 재탄생할 새로운 기회를 열어준 삶이었다.

3. 돈을 향한 맹목적 허기가 채워지지 않는 관계 결핍에서 비롯되었음을 자각하는 과정_S 이야기

S는 1960년 2남 2녀 중 탄광촌과 바닷가가 공존하는 농어촌 지역에서 둘째로 태어났다. 아버지는 그녀가 태어날 당시 ○○석탄공사를 다녔다. 그는 전쟁통에 시골로 내려와 예쁘고 화사해 보였던 여고생인 그녀의 어머니를 만나 연애했고, 종전 후 바로 결혼했다. S의 어머니는 일제강점기에 탄광을 관리했던 집안의 외동딸이었다. 그만큼 자라면서 사랑을 많이 받았고 결혼 이후에도 친정에서 살았다. 태어난 지 3개월이 지났을 무렵, 그녀의 어머니는 S의 여동생을 임신했다. 그런 이유로 S는 친할머니 손에 자랐다. 친할머니는 20분 거리에 있는 부모 집을 오가며 S에게 어머니의 젖을 먹였다. 친할머니는 손녀인 S의 욕구에 민감하게 반응하지 못했다. 그녀의 할머니는 일을 나갈 때마다 S를 나무에 꽁꽁 묶어 두었다. 그 광경에 짓궂은 아이들은 그녀를 놀리기 바빴고, 나무 위에서 돌을 던져 머리에 피가 난 적도 있다. S는 자신의 발육이 여동생에 비해 늦었던 이유가 그 때문일 것이라 짐작한다.

한편 S의 어머니는 당시 사회에서 서민층은 감히 입어볼 수조차 없었던 밍크코트를 걸치고 다닐 만큼 부유한 여성이었다. S가 살던 지역에서 그녀의 어머니는 당시 60·70년대를 풍미했던 유명 여배우보다 더 예쁘다는 이야기가 자자했다. S의 아버지는 일명 '블랙 다이아몬드'로 알려진 석탄을 관리하는 일을 했고, 더불어 개인 굴을 가지고 석탄 장사를 하기도 했다. 그로 인해 S의 집 창고 가마니에는 돈 썩는 냄새가 날 정도로 많은 돈이 있었다. 그만큼 S가 기억하는 유년 시절은 돈 걱정을 할 필요가 없는 부유한 집안 환경이었다.

하지만 S가 초등학교 3학년 정도 되었을 무렵, 그녀의 아버지가 관리하던 개인 탄광굴이 무너지면서 많은 사람이 죽었다. 당시 생명보험에 가입해 두지 않았던 아버지는 밤새도록 "내 남편 살려내라"고 울며불며 아우성치는 사람들로 인해 엄청난 곤욕을 치렀다. 이 경험은 S에게 강렬하게 각인되었다. 이때부터 그녀는 돈이 있어야만 이런 일을 해결할 수 있다고 생각하며 돈에 대한 욕망을 가지기 시작했다. 또한 그녀에게 이러한 욕망은 '세상에서 가장 중요한 것은 돈이며, 돈이 삶에서 가장 강력한 무기가 될 수 있다'고 인식하는 직접적인 계기가 되었다. 게다가 S의 아버지는 탄광 사업 실패 후에도 비누공장, 채광사업 등 여러 사업에 손을 댔으나 시작한 사업마다 실패했다. 그러면서 친할머니 집에 가족 모두가 모여 생활한 적도 있다. 이후 S의 부모는 돈 때문에 싸우는 날이 잦았다.

그녀의 부모는 부유한 가정에서 어려움을 모르고 살아온 자기 중심적인 성격의 소유자였다. 특히 어머니는 차라리 죽을망정 남에게 아쉬운 소리는 못 하는 콧대 높은 여성이었다. 그래서 S는 급격히 기운 집안 형편으로 인해 가족들과 따로 떨어져 10대 시절을 외롭게 보냈다. 한때는 탤런트가 되고 싶어서 연기 학원에 다니고 싶은 마음도 있었으나 아버지의 반복된 사업 실패와 부모의 이혼으로 꿈에 도전하지 못했다.

　그러다 고2 때 무언가에 홀린 듯 식구들 몰래 야간열차를 타고 반가출을 강행했다. 무너진 집안을 살리기 위해서는 똑똑한 오빠를 밀어줘야 한다는 생각에 아주 먼 친척의 양딸이 되었다. 그리고 그 집의 일을 도와주며 약 2년 정도 돈을 벌었다. 공무원 월급이 20만 원이던 당시, 그녀는 15만 원을 월급으로 받았다. 돈을 받으면 그 중 13만 원은 오빠에게 보낼 정도로 가족을 부양하는 걸 마다하지 않았다. 그러다 양어머니의 소개로 서울에 있는 "○○○○프로덕션(엔터테인먼트 회사 전신)"에 들어가게 된다. 그녀는 그 프로덕션에 소속되어 민속 무용과 부채춤을 연습했고, 스물세 살 때 무용단원과 함께 미국으로 나갈 기회를 얻게 된다. 보통 사람들은 외국에 나가기 힘든 시대였기에 연예인 비자를 받아 출국할 수 있다는 것 자체가 인생의 큰 기회였다.

　그녀는 돈을 벌기 위해 미국이나 일본에 가서 공연했고, 가족들에게 경제적 도움을 주며 가장 역할을 도맡았다. 그녀는 한국의 전통문화와 예술을 수출하는 역군으로서 공연에서 얻은 팁으로 생활했고, 춤으로 벌어들인 목돈은 한국에 있는 양엄마에게 맡기며 가족생활에 도움을 주도록 했다. 그 돈으로 서울에 빌라를 사서 친할머니는 물론 형제자매까지 모두 서울로 이주시키기도 했다. S의 나이가 스물다섯에 접어들었을 무렵, 당시 일본은 패션산업의 선두를 이끌고 있었다. S는 유학 비자를 받아 1년 동안 어학연수 과정을 밟았고, 곧바로 2년제 패션전문학교 비즈니스학과에 입학

하게 된다. 1학년 때는 기초화장부터 배우며 지식을 쌓아갔다. 당시 그녀는 오후 5시, 6시에 학교 공부가 끝나면 야간 아르바이트를 하기 위해 바로 식당으로 달려가고는 했었다. 졸음을 쫓기 위해 커피를 마시면서 힘들게 생활했으나 그녀에게는 자신감이 있었다. 또 둘째이기는 해도 가족들을 물질적으로 지원해 주는 가장의 역할이 자랑스럽게만 느껴졌다.

하지만 그녀의 아버지가 스무 살이나 어린 여성과 재혼해 여동생을 낳고 오붓하게 살고 있다는 소식을 듣게 된다. 이윽고 자신만의 행복을 추구하며 가족을 내팽개친 아버지에 대한 서운함이 우울감을 불러왔다. 이때부터였을까? 10년 세월 동안 가장의 역할을 해 왔던 그녀의 삶이 밑 빠진 독에 물을 붓는 것처럼 느껴졌고, 가족들을 경제적으로 책임지는 굴레에서 벗어나 자신의 꿈도 쫓아야겠다는 생각을 하게 된다. 그러나 S의 이런 꿈은 동경에 있을 당시 만났던 남자와의 사이에서 아이가 생기는 바람에 포기하게 된다. 당시 점심도 못 먹고 야간 아르바이트를 하며 앞만 보며 달려온 S에게, 경제력이 있는 남성은 가장 큰 매력으로 다가왔다. 그녀는 남자가 경제력이 없으면 눈에 들어오지도 않았고, 남자를 만날 때는 그 사람의 성격이나 됨됨이보다 재력에 더 중요한 가치를 두고 보았다.

S는 그녀의 욕망을 채워주는 남성과 결혼한 후 가장 좋은 차를 타고 건물 한 층을 통째로 사용하며 살았다. 행복하고 화려한 삶이었다. 당시 그녀가 다녔던 한인교회 사람들은 S가 누리는 삶을 부

러워했고, 그만큼 풍요로웠다. 하지만 같은 교회에 다니던 한 교우로부터 남편이 같은 교회 여성과 바람을 피운다는 소식을 전해 듣게 된다. 이로써 S의 행복했던 결혼 생활은 2년을 넘기지 못한 채 끝을 맺었다. 당시 S는 서울의 ○○아파트 한 채를 살 정도의 위자료를 받았다. 그렇게 합의 이혼을 한 뒤 생후 10개월 된 아들을 데리고 한국으로 돌아오게 된다.

5년 만에 한국에 들어온 S는 한국 실정에 대해서는 아무것도 몰랐다. 그녀는 귀국 후 몇 개월이 지나지 않아 일본에서 사업을 하는 친구와 연결되어 다시 일본에 들어가게 된다. 어린 아들은 친척 집에 맡겨 두었고, 위자료로 받은 돈으로는 용인에 땅을 샀다. 그 땅은 3개월 만에 두 배로 가격이 뛰었다. 경제력이 곧 힘이라고 믿었던 그녀에게 부동산 가치의 상승은 자신감을 주기에 충분했다. 일본으로 들어가 선배 가게 매니저로 일을 하던 S는 그곳에서 파친코 사업을 해서 돈을 많이 번 준재벌급 남성을 만나 재혼했다. 그리고 재혼한 남편과의 사이에서는 딸을 낳았다. 오직 사업에만 집중하던 그녀는 15년 전 아버지와 이혼한 자신의 어머니를 찾아가 두 어린아이를 맡겼고, 생활비를 지급하겠다는 명분으로 양육을 부탁한다. 부모로부터 따뜻한 사랑을 받지 못하고 성장해서일까? S는 이혼한 어머니에게 자녀를 맡긴다는 것에 대해 별다른 미안함이나 죄책감을 느끼지 못했으며, 자신의 아이들에게도 마찬가지였다. 돈으로 보상해주면 모든 관계가 충분하다고 믿었다.

일본에서 패션을 공부했던 그녀는 홍콩 브랜드의 옷을 일본이나 한국 압구정 숍에 팔아 큰돈을 만졌다. 이외에 화장품, 콘도, 경매로 나온 부동산 등 일본과 한국에서 부동산 투기와 땅장사를 하며 돈을 벌기도 했다. 하지만 1980년대 후반 가파르게 상승한 일본의 거품경제가 꺼지기 시작하면서 한국, 미국, 홍콩에 사무실을 확장하며 재력을 쌓아가던 그녀의 삶도 위기를 맞았다. 더욱이 1997년 한국에 IMF가 찾아오면서 1988년 이후 전국에 땅을 샀던 그녀의 부동산 가격이 4분의 1 수준으로 급락했다. 사업은 앞길이 보이지 않을 만큼 막막해졌다. 게다가 S는 외국 출장이 잦았기에 결혼 생활 또한 순탄하지는 않았다. 그래서 두 번째 남편과도 7~8년을 함께 살다가 그 후 10개월 가량 별거 생활을 했는데, 이때 심한 우울 증상을 앓게 된다.

S가 도박에 손을 대기 시작한 건 1997년 IMF시기 4박 5일 홍콩에서 재미 삼아 시작한 도박게임에서부터 비롯된 것 같다고 말한다. S의 사업은 1998년 후반부터 파산 조짐이 보였다. 그러다 스스로 도저히 해결할 수 없는 상황에 놓이게 되면서 두 번째 남편과도 결혼 10년 만에 이혼 절차를 밟는다.

그녀는 홍콩 사무실을 정리하고 일본에 들어와 착실하게 살아보려고 노력했고, 그 과정에서 한국 음식 매니아들을 대상으로 식당을 시작했다. 처음 1년 동안은 무척 힘들었으나 돈은 꽤 벌었다. 하지만 경제적 어려움 없이 큰돈을 벌며 살아온 자신의 삶이 40대부터 급작스럽게 궁핍해지면서 돈을 더 빨리, 더 쉽게 벌고 싶은 성급한 욕망에 휩싸였다. 그녀는 이미 20대 중반부터 외국에 살았기 때문에 동경, 로스앤젤레스, 홍콩에 도박장이 있다는 것을 잘 알고 있었다. 그렇게 찾아간 도박장에서 S는 점점 불법 도박에 빠져들었다.

그녀는 도박게임에 미쳐서 5-6인분 음식을 시켜놓고 폭식을 하며 '한번 돈을 맘껏 써보자!' 하는 마음으로, 도박게임에 미친 듯이 빠져들기도 했다. 일만 하고 돈 한번 제대로 써보지 못했던 자기 삶에 대한 분풀이였을까? 그녀는 도박게임을 하다가 날린 돈보다 제대로 한번 써보지도 못 하고 날려버린 돈, 그녀의 돈을 빌려가서 갚지 않는 돈, 사기당한 돈이 더 아까워 미쳐버릴 것만 같았다. 그래서 그녀는 장사가 안 되는 날에는 무조건 도박장으로 달려갔다. 그녀가 다니던 도박장은 집에서 택시로 갈 수 있는 가까운 거리에 있었다. 한 달에 한 번 정도, 한 번 가면 약 일주일 정도 머물며 도박게임에 빠져들었다. 처음 약 1년 정도는 매달 한국에 있는 아이들에게 생활비를 보내면서 돈 따는 맛을 즐기기도 했다. 하지만 곧이어 도박 빚을 지게 되면서 장사하던 동네로부터 야반도주하듯 도망쳐 나온다. 그러나 이미 돈 따는 맛을 알아버린 그녀는 다른 도시로 이사한 후에도 도박게임의 굴레에서 빠져나오지 못했다.

그녀는 자신의 행위에 대해 '게임은 잘하는데 끝장을 보려는 성격과 기질 때문에 마지막에 돈을 잃고 무너진다'고 생각했다. 그래서 돈을 딸 때 도박장을 나오면 된다며 자신의 도박행위에 그럴싸한 정당성을 부여하기도 했다. 하지만 게임에 빠지기 시작하면 돈을 따든 잃든 의지대로 욕망이 조절되지 않았다. 오히려 더 깊은 도박중독의 늪으로 빠져들게 했다. 40대 후반 무렵, 도박중독에서 빠져나오기 위해 교회를 다니며 약 1년 동안 도박판에 가지 않았던 적도 있다. 더욱이 친정어머니의 사망으로 힘든 사춘기를 겪고 있던 중학생 딸을 일본으로 데려왔어야 했다. 그러므로 S는 스스로 도박중독의 늪으로부터 빠져나오기 위해 안간힘을 썼다. 식당에서 억척스럽게 일하며 돈을 벌기는 했지만 결국 1~2년 만에 다시 재발하는 악순환이었다.

한국으로 돌아와 생활하던 2013년, S는 홀로 단도박을 몇 번 시도한다. 그러나 또다시 2년을 채 넘기지 못하고 재발로 이어졌다. 그녀는 살길이 막막하고 돈에 대한 욕망이 커질 때면 도박 클럽을 상상했다. 그 상상만으로도 가슴이 두근거렸고, 자신도 모르게 청량리에서 ○○행 완행열차에 몸을 싣고 있는 스스로를 발견하고는 했다. S는 카지노에만 가면 가슴이 두근거리고 기분이 고양됐다. 마치 시들어 가는 꽃에 생기를 불어넣는 것처럼 삶의 활력과 에너지가 솟구쳐 올랐다.

그녀는 삶의 고통을 잊고 즐거움을 찾기 위해 도박을 시작했지만, 이제는 돈을 따고 싶은 집착에 사로잡혀 도박장 밖으로 나오지 못했다. 몸이 힘들어지면 화장실과 테이블 의자에 앉아 꾸벅꾸벅 졸며 2박 3일을 보내고, 돈을 잃는 데에도 전혀 시간 가는 줄 몰랐다. 도박으로 몇천만 원을 날렸으나 이를 복구할 방법 역시 도박뿐이었다. 그녀는 하면 안 된다는 것을 알면서도 5만 원짜리 여관에 살며 도박판에서 빠져나오지 못했다.

　도박판에서는 거지와 왕이 따로 없고 돈을 잃는 놈이 거지가 된다. 왕과 거지는 시간에 따라 날짜에 따라 바뀐다. 그 안에는 천국과 지옥이 혼재한다. 그녀는 돈을 잃으면 운이 나쁜 날이라 생각했고, 그날 입었던 옷이나 모자 색깔을 적어가며 왠지 재수가 없을 것만 같은 날은 피했다. 나름의 승리 가능성을 높이는 방법이었다. 급기야 돈을 잃어도 딸 수 있다는 환상에 사로잡혀 끝없이 베팅을 시도하기도 했다. 심지어 돈을 잃고 차비가 없을 때는 길거리에서 구걸도 하고, 오백 원, 만 원을 모아서 십만 원이 되면 그 돈으로 또 도박장에 흘러 들어갔다. 그러다 '거짓말하는 여자'라고 도박장 주변에 소문이 퍼지면서 그녀는 집으로 돌아갈 차비도 구걸할 수 없는 비참한 신세가 되어버렸다. 결국 S는 ○○이라는 시골 골짜기에서 돈을 잃고 집에 갈 차비도 없는 밑바닥 인생으로 추락해 버린 것이다.

　더 이상 어떻게 해볼 방법이 없던 S는 '앞으로 카지노에서 도박을 하지 않겠다'는 서약서를 쓰고 도박중독 전문기관인 ○○○○ 중독관리센터인 클락(KLAC)에서 차비를 받아 집으로 돌아오게 된다. 클락은 차비가 없는 사람들이 S처럼 상담을 받고 차비를 받아 집에 돌아갈 수 있도록 하거나, 단도박에 들어가도록 돕는 기관이었다. 이를 계기로 S는 클락에서 운영하는 다양한 재활 프로그램을 알게 되었고, 재활 프로그램 중에 동료 상담사 공부를 시작하며 조금씩 자신을 이해하기 시작했다.

그녀의 주변 사람들은 "취직할 것도 아닌데 공부해서 어디에다가 쓰냐"고 머리 빠지게 공부하는 S를 타박하기도 했다. 하지만 그녀는 돈을 못 벌어도, 마음은 부자가 되는 것 같은 풍요로움을 느꼈다. 그래서 그녀는 클락의 지원으로 시간표에 맞춰 컴퓨터 기초교육뿐만 아니라 요양보호사 자격증 등을 따며 삶의 보람을 느꼈다. 그녀는 이러한 학습의 시간을 통해 정상적으로 사회생활을 잘할 수 있을 것 같은 자신감과 희망이 생겼다. 또한 모임의 젊은 사람들과 대화하며 사회에 건강하게 적응하기 위한 방법들을 조금씩 배워나갔다. 그녀는 클락에서 활동하며 자신의 회복과 비틀어진 가족관계를 복원하고 싶은 마음이 컸다. 그래서 클락의 지원을 통해 중독상담사 교육 과정에 참여했고, 공부가 회복에 도움이 된다고 여기면서 도박중독자를 위한 멘토링에 참여했다. 이것을 통해 자신보다 나이가 어린 젊은이들이 게임에서 빠져나오도록 돕기 위한 도박 예방 활동에 참여했다.

그녀는 동료 상담사 과정을 마친 뒤에도 여전히 게임에 빠져 몇천만 원씩 돈을 잃고 괴로워하는 동료들을 목격했다. 그들을 보면 멈추고 싶어도 멈추지 못했던 자신의 과거를 보는 것 같았다고 한다. 그녀 또한 도박에 빠진 그 순간만큼은 천국을 느꼈었기에, 가끔은 자신도 모르게 천만 원만 있으면 홍콩에 도박하러 한번 가고 싶다는 충동적 생각이 일어날 때도 있었다. 그럴수록 S는 공부에 매진했다. 배움을 통해 삶이 더 좋은 방향으로 변화해 가고 있다는 것을 느꼈기 때문이다. 2018년에는 상담치료 관련 학과에 입학한 후 공부를 시작하면서 가족관계에 대해 깊이 있게 성찰해 보는 시간을 갖기도 했다.

처음에는 어릴 때 배우지 못했다는 결핍감에 한풀이처럼 공부를 시작했다. 그러나 배우는 과정에서 그녀는 그동안 돈만 보고 달려오느라 방치한 자신의 억압된 감정과 삶의 방식을 다시 되돌아볼 기회를 만났다. 그녀는 공부를 통해 '자신은 뭐 하나 잘하는 것 없다고 느껴 위축되었던 성장 과정', '무엇이든 잘 해내는 동생에게 느꼈던 열등감'을 자각했다. 또한 돈에 대한 욕망에서 한걸음 뒤로 물러나 그동안 애써 외면해 온 부정적이고 억압된 감정을 살필 마음의 여유가 좀 더 생겼다. 이 과정에서 변화해 가는 자신을 발견하면서, 그녀는 조금씩 새롭게 재탄생하고 있는 자신을 만나는 것이 경이롭다고 했다. 돈에 대한 집착이 곧 관계의 채워지지 않는 결핍에서 비롯했고, 자신의 열등감을 감추기 위한 일종의 방패막이었다는 것을 깨달아가면서 경제력이 그녀 자신과 동일시될 수 없다는 것을 비로소 인식했다.

이제 60대 중반에 접어드는 S는 한꺼번에 모든 것을 이룰 수 없기에, 욕심을 부리지 않고 자신이 할 수 있는 만큼 하나씩 준비하며 의미 있게 살 기회들을 찾고 있다. 현재 S는 일본에 있는 동생들의 무역회사 일을 도와주면서 일주일에 세 번 정도 아르바이트를 하며 생활하고 있다. 그리고 적은 벌이이지만 그 돈으로 소박하게 살아가려고 노력하고 있다. 그녀는 돈벌이에 집착하는 것보다 시간을 쪼개어 공부도 하고, 봉사도 하며 알차게 살고자 노력한다.

도박에서 빠져나오기는 했으나 언제든지 다시 빠질 가능성이 열려 있기에 그녀는 정신이 허약해지지 않도록 늘 기도한다고 했다. 매일의 그 기도 속에서 삶의 에너지가 긍정적 방향으로 갈 수 있도록 절대자에게 매달리며 마음을 다잡는다고 했다.

4. 진정한 사랑의 본질을 찾아 헤매는 삶의 고단한 여정 _M 이야기

M은 1980년대 후반 S도시 외곽지역에서 2녀 중 장녀로 태어났다. 그녀의 아버지는 집안의 장남이었고, 평생 택시업을 하는 과묵한 성격의 소유자였다. 그녀의 어머니는 남자 형제 사이의 중간 자녀로 태어났고, 결혼 후에는 반찬값이라도 벌기 위해 미싱 일을 하거나 작은 공장을 다녔다. M은 스트레스를 받을 때마다 물건을 집어 던지는 식으로 분노를 터뜨리던 집안의 권력자, 즉 어머니의 눈치를 보며 어린 시절을 보냈다. 특히 그녀의 아버지는 불같은 아내의 성격을 건드려 함께 사는 가족들에게 불똥이 튈까 봐 자신의 감정을 잘 드러내지 않았다. 보통은 술로 시간을 죽이며 매일 잠드는 식이었다. M의 어머니는 학원 홍보용 책받침 모델로 뽑힐 만큼 예쁜 외모를 가진 여동생을 사람들 앞에 내세우는 걸 좋아했다. 하지만 집에 손님들이 오면 M은 방 밖으로 나오지 못하게 했고, 사람들에게 M에 대해 말하기를 꺼려하는 행동을 보이고는 했다. 그

로 인해 그녀는 어린 시절 내내 자신이 어머니로부터 차별받는다는 생각을 지울 수 없었다.

이러한 가정 분위기 때문에 M은 부모의 보살핌 속에서 자란다는 생각을 하지 못했다. 늘 혼자 집에 있는 시간이 많았기에 외로움을 많이 타기도 했다. 7세쯤 되던 시기 M은 우연히 집에서 혼자 놀이처럼 자신의 민감한 신체 부위를 만지면서 시간을 보내기 시작했다. 이 행위를 통해 그녀는 자신의 외로움이 채워지는 듯한 묘한 만족감을 느꼈다. 그래서 M은 혼자서 자위행위를 할 수 있는 시간이 기다려지기도 했다. 그녀가 본격적으로 자위행위에 몰입하게 된 것은 10대 초반부터였다. 일명 '망가'라고 불리던 포르노에 가까운 만화책을 보며 자위행위를 하기 시작했고, 이로써 부모에게서 채울 수 없는 외로움을 채워 나갔다. 특히 그녀의 10대 중반은 각 가정에 인터넷이 보편화되던 시기였는데, 이때 인터넷에 떠돌아다니는 포르노를 본격적으로 즐겨보며 자위행위에 몰입하기 시작했다. 물론 때때로 M은 자신의 자위행위가 혐오스럽게 느껴질 때도 있었다. 하지만 어릴 때부터 뿌리박혀 있는 외로운 기분을 가족들에게 위로받지 못한다고 생각할 때 하루에도 몇 번씩 자위행위에 몰입했다. 그로 인해 M은 10대 중반 이후부터 겉으로는 말괄량이처럼 친구들과 잘 어울렸지만, 정작 혼자가 되었을 때면 더 큰 외로움을 느꼈다. 그럴 때마다 그 외로움을 홀로 해결하는 방법은 자위행위에 더 몰입하는 것이었다.

한편 M은 그녀를 늘 외롭게 만들었던 부모가 서운하고 밉기도 했지만, 또 다른 한편에서는 부모를 기쁘게 해주고 싶은 인정 욕구도 동시에 존재했다. 그로 인해 M은 중학교 2학년 시절 이른 아침 컴퓨터 자격증 시험을 치르기 위해 집을 나섰던 길모퉁이에서, 양복을 입은 낯선 남성으로부터 성폭행을 당하게 된다. 충격이 너무 컸던 그녀는 부모에게 정신과 치료를 받고 싶다고 말했으나 무시되었고, 마치 아무 일도 없었다는 듯이 부모는 쉬쉬할 뿐이었다. M은 자신의 신체적, 정신적 고통을 무시해 버리는 부모의 반응에 상당한 충격을 받았다. 하지만 동시에 그녀 자신이 부모를 힘들게 하면 안 된다는 양가감정이 솟아 올라왔고, 마음속에서 일어나는 복잡한 감정들을 억누를 수밖에 없었다. 그러다 고 1쯤 이유 없이 살이 계속 빠지며 기운이 떨어지는 증상들이 나타나기 시작했다. 그녀의 부모는 그런 심각한 상황에서도 M에게 별다른 관심을 보이지 않았고, 오히려 고모의 성화에 못 이겨 병원에 가게 되었다. 조직 검사 결과, 말기 갑상선 수질암이란 것을 알게 되었고, 다행히 신체 다른 기관으로는 전이되지 않은 상태인데다 수술도 성공적이어서 기적적으로 회복했다. M은 이 일을 겪으면서 부모에게 서운함을 넘어 분노로 악이 받쳤고, 이 일이 그녀가 부모와 정서적으로 결별하게 된 직접적인 도화선이 되었다.

그녀의 부모는 자식들에게 '대학 간판'이 꼭 있어야 한다고 생각했다. 그래서 20대로 진입하며 M은 부모의 성화에 못 이겨 제빵 기술을 배우는 전문대에 입학했다. 하지만 부모가 원해서 어쩔 수 없이 시작한 대학 생활이었기에 학교생활이 그녀에게 흥미롭게 다가올 리가 없었고, 어린 시절부터 여동생과 외모에서 비교당하면서 차별을 받았기 때문에 오직 성형 수술비를 벌어야 한다는 일념밖에 없었다. 그렇게 시작한 아르바이트가 유사 성행위업소를 찾아오는 남성들에게 성 서비스를 제공하는 일이었다. 이 업소는 삽입 성교행위가 아닌 다른 신체 부위를 만족시키는 불법유흥업소로서, 이 업소에서 일하는 여성들은 돈이 필요해 흘러들어온 이들이 대부분이었다.

M은 어차피 시작한 일이고 돈도 벌어야 했기에, 남자들의 민감한 부위를 만족시켜 주는 성적 기술을 익히려 집에서 관련된 포르노물을 다운받아 열심히 공부하기도 했다. 그런 노력 덕분이었는지 그녀의 테크닉은 외모가 수려한 다른 여성들에 비해 남자 손님들에게 인기가 좋았고, 그로 인해 그녀는 당시 일하던 유사 성행위업소에서 '에이스'라고 불릴 만큼 유명해지기도 했다. 그녀는 그 일을 하면서 별의별 성적 기호와 사연을 가진 남성들을 만나기도 했고, 당시 21세인 그녀가 이런 곳에서 일하기 아깝다며 다른 일을 찾았으면 좋겠다고 진심으로 조언하는 손님들을 만나기도 했다. 그 과정에서 M은 손님으로 만난 일부의 남성들에게서 정서적 따뜻함을 느끼면서, 역설적이게도 부모에게 채우지 못한 정서적 결핍이 어느 정도 채워지는 느낌을 받았다. 그래서 그 업소에서 계속 일하고 싶었던 마음이 컸고, 그녀를 단순히 돈벌이 수단으로 대하지는 않는 손님들에게 위로를 받았다.

한편 M은 불법 단속이 심해지며 유사 성행위 업소 일을 그만둘 수밖에 없었다. 그러다 23세 쯤 어머니의 직장 동료가 소개한 남성을 만났고, 이것이 결혼으로 이어지면서 가정을 꾸리게 된다. 하지만 남성은 갓 태어난 아이와 그녀를 위해 돈 벌 생각을 아예 하지 않았다. 그저 무능력하게 살아가는 것이 익숙한 사람처럼 보였다. 이러한 이유로 그녀는 딸아이가 10개월 되던 시기 남편과의 이혼을 감행했다. 하지만 당시 동네 토박이로 오랜 세월을 살아온 부모는 이웃들에게 M을 창피한 존재로 여겼고, 남의 시선을 자신보다 더 중요하게 여기는 부모와 갈등했다. 그녀는 하루라도 빨리 부모의 집에서 벗어나고 싶은 마음뿐이었다. 그래서 소개받은 남성이 제약회사에서 영업직으로 일하며 한 달에 4~5백만 원을 번다고 하자, 혼인신고를 먼저 한 채 두 번째 결혼 생활을 시작한다. 하지만 재혼한 남편은 매일 술을 마시며 그녀의 딸에게 손찌검을 하는 알코올중독자였다. M은 무직이었던 첫 남편에게 질렸지만, 재혼한 남편 또한 아동을 학대하는 남자였기 때문에 재혼 3개월 만에 '더 이상 재혼은 없다'고 다짐하며 이혼을 감행한다. 하지만 법원으로 가던 길에 헛구역질을 하면서 임신을 직감했고, 임신 7주라는 것을 확인했다. 그녀는 이혼을 결정한 상태에서 뱃속 아이를 낳아 키울 마음은 없었다. 그래서 이혼 소송을 마치자마자 아이를 낙태한 후 마트에서 시급제 아르바이트를 하면서 근근이 생활을 이어나갔다.

그러다 27세쯤 화장품 로드샵에 취업을 하게 된다. 입사한 지 6개월이 된 시점에 10년 차 점장도 올리지 못한 최고 매출을 달성하면서 회사 본부장과 팀장들의 주목을 받았다. M은 이를 계기로 부점장 시험을 준비하도록 추천받았다. 그러나 그녀의 어머니는 아이들을 돌보는 문제에 스트레스를 많이 받았고, "빨리 퇴근해라", "네 새끼 네가 감당하라"며 재촉하기 일쑤였다. M은 자기힘든 것만 생각하는 어머니가 이기적이라고 느꼈으나 어쩔 수 없이 아이의 육아 문제로 로드샵 부점장 시험 준비를 포기했다. 화이트칼라를 향한 그녀의 부푼 꿈도 사라지게 된다.

한편 성에 대한 갈망은 당시 한 성인용품 가게에서 우연히 만난 남성과 본격적으로 사귀기 시작하면서 일정 정도 해소되는 듯했다. 그녀는 그 남자와의 성적 만남이 답답한 현실에서 잠시 벗어날 수 있는 휴식처럼 다가왔다. 당시 성중독자이였던 그 남성은 목말랐던 그녀의 성적 욕망을 자극하면서, 두 사람은 서로의 몸을 탐닉하는 데 과몰입했다. 심지어 그녀는 남자의 자동차 안이나 공원 같은 개방된 야외에서 과감한 성행위를 하면서 희열을 느끼기도 했다. 그 속에서 그녀는 무엇인가 막혀있던 것으로부터 해방되는 것 같은 자유로움을 느꼈다. 그러다 그녀는 30세 전후로 갑상선암 재발과 함께 자궁경부암 진단을 받았고 성중독자인 남성과 과몰입했던 성행위도 잠시 멈출 수밖에 없었다. 병원에서 치료를 받는 동안 그녀는 더 이상 문란한 성생활을 하지 않겠다고 스스로 다짐했다. 하지만 이러한 마음속 다짐은 오래 가지 못 했고, 몸이 점차 회복되면서 그녀의 성적 욕망은 오히려 더 커져만 갔다. 그녀는 자신도 감당이 되지 않는 성적 욕구들이 표출되면서, 채팅앱을 통해 어린 여성을 성적 파트너로 만나려는 시도까지도 감행했다. 어린 딸을 키우는 엄마로서 양심의 소리가 들릴 때는 갈등하기도 했지만, 성적 욕망이 분출될 때는 오직 자신의 성적 욕구를 해결할 수 있는 파트너를 찾는 데 혈안이 될 뿐이었다. 그래서 그녀는 자신의 문란한 성 문제를 해결해 보고자 교회에서 세례도 받고, 기도회, 성령 세미나, 성경 읽기에 참여하며 종교에 매달려 보기도 했다. 하지만 교회에서 음란죄와 관련된 강론을 들으면 문란하게 살아온 자신이 정죄당한다고 느껴졌고, 위로받기보다는 오히려 죄책감만 커져갔다. 그녀는 마치 물과 기름이 섞이지 못하는 것처럼, 타락한 삶을 살아온 자신은 성스러움을 추구하는 교회 안에 섞이지 못하는 존재라 생각했다. 그녀는 하루라도 빨리 과몰입되어있는 자위와 성행위로부터 벗어나기를 원했지만, 교회 생활은 오히려 그녀에게 수치심과 죄책감을 느끼게 하면서 스스로를 옥죄이는 것만 같았다.

M은 불편한 감정이 올라올 때마다 오히려 그 감정으로부터 벗어나기 위해 더 강박적으로 성행위에 몰입하는 자신을 마주하기도 했다. 이렇게 성행위에 중독되어 살아가던 M은 어느 날 자신의 딸에게 나쁜 영향을 줄까봐 두려워졌고, 고민 끝에 성중독자인 그 남성과의 관계를 끊게 된다. 하지만 그녀에게 삶의 유일한 즐거움이었고, 그 순간만큼 팍팍한 현실에서 벗어나게 해준 성적 파트너가 사라지자 큰 상실감을 겪었다. 그리고 그 상실감을 메워주는 것은 술을 마시는 것뿐이었다. 성행위에 과몰입하는 대신 그 자리

를 술로 대체한 것이었다. 결국 성중독은 알코올중독의 문제로 대체되었고, 급기야 아이에게 밥도 제대로 챙겨주지 못할 만큼 술에 취해 비틀거렸다. 그 사이 집안은 쓰레기장처럼 엉망진창으로 변해갔고, 그녀의 일상도 무너져 가고 있었다.

M은 불현듯 그녀가 계속 이렇게 망가져 산다면 자신의 딸에게 성중독과 알코올중독 문제가 대물림될 것 같은 두려움이 엄습해 왔다. 그래서 그녀는 자신이 진정으로 무엇을 원하는지 자문했고, 그때마다 '아이의 행복'을 진정으로 원한다는 목소리가 그녀 내면에서 올라왔다. 그녀는 아이에 대한 자신의 사랑이 스스로의 성적 욕망과 술에 대한 갈망에서 빠져나오게 하는 유일한 출구가 될 수 있다는 것을 스스로 자각하게 된다. 돌이켜보면 성중독과 알코올에 찌들어 있는 동안에도 M은 딸아이에 대한 걱정만큼은 놓지 않았다. 그녀의 딸도 자신처럼 불행한 삶을 살지 않을까 하는 불안감이 내면에 깊게 자리잡고 있었던 것이다. 특히 M은 어린 시절부터 어머니에게 정서적으로 버림받았다는 정서적 결핍감이 컸었기에, 딸에게 만큼은 자신처럼 고립감이나 외로움을 느끼게 해주고 싶지 않았다. 그럼에도 불구하고 그녀의 이러한 마음속 다짐은 다짐에 머물 뿐, 현실은 쉽사리 개선되지 않았다. 그로 인해 M은 새롭게 일을 시작한 유제품 회사에서 만난 50대 여성과 친해졌고, 그 여성을 자신의 성적 파트너로 끌어들여 욕구를 채우고자 했다. 그녀는 자신을 이해해 주는 50대 여성의 다정다감한 태도에 끌렸고, 이러한 정서적 호감이 둘 사이를 성적인 관계로 까지 변질시켰다. 그리고

이 여성과의 만남 속에서 M은 성정체성에 혼란이 오면서 남성으로 성을 바꾸는 트랜스젠더 수술까지도 잠시 고민했다. 이처럼 M은 성중독과 알코올중독, 다시 성중독의 문제를 반복하면서 자신이 괴물이 되어가고 있다는 자책감에 빠졌다. 괴로운 시간이었다.

한편 M이 자신의 성중독 문제에서 벗어나게 된 직접적 계기는 중학생이 된 딸아이 담임에게 전화를 받으면서 부터이다. 딸아이 담임은 아이가 친구들의 물건을 빼앗고 거칠고 공격적인 행동을 보여 이대로 방치하면 일진이 될 가능성이 크다고 우려했다. 이 일을 계기로 M은 딸아이를 친정 부모 집에서 양육하는 것이 아이의 정서에 좋지 않다고 판단하고, 친정에서 독립해 아이와 따로 생활하게 된다. 그즈음 M은 자신의 성중독을 치료할 수 있는 방법을 인터넷에서 찾기 시작했다. 그녀는 현실적으로 성매매업소도 많고 성추행, 성폭력 사건도 워낙 심각한 상황이라, 성중독 문제 또한 심각할 것이라고 생각했다. 그래서 이 문제를 치료하는 기관 또한 많을 것으로 예상했다. 그러나 이 문제가 양성화되지 않아서인지 몰라도 치료시설은 찾기 힘들었다.

그렇게 계속 인터넷을 검색하다가 기적처럼 자신의 마음에 와 닿는 한 치료사의 말에 주의를 기울이게 된다. 그것은 "자위는 나쁜 게 아니다", "진짜 나쁜 것은 세상에 더 많다"라는 내용이었다. 그 치료사의 글을 읽는 동안은 좌절을 반복하며 자포자기했던 M에게도 한 줄기 희망이 비치는 것만 같았다. "하늘은 스스로 돕는 자를 돕는다"라는 말이 있듯, M은 그 한 줄기의 희망을 품고 치료사를 만나러 갔다. 그녀는 치료 과정에서 지금까지 나쁘게만 여기며 방치해왔던 과거의 고통스러운 사건들이 어린 시절의 상처와 무지에서 비롯되었음을 자각하게 되었다. 그래서 치료사와의 만남은 어머니의 품처럼 편안함을 안겨 주었다. 그러나 치료 과정에서 음란물을 끊으라는 치료사의 말에는 저항감을 느끼기도 했다. 왜냐하면 그녀에게 음란물은 그 누구보다도 고통스럽고 힘들었던 시기, 숨을 쉴 수 있도록 해준 생명줄과 같은 그 무엇이라고 느꼈기 때문이다. 그러나 상담치료를 통해 어린 시절 이후, 남자를 만나 성관계를 해야만 사랑받는다고 믿었던 그녀의 믿음이 진짜 사랑이 아니라는 것을 깨닫기 시작했다. 이 과정에서 그녀는 자신이 깜깜한 터널을 홀로 걸어온 것이 아니라, 눈을 감고 자기 환상 속 연민의 세계 속에 빠져있었다는 것을 깨달았다.

이후 그녀는 30대 중반에 진입하면서 일 년에 두 번 정도 있는 가족 외식자리에서 자신이 성중독 상담 치료를 받고 있다는 것을 당당히 밝히게 된다. 그뿐만 아니라 그녀는 중독상담을 계속 공부해 앞으로 성중독 상담사가 되고 싶다는 것을 가족 앞에서 밝힌다. 당시 그녀의 아버지는 M에게 "미안하다"라는 말을 하며 재정적인 지원을 약속했다. 그녀는 가족들에게 자신의 각오를 이야기함과 동시에, 충격받을 가족들의 마음을 후벼파고 싶은 마음도 있었다. 그러나 뜻밖의 지지에 오히려 혼란스러운 감정이 들기도 했다.

가족의 뜻밖의 지지가 응원이 되었을까? 그후 M은 성적 갈망의 강도도 누그러지고 있다는 것을 느꼈다. 그녀는 치료 과정에서 자신의 성중독에 대한 뿌리가 사랑받고 싶었지만, 사랑받지 못했다고 느낀 결핍된 관계에서 비롯되었다는 것을 알아차리면서 동성을 향한 성적인 취향도 조금씩 변화되는 것을 느끼고 있다.

일련의 경험으로, M은 바꿀 수 없는 현실을 탓하기보다 그녀 스스로 바꿀 수 있는 것에 집중하는 것이 맞다고 판단했다. 그로 인해 M은 물류회사에서 아르바이트를 하며 대학에서 새롭게 상담 공부를 시작했고, 성중독 상담사라는 꿈이 생기면서 자신의 삶을 바꾸어 나가기 위해 노력 중이다. 특히 M은 상담사와의 치료 과정 및 중독에 대한 좀 더 깊이 있는 공부를 해 나가면서 자신이 사랑이라고 믿었던 그 감정들이 성중독에 빠져 수년간 살아온 자신의 무지에서 비롯되었다는 것을 깨닫게 되었다. 이러한 깨달음은 그녀가 성중독에서 온전히 빠져나올 수 있을 것 같은 자신감으로 차오르고 있다. 물론 회복 중인 현재에도 가끔 성적 갈망이 불쑥 솟아올라 마음이 요동칠 때가 있다. 그럴 때면 그녀는 회복을 위해 자신이 쓰기 시작했던 성찰일지를 보기도 하고, 자신의 감정과 마음 상태를 다시 성찰일지로 써 내려가는 작업도 하고 있다. 그 속에서 자기만의 방식으로 회복의 길을 걸어가는 중이다. 이와 더불어 M은 자신처럼 성중독 문제를 가진 사람들은 쉽게 성범죄에 연루될 수 있다는 점에서, 성중독을 치료하고자 하는 사람들을 위한 국가적 지원체계가 본격화될 필요가 있다고 주장했다.

제2장. 탐닉의 탄생과 회복의 길

1. 탐닉과 마주하다

"첫 술을 마셨던 그날을 잊을 수 없어요. 우리 엄마의 무서움을 이 겨낼만큼 좋았어요(J의 구술 중에서)."

탐닉의 탄생은 중독된 여성들이 중독 물질과 행위를 처음 만나 그것에 본격적으로 빠지게 된 직접적 계기를 뜻한다. 이 저술에 참여한 여성들은 살아온 삶의 세대나 환경도 각양각색이었고, 그녀들의 인생 역정도 제각각이었다. 그렇지만 그녀들이 중독과 만나게 된 밑바탕에는 어린 시절 가족으로부터 받았던 뿌리 깊은 내면의 결핍감과 무관심의 대상이 되었다는 소외감이 자리를 차지하고 있었다. 그래서 그녀들은 이 뿌리 깊은 결핍감과 소외감으로 인해 상처받은 자신을 위안하는 행위로서 중독 물질 내지 행위와 만나고 있었다.

J는 '모성에 대한 결핍감이 술과 만나 자아낸 몽환적 쾌감'으로서 그녀가 처음으로 접한 술을 이해했다. K의 경우 '아름다운 외모에 대한 강박과 다람쥐 쳇바퀴 돌 듯 돌아가는 유흥업소 내 동료들과의 일탈적 놀이 수단'으로서 마약류를 처음 접했다. 그래서 필자들은 '외모 강박', '일탈적 놀이 수단'이라는 키워드를 중심으로 '사회적 욕망의 시선에 붙잡혀진 자아'라는 주제를 도출해 냈고, 이 주제에 K의 중독 탄생을 의미 부여했다. S는 '가족과의 정서적 결속보다는 금전적 성공을 쫓아 헤매는 나'로, M은 '자기 위로의 은밀한 방식인 성적 행위'로 주제화했다.

1) 모성에 대한 결핍감이 술과 만나 자아낸 몽환적 쾌감에 매료된 J

J는 3남매의 장녀로 성장했다. 알코올중독 문제가 있던 아버지의 사업은 늘 불안정했다. 부모는 언제나 잦은 다툼을 벌였고, 그녀는 주로 이러한 상황에서 어머니의 분풀이 대상이었다. J의 어머니는 교사라는 직업생활을 원하지 않았음에도 가정 경제의 안정을 위해 어쩔 수 없이 일했다고 한다. J는 삶의 압력에서 오는 어머니의 스트레스에 동생들보다 더 많이 노출되었다고 했다. 그녀에게 어머니는 지지적 존재가 되지 못했다. 오히려 J가 장녀라는 이유로 동생들을 대신해 무언가 책임을 지우는 '작은 부모' 역할을 요구하는 듯했다. J는 자신을 대하는 어머니의 엄격하고 냉정한 태도에 오랜 기간 상처받았고, 급기야 초등학교 5~6학년 시절

에는 어머니가 그녀를 사랑하지 않는다는 느낌이 더 커지면서, 깊은 슬픔에 휩싸이기도 했다.

〈사랑받지 못한 존재라는 어린 시절의 뿌리 깊은 결핍감〉

사랑받지 못한다는 느낌…. 그냥 그 느낌. 사랑받지 못한다는 느낌의 주 포인트는 엄마하고의 관계였어요. 또 우리 아빠가 (알코올)중독자였잖아요. 착실하게 직장생활 하고가 아니라 사업을 하는 사람이라 막 흥했다, 망했다 이걸 반복하는 거예요. 그래서 엄마가 어쩔 수 없이 직장을 가졌는데 이제 초등학교 선생님이었어요. 우리 엄마가 사실은 아이들을 그렇게 좋아하는 성향이 아니에요. 엄마는 그렇게 얘기를 하셨었어요. 나는 진짜 어쩔 수 없이 일했다. 아빠 때문에…. 이제 직장에서 막 아이들한테 시달리고 왔는데 집에 오면은 그게 연장이었던 거죠. 집에 와도 애들이 똑같이 어지르고 질서정연하지 않고 막 그러니까 우리 엄마는 너무 그게 싫었을 거예요. 그 스트레스가 사실은 이제 자식들한테 갔는데 그중에서도 좀 저한테 많이 왔던 것 같아요. 저는 엄마가 그런 모습을 보이니까 '엄마가 나를 좀 사랑하지 않아서 그렇다'라는 느낌으로 받아들였던 것 같아요. 어린아이니까. 엄마한테 그런 느낌을 받은 게 한 다섯 살 때 부터였던 것 같아요. 초등학교 5ㆍ6학년 때는 맨날 밤마다 울었어요. 베갯잇이 젖을 정도로…. 근데 우리 엄마는 그걸 몰랐어요. 우리 엄마는 너무 정신없이 바빠서요(…이하 생략).

J는 어린 시절 부모의 잦은 다툼과 가끔은 어머니에게 폭력적 행동도 서슴지 않던 아버지의 모습을 목격하면서 성장했다. 그로 인해 그녀는 자신의 감정을 잘 드러내지 못했다. 또한 어머니가 자

신으로 인해 힘들어 할까 봐, 더욱 자신의 감정을 표현하기보다 안으로 감추며 아동기를 보냈다. 그러다 중학교 2학년쯤 자신에게 무관심한 어머니의 냉담한 태도가 자신을 사랑하지 않기 때문이라고 느꼈다. 나아가 존재 자체를 인정해 주지 않는 것이라 생각해 크게 상심했다. 급기야 죽음을 생각했고, 당시 유행한 드라마에서 했던 것처럼 수면제를 사 모아 자살을 시도했다.

물론 수면제를 사다 모으는 어린 소녀의 행위를 미심쩍게 여긴 약사가 약 대신 비타민을 주면서 J의 자살 시도는 헤프닝으로 끝났다. J는 유서를 쓰고 자살을 시도할 만큼 심각했던 자신의 마음을 읽어주기는커녕, 오히려 그녀를 질책하는 어머니의 냉정한 태도에 더욱 상처받았다. 급기야 그녀는 자신의 어머니가 친어머니가 아닐 것이라는 헛된 생각을 하기도 했다.

〈어린 딸의 자살 시도조차 공감해 주지 않는 어머니에게 느껴지는 거리감〉

한 여섯 살 됐나 보다. 말로 둘이 싸웠는데 아빠가 막 이렇게 물건 부시고 엄마를 때리고. 나는 우리 엄마, 아빠 싸우는 거 다 봤는데…. 우리 동생들은 별로 솔직히 많이 안 봤지. 가정폭력이 있다 보니까 약간 내 감정을 못 드러냈던 거. 내 감정을 투정부리는 것도 엄마를 더 힘들게 하니까…. 엄마는 내가 감정을 못 드러내는 게 좀 답답했을 거예요. 항상 보면은 엄마는 내가 노력하는 거를 만족을 못 하더라고. 칭찬도 안 해주고 그게 많이 힘들었던 것 같아요. 그래서 맨날 울었나 봐. 중2 때 드디어 이제 '죽어야겠다' 생각을 계속하다가 어느 날 드라마를 봤는데 수면제를 팔았거든요. 드라마에서…. 그걸 내가 배운 거예요. 유서 딱 써놓고 방에 누워가지고 약을 먹었는데 이상하게 잠이 안 와. 나중에 알고 봤더니 약국에서 어린 애가 수면제 달라고 하니까 이상해서 비타민을 준 거예요. 엄마는 애가 유서를 써놓고 죽는다고 하는데 자는 것도 아니고, 깨어있는 것도 아니고…. 뭔가 쇼하는 느낌…. 엄마는 뭐가 힘드냐, 왜 그러냐 이런 걸 안 물어보고 자기 힘든 것만 좍 이야기하는 거야. 그날 밤에 확신했죠. 엄마는 내 친엄마가 아닐 거야. 친엄마라면 저럴 수 없다. 엄마에 대한 차가움, 나를 사랑하지 않는 것 같은 느낌. 뭐 이런 걸 저는 되게 어렸을 때부터 많이 느꼈었어요.

J는 어린 시절부터 '어머니에게 사랑받지 못한 존재'라는 내면의 결핍감을 느꼈다. 때문에 명확하게 표현하기는 어렵지만 '삭막하고 쓸쓸하다'라는 외로운 기분에 휩싸여 10대 시절을 보내게 된다.

그녀가 처음 술을 접하게 된 것은 대학 1학년 축제에서다. J는 알코올중독 문제가 있던 아버지와 초등학교 교사인 어머니의 엄격하고 보수적인 생활 방식으로 인해 중고등학교 시절까지만 해도 모범적인 생활을 했다. 카페인 성분이 들어간 커피나 음료도 마시지 않을 정도였다. 그러다가 대학 축제 때 처음 마셔본 술은 머리가 핑하고 돌만큼 몽환적 분위기를 자아내기에 충분했다. 이성적 관심과 은근한 추파를 던지는 남학생으로 인해 그녀는 첫 술자리의 흥청거리는 분위기에 잔뜩 매료되었다. 그래서 그녀에게 첫 술자리는 엄격한 어머니에 대한 무서움을 이길 만큼, 짜릿한 기분과 블랙아웃이 되어버린 자신에게서 묘한 해방감을 느끼는 커다란 사건으로 기억되었다.

〈어머니의 엄격한 태도를 잊게 할만큼 강렬한 즐거움을 안겨준 첫 술자리〉

스무 살 대학교 첫 축제 때… 축제니까 축제 때 그때 친구네 과에서 무슨 주점인가를 했었나 봐요. 그 주점을 갔는데 너무 재밌는 거예요. 사실은 제가 술을 마시면 안 되는 사람이라는 생각을 했었어요. 왜냐면 저희 아빠가 알코올중독이었으니까요. 그러니까 엄마가 치를 떨어서 술이라 그러면 아빠 때문에…. 저는 고등학교 때 콜라, 박카스, 커피도 아예 마시지를 않았어요. 집에서는 아빠가 (술) 마시는 건 봤지만, 못 접해보다가 그 분위기에 이끌려서 이렇게 한잔했는데, 머리가 핑 돌면서… 너무 재밌는 거야. 그날 제가 블랙아웃이 됐어요. 그 분위기가 왜 좋았냐면 어떤 남자애가 저보고 자꾸 좀 약간 이렇게 보내는 게 있는 거예요. 나한테 나 너 좋아하는 이런 느낌을 막 자꾸 술자리에서 저한테 보냈는데…. 그게 제가 너무 좋았나 봐요. 그러니까 분위기에 취하고, 술도 처음 먹는 데다가 술도 약했을 텐데. 제가 그날 그 자리에서 막걸리하고 사이다 섞은 거였어. 그걸 엄청 먹었대요. 그래서 다들 제가 술 잘 먹는 애인 줄 알았죠. 진짜 좋았던 것 같아요. 첫 기억이. 정말 우리 엄마의 그 무서움을 이길 정도로. 그리고 아무래도 얼마큼 먹으면 어떻게 된다는 거 그게 없으니까 알딸딸하고 조금 무섭기도 하면서 재밌기도 했어요.

첫 술자리에서의 강렬한 기분 탓이었을까? J는 대학 축제 3일 내내 블랙 아웃되어 버릴 만큼 만취했고, 같이 술자리에 있던 남학생들의 등에 업혀서 집에 들어가는 일이 발생했다. 이 일로 그녀의 어머니는 발끈했고, J는 일주일 동안 집안에 감금된 신세가 되었다. 하지만 그녀와 함께 술자리를 했던 무리들은 오히려 술에 취한 J의 모습을 재미있어 했다. 그동안 받아보지 못한 친구들의 관심과 남학생의 적극적 다가옴은 J에게 누군가로부터 사랑받는다는 환상적 기분을 불러일으켰다. 이후 그녀는 대학 축제 때 만난 옆 대학 남학생 네 명, 그리고 여대를 다니던 그녀와 친구 여섯 명이 합쳐져서 함께 몰려다니며 술자리를 즐기게 된다. 그녀에게 술은 친구들과 어울려 놀기 위한 좋은 매개물이었다. 그때부터 그녀는 '술'을 친구들의 관심, 그리고 남자의 호감과 유혹의 시선을 묘하게 즐길 수 있는 매혹적인 수단으로 느끼게 된다.

> 두 번째 날 다시 학교에 갔는데, 왜 축제는 일찍 시작하잖아요. 학교에 갔더니 난리가 난 거야. 야! ○○○ 너 취하니까 재미있더라. 어쩌고, 저쩌고 시작해 갖고 이제 나한테 관심을 보였던 남자애는 더 적극적으로 막 다가오고. 이게 뭐랄까, 그냥 그걸 제가 즐겼던 것 같아요. 늘 사랑받지 못했다…. 그런 삭막함이 있었는데…(중략)…제가 여대였어요. 그 남자애는 ○○대였는데 축제하는 학교는 이제 딴 학교고. 그 학교 가서 우리가 만난 거지. 우리 패밀리가 여섯 명, 그쪽 패밀리가 네 명. 어떻게 하다 보니까 조인이 된 거였고 이제 또 술자리가 시작돼서 이틀째, 삼 일째 내리 블랙아웃이 된 거예요. 엄마는 이제 진짜로 학교를 못 가게 한다고 난리가 나고요. 세 번째 블랙아웃 되었을 때는 일주일 동안 집에 갇혀서 나오지를 못했어요. 제가 여자애 중에서도 제일 얌전한 아이였는데, 술 먹고 노래방 가

서 노래 부르고 하니까 재미있어하는 거야. 그때부터 대학교 졸업할 때까지 몰려다니면서 학교 밑에 우리 아지트가 있었는데…. 포켓볼 당구대 있고 거기 소주가 300원, 라면 500원 아마 그랬던 것 같아요. 일단 ○○○ 거기서 모여서 소주 일병부터 시작하고 수업 있으면 갔다가, 거기서 모여서 술 먹고 노는 거지. 그 무리들 안에서는 좀 안전하고 내가 주목받고 관심받는 느낌 이런 게 좋았어요. 거기 패밀리 오빠랑 첫경험도 했고. 그 오빠랑 결혼까지 하려는 생각도 했고…. 그랬던 것 같아요.

2) 사회적 욕망의 시선에 붙잡혀 버린 K

고도화된 현대 자본주의 사회에서 예쁜 얼굴보다 더 중요해진 것이 44, 55 사이즈의 이상화된 몸매를 갖기 위한 여성들의 뼈를 깎는 노력일 것이다. K는 고등학교 시절 다이어트 약이라고 불리는 특정 약물을 섭취하기 시작했다. 그녀는 고등학교 시절 외모와 몸매에 대한 주변의 평가적 시선과 그 시선 안에서 자신의 몸을 다시 재평가하는 자기 검열이 민감하게 작동되고 있었다. 그로 인해 통통한 얼굴 살을 빼기 위해 그 약물이 불러오게 될 나비효과를 전혀 상상하지 못한 채, 약물의 세계로 서서히 진입했다.

〈이상화된 몸매를 갖기 위해 섭취하기 시작한 다이어트 약물〉
처음에는 다이어트약으로 시작했어요. 처음부터 약을 시작한 건 아니에요. 고등학교 때 살을 빼기 위해 디에타민을 먹었어요. 얼굴이 통통했거든요. 이 디에타민 먹으면서 굶어서 살을 많이 뺐어요. 부작용으로 잠을 못 자요. 그러다 밤에 힘들다고 하니까 신경안정제를 주더라고요. 또 집에 있으면 너무 어지럽고…. 기분이 가라앉으니까…. 기분을 올리기 위해 신경안정제 먹으면서 술을 마시기 시작했어요.

더욱이 소비적 자본주의의 정점이라고 할 수 있는 향락산업으로 흘러 들어갔던 그녀에게 아름다운 외모와 잘빠진 몸매는 소비재 상품으로서 자신을 가장 돋보이게 할 수 있는 마력의 수단이었다. 왜냐하면 잘빠진 관능적 몸매와 매력적인 얼굴을 가진 술집 여성이야말로, 손님인 남성들의 지갑을 과감하게 열어젖힐 수 있는 분명한 이유가 되었기 때문이다. 또한 K는 자신에게 많은 돈을 지불할 남성들에게 선택받기 위해 외모에 대한 강박이 점점 심해졌고, 이로 인해 전신에 지방 흡입을 하는 성형 수술에 큰 비용을 지불했다. 심지어 그녀는 사채를 빌려서까지 자신의 몸매를 가꾸기 위한 의료적 시술을 마다하지 않았다. 하지만 만들어진 몸매도 잠시, 어릴 때부터 통통했던 몸에 다시 살이 오르기 시작했다. 이때부터 먹은 음식을 다 토해내는 폭식과 거식을 반복하는 섭식장애 문제가 불거졌다.

〈돈 많은 남성 손님에게 선택받기 위해 점점 더 심해지는 외모 강박과 섭식장애 문제〉

(술집에서 남자들 상대하면) 한 시간에 백만 원씩 떨어지니까 소개를 받았

어요. 남자 중에는 나이 많은 남자도 있었어요. 저도 정보를 숨기고, 몸 파는 것도 숨기고…. 룸 안에서는 술 먹고, 마약하고…(중략)… 밤 일하니까 친구 만날 일이 없고, 외모에 대한 강박도 심해졌어요. 살에 대한 스트레스가 있었어요. 얼굴에도 주사를 맞는다거나 빚을 내서 하루는 팔하고 하루는 다른 부위…. 다음 날 지방을 뽑는 거예요. 일주일 수술비가 한 번에 한 천만 원 들어가요. 수술하고 갚으면 되니까 일수로도 했는데, 일을 해서 갚았어요. 그렇게 뺀 걸 살이 찌니까 또 했는데 견딜 수가 없는 거예요. 그래서 토하는 것을 배웠죠.

K는 쉽게 돈을 벌 요량으로 유흥업소에 흘러 들어갔다. 그러나 돈을 벌기 위해 흥청망청 마셔대는 술과 마약류, 자신의 몸을 파는 행위 등이 빈번해지며 이러한 경제적 직업 행위의 스트레스를 해소할 출구가 필요했다. 그런 이유로 그녀는 유흥업소에서 만난 동료 무리들과 어울리며 일명 '캔디'라고 불리는 엑스터시 약물을 즐겼다. 이 약물은 그들에게 함께 즐기기 위한 하나의 놀이 수단이었다. 그로 인해 K에게 어느새 신경안정제는 약물 축에도 들어가지 못할 정도가 되었다. 그녀는 그렇게 마약의 세계에 자신도 모르게 빠져들어 가게 된다.

〈유흥업소 동료들과 일탈적 놀이 수단으로 즐기기 시작한 마약〉
돈을 쉽게 번다고 해서 (남자 손님을 상대하는 유흥업소에) 별생각 없이 갔어요. 그러다 그 안에서 돈을 쉽게 버니까 술도 많이 마시고, 약물도 시작하게 된 거죠. 거기 있는 사람들하고만 만나고 거기서만 생활하니까…. 우물 안에 개구리처럼 사는 거니까. 신경안정제는 아무

것도 아니에요. 거기는 캔디, 엑스터시라고 하잖아요. 약물을 하면 재미있는 것을 아니까. 그때부터는 약을 직접 구해요. 거의 놀이 수단이었어요. (유흥업소에 다니면서 알게 된) 그 무리들 안에서 약하는 애들하고 어울리고(…이하 생략).

더욱이 K가 '히로뽕', '필로폰'이라고 부르는 강한 자극제인 암페타민계 마약을 접하게 된 건 그녀가 '엑스터시', '케타민', '액상대마류'와 같은 마약류에 점차 빠져들게 되면서다. 필로폰도 그동안 해왔던 마약과 다르지 않을 거라 생각했기에 별 거부감 없이 투약했다. 그 시절 K는 술집에서 남성들에게 몸과 웃음을 팔아 생활하는 자신과, 점차 헤어 나오기 힘든 늪으로 자신을 빠져들게 하는 약물로 인해 큰 외로움을 느꼈다. K는 밀려오는 외로움을 해소하기 위해 가끔 자신의 집으로 남자를 불러들였고, 술집 동료가 소개한 남자를 통해 필로폰을 처음 접한다. K는 다른 사람들보다 더 많은 양을 첫 경험에서 투여받았다. 이로 인해 남자와의 섹스 경험은 기억의 파편이 남아 있으나 10시간 정도가 통째로 날아가 버린 것처럼 기억나지 않는 무기억의 경험을 했다. 이 과정에서 K는 마약중독자의 늪 속으로 한 발 더 빠져들어 가게 된다.

〈술집 동료를 통해 알게 된 남자로부터 본격적으로 접하게 된 필로폰 마약〉

(유흥업소에서 술 하고, 약하고, 몸 파는 생활이 반복되다 보니까) 어느 날은 너무 힘들고 외롭다 보니까… 옆에 있으면 위로가 되니까. 그중 한 오빠가 있

는데… 같이 일하는 (업소) 아가씨 친구의 친구 정도 되는 사람인데 어떻게 연락이 닿았어요. 그때 (그 오빠가) 필로폰을 들고 왔어요. 나는 일하는 친구들이랑 마약하고 논 것처럼 그럴 거라고 생각했는데. 이미 케이(케타민)와 허브(액상 대마류)를 많이 하고 있었으니까…. 집에 들어가서 처음으로 했어요. 세게 들어가니까 그 오빠랑 성관계한 거랑 그런 기억만 나고, 나머지는 기억이 안 나요. 10시간 정도가 통으로 날아간 느낌. 오늘 며칠이야, 하는 느낌….

3) 가족과의 정서적 결속보다는 금전적 성공을 쫓는 나였던 S

S는 2남 2녀 중 둘째로 태어나 주로 어릴 때부터 부모와 떨어져 친할머니와 함께 살아왔다. 그녀의 아버지는 일명 '블랙 다이아몬드'로 알려진 석탄을 관리하며 개인 굴을 가지고 석탄 장사를 했다. 그래서 그녀의 집은 비가 오는 날이면 집 창고 가마니에서 돈 썩는 냄새가 날 정도로 돈이 넘쳐났다. 하지만 S가 초등학교 3학년 즈음, 그녀의 아버지가 관리하던 개인 탄광굴이 무너져 많은 사람들이 죽었고, 생명 보험을 가입하지 않았던 그녀의 아버지는 희생자 가족들이 몰려와 밤새도록 죽은 남편을 살려 달라는 아우성으로 곤욕을 치르게 된다. S에게 이 사건은 트라우마가 될 정도로 깊게 각인되었다. 그 사건을 통해, 그녀는 현실을 살아가는 데 돈이 없으면 어떤 문제도 해결할 수 없다는 생각을 강하게 갖게 되었다. 또한 이 사건은 돈에 대한 그녀의 개인적 믿음과 가치에 영향을 미쳤다.

〈돈이 모든 문제를 해결할 수 있다는 믿음이 생긴 사건〉

아버지가 ○○석탄공사 장사를 했어요. 까만 다이아잖아요. '블랙 다이아'라고 하고. 그 땅이 그런 거예요. 저희 아버지는 개인 굴이 있었고, 창고 가마니에 돈을 두면 비 오는 날 돈 썩는 냄새가 날 정도로 돈 걱정 없이 살았어요. 초등학교 3학년인가 그때 아버지 개인 굴이 무너졌고, 생명 보험을 들지 않았어요. 사람들이 몰려와서 밤새도록 울고불고, '남편을 살려달라'고…. 그때 저는 아버지처럼 당하지 않아야겠다고 마음 먹었어요. 그때 제가 엄청 생각했어요. 모든 게 돈이 있어야 문제를 해결할 수 있죠.

　그녀는 사춘기 때 연예인이 되고 싶은 꿈이 있었지만, 친구들처럼 연예인 학원에 다니며 자신의 꿈을 위해 도전하지 못했다. 그러던 어느 날 그녀는 할머니 몰래 야간 열차를 타고 가출하듯 서울로 올라왔다. 그녀는 공부를 잘하는 똑똑한 오빠를 의사로 만드는 게 부모 이혼으로 무너진 집안을 살리는 길이라고 믿었다. 그래서 그녀는 먼 친척의 양딸이 되어 집안일을 돕고, 그 대가로 받은 돈의 대부분을 오빠에게 보내며 경제적 지원을 하는 것에 최선을 다했다. 그 시기 S는 오빠에 대해 '의사가 되어 집안을 일으켜야 할 존재'라고 생각했다.

　〈무너진 집안을 살릴 희망인 오빠를 공부시키기 위해 뒷바라지를 자처함〉

제가 어릴 때 바보같이 말 한마디 못 하는 애였는데, 연예인 학원에 가자는 친구의 말에 귀가 솔깃해졌어요. 아버지 사업이 힘들어 오빠가 군대를 갔고, 제가 밀었어요. 우리 집을 살려야겠다는 생각도 있었고, 그 당시는 머리만 좋으면 5급 공무원 하는데…. 한약방을 하시던 할아버지가 돌아가셔서 할머니는 오빠가 한의사가 되기를 원했어요. 엄마 아빠가 이혼하면서 힘들게 살았죠. 고등학교 졸업 못 하고 서울에 올라온 거죠. 밤열차 타고…. 할머니 몰래 반 가출이 죠. 먼 친척 양딸이 되어서 양엄마 집에서 도와주며 살았죠. 이 양엄마가 초등학교 선생 출신인데 50명을 가르친 거예요. 이 집에서 매달 15만 원을 벌면 13만 원은 오빠에게 보냈어요. 공무원 월급이 그때 20만 원이었어요. 집안을 살리기 위해서 오빠는 의사가 되어야 한다고, 그게 있었으니까. 저는 할머니의 희생을 보고 살았죠. 그게 무서운 거예요. 경제적으로 제가 엄마 노릇을 한 거죠.

S는 양엄마와의 인연으로 서울에 있는 오늘날의 엔터테인먼트 회사와 같은 곳을 알게 되었고, 외국 공연을 나가 한국문화를 수출하며 돈을 벌 기회를 얻게 된다. 보통 사람들은 외국에 나가 돈을 벌기 힘든 시기였기에, 그녀는 자신에게 주어진 기회에 강한 삶의 동력을 얻게 된다. 그녀는 미국 공연 후 목돈을 받아 6개월만에 집을 샀고, 나머지 외국 공연에서 번 목돈을 양엄마에게 맡기며 매달 오빠에게 학비를 보낼 수 있도록 했다. 이렇게 그녀는 경제적으로 가족들에게 도움을 주며 10년 가까이 가장 역할을 자처했다. 그러나 그녀의 내면에는 가족을 내팽개치고 새엄마하고 행복하게 지내는 아버지에 대한 서운함이 컸다. 이 일이 계기가 되어 S는 10대부터 희망을 걸었던 오빠의 성공과 가족부양의 짐을 내려놔야

한다는 생각을 하게 된다. 이후 그녀는 가족을 위해 사는 것 보다, 자신을 위한 삶에 좀 더 집중하는 쪽으로 삶의 방향을 틀게 된다.

〈가족에서 내 자신을 위한 삶으로 방향을 틀다〉

2년 있다가 프로덕션에 들어간 거죠. 지금 엔터테인먼트 회사를 옛날에는 프로덕션이라고 했어요. 그 당시 보통 사람들은 외국을 못나갔으니까, 외국에 나가는 그 자체가 기회였어요. 연예인 자격증이 나오고, 나만의 특별한 꿈이 생긴 거죠. 인생의 첫 번째 찬스였지요. 그 당시 20대 초반에 외국을 나갈 수 있는 기회가 많지 않아요. 프로덕션에서 스물세 살 겨울에 공연을 떠난 거죠. 그래서 한 6개월 뒤, 그러니까 스물네 살에 집을 산 거죠. 거기서는 집도 주고 먹을 것도 주니까, 버는 돈을 모아 집을 샀어요. 팁으로 살고, 내가 서울에 집을 사서 여동생을 이주시켰어요. 할머니도 이주시켰는데 그냥 돌아가시더라고요. 형제들을 이주시켰어요. 빌라가 3천만 원인데 6개월 살다 저는 외국에 또 나갔어요. 저는 공연 다녔죠. 일본, 미국, 그 다음에는 일본에서 6개월씩. 6개월 하면 계약이 끝나요. 프로덕션하고 계약이 끝나고 저 혼자 유학을 다시 갔어요. 유학 비자로 일본에 갔어요. 원래는 미국으로 가려고 했는데 우리 형제들 때문에 가까이서 있으려고 일본으로 갔어요. 돈도 보태주고…. 스물다섯에 자신감이 생기면서도 우울증이 함께 왔어요. 왜냐면 아버지는 새엄마하고만 행복하게 살겠다고 가족을 내팽개친 거잖아요. 그때부터였던 것 같아요. 나를 위해, 내 인생을 살아야겠다….

S는 일본에서 패션을 공부한 후 자기 꿈을 실현하고 싶은 욕망도 있었지만, 돈에 대한 강한 욕망에 이끌려 경제력이 있는 남성

과의 결혼을 선택한 후 아들을 낳고 여자로서 화려한 삶을 누리기도 했다. 하지만 그녀의 결혼 생활은 남편의 외도로 오래 가지 못했고, 협의 이혼 후 아들을 데리고 다시 한국에 들어와야만 했다. 그러다 다시 일본으로 들어가 일을 시작한 지 10개월 만에 만난 준재벌급 남성과의 재혼했다. 이후 그녀는 패션을 중심으로 화장품, 콘도뿐만 아니라 부동산 경매로 땅장사를 하며 돈을 벌기도 했다. 하지만 IMF 이전부터 경기가 점점 나빠지고 있었다. 또한 그녀의 잦은 외국 출장으로 인한 가정생활의 문제 또한 알코올에 의존하려는 경향 및 우울감에 영향을 주는 하나의 요인이 되었다.

〈두 번의 결혼과 사업 실패에서 얻은 술과 우울의 문제〉
대학에서 패션 공부 마치고 어느 나라로 가야 되겠다는 꿈이 있었어요. 자신감도 있었어요. 하지만 돈이나 물질에 욕심을 내면 못 떠나요. 인생이 그런 거예요. 사귀던 남자와 임신이 되어 결혼 후 여자로서 가장 행복한 시기였어요. 가장 좋은 차를 타고, 내 인생에 돈 있고 집이 있으니까…. 근데 남편이 사귀는 여자가 우리 교회 여자예요. 합의 이혼했어요. 나는 목동 아파트 정도 하나 가격에 합의하고, 그때는 내가 젊으니까 무엇이든 할 수 있다고 생각했어요. 저는 아들하고 귀국해서 한국에 들어왔는데 귀국 후 3개월 만에 다시 나간 거예요. 제 두 번째 남편은 준재벌이에요. 저는 돈에 대한 관심이 없었는데, 어떻게 사업을 했어요. 부동산이 마지막이에요. 잘 벌어서 쓰고, 매매 컨설팅 중개도 물건과 물건을 교환도 해줘요. 컨설팅은 부동산도 하지만 물건과 물건을 교환해줘요. 남편 후원받아서 부동산에서 돈도 벌었는데…. 그때 경기가 안 좋아지기 시작했는데… 일주일 사이 내가 출장 간 사이, 상무가 돈 가지고 나가고. 회사에 충격이 오니까 남편이라도 있으면 되는데, 난 외국에 출장 가니까 정상적인 결혼 생활이 안 되고. 그래서 술에 의지하고, 우울증이 저절로 생긴 거예요.

S는 IMF로 인해 사업 파산이 시작되며 사무실 운영의 어려움까지 겹치게 되었다. 무기력증을 느낀 그녀는 그 상태로부터 벗어나기 위한 수단으로 도박게임을 시작했다. 그녀는 사업 파산이 시작될 때 마카오에 있었다. 친구들에게 빌려준 돈을 받으러 간 자리였으나, 그들의 도박게임을 지켜보다가 함께 4박 5일 날을 새며 게임에 몰두했다. S는 도박이 속임수라는 것을 알면서도 재산을 IMF 때 다 날리면서 상실감에 빠져있었다. 이처럼 그녀는 무기력하고 정신이 몽롱해진 상태에서 10배, 100배 정도의 돈을 벌수 있다고 유혹하는 도박꾼들의 문자를 보면, 자신도 모르게 쉽게 돈을 만회할 수 있을 것 같은 환상에 빠져들었다. 그녀는 이때만큼은 삶의 무거운 현실에서 잠시 벗어나 환상의 세계에 들어갔었던 것 같다고 표현했다.

〈사업 파산이라는 머리 아픈 일을 잠시 잊게 되는 환상의 세계〉
사업도 98년 후반에 파산되기 시작했어요. 저는 홍콩에 사무실이 있었으니까 출장 가면 그냥 와야 하는데, 마카오에 들어가면 다른 친구들이랑 게임을 하고 4박 5일 날을 새는 거예요. 30대 후반… 97년도부터 알코올에 의존했잖아요. 95년부터 안 좋았어요. 97년에 터진 거죠. 막막하니까, 제가 힘드니까 돈 빌려준 친구가 오라고 해서 천만 원 빌려주면 20프로 주고 해서 그 재미에 몇 번 가다가 중독은 아니어도 그게 시초인 거예요. 가서 게임을 하다 보니까 그 순간은 다 잊게 되는 거예요. 야! 사업 파산 머리 무겁고, 골치 아픈 일에서…(중략)…저는 카지노는 20세 중반부터 알고는 있었어요. IMF 때 재산을 한국에서 날리고, 남편하고 별거하고 그러면서 우리나라도 큰 도시에는 사설(도박장)이 많은데, 어떻게 알았는지 어떻게 핸드폰을 차단해도 알아내서 연락이 오더라고요. 5만 원 가지고 50만 원 벌 수 있다고 오는 데 빠지기 쉽잖아요. 즐거움이 10배에서 멈추어야 하는데, 100배까지 간다고 생각하니까 환상에 빠져요.

4) 자기 위로의 은밀한 방식인 성적 행위에 빠져든 M

M은 2녀 중의 장녀로 성장하면서 어린 시절부터 외롭다고 느낄 때마다 부모님께 자신의 감정을 표현했다. 하지만 부모는 그녀에게 관심을 보이지 않았다. 그녀의 어머니는 반찬값이라도 벌기 위해 늘 집에서 부업을 했고, 시아버지를 모시고 살면서 스트레스를 받았다. 또한 어머니는 M의 아버지와도 사이가 좋지 않았다. 그녀는 자신의 감정을 표현해도 무관심한 태도를 보이는 부모와의 관계 속에서, 어린 나이임에도 불구하고 방에서 지내는 시간이 많았다. 그때 그녀는 인형 놀이를 하거나 자기 몸의 예민한 부위를 만지며, 외롭고 무시되는 불편한 기분들을 스스로 풀기도 했다.

〈어린 시절 혼자 놀이처럼 시작한 자위행위〉

제 기억에는 초등학교 저학년이나 일곱 살부터였어요. 그 전부터 그랬는지 모르지만…. 무시되고 억압이 있었던 가정환경에서 나에게 불편한 감정이나 이러한 감정이 당연히 어리니까 해결이 안 되죠. 어린 나이니까 주로 방에 혼자 있는 날이 많았고, 자연스럽게 내 몸의 예민한 부분을 알게 되었어요. 성적인 쾌감도 모르고 그 외로움이 다 채워지는 것처럼 느꼈어요. 그냥 어린 나이니까 놀이처럼 되었어요. 저를 정서적으로 케어할 수 있는 사람이 없었던 것 같아요. 의식주는 챙겨주셨는데 정서적으로 고립감이 있었고, 외로움과 고립감을 표현했는데 부모님의 무반응이 대단히 힘들었어요. 엄마도 시아버지 모시고, 감정이 안좋고 아빠와도 다툼이 있고…. 그러다 보니까 말 안하고 대화를 많이 안 했어요. 이러다 해결이 안 되면 자위하고…. 항상 주변에는 인형들이 있었고, 그 인형들이 친구같은 존재였어요. 대부분 인형 놀이하며 지냈어요. 인형은 내 말을 들어주고 비난하지 않고…. 인형이나 동물 이런 것들과 소통할 수 있는 창구가 된 거예요. 어머니는 집에 있어도 저를 돌봐줄 상황이 아니었어요. 실밥 따고 장갑, 반찬값이라고 벌어보려고.

M에게 자위행위는 부모의 무관심 속에서 무시되었다는 서운한 감정들을 해소하는 과정에서 시작되었다. 하지만 그녀는 동네 만홧가게에서 소위 '망가'라고 불리는 포르노 만화책을 보며 점점 더 성적 환상을 갖게 되었다. 10대 중반쯤, 처음에는 포르노도 약한 것을 보다가 점점 더 자극적인 것으로 넘어갔다. 포르노를 보며 자위행위를 하는 자기 자신이 혐오스럽게 느껴졌지만, 집에 혼자

있는 날이면 자위행위를 멈출 수가 없었다. 그녀는 자위를 하다가 어머니에게 들킨 후 어머니의 경멸어린 눈빛 때문에 자위를 나쁜 행위로 각인했고, 자신의 행동이 사회의 비난을 받을 수 있다고 생각했다. 그렇지만 그녀에게 자위행위는 가정에서 이해받지 못 하고 무시당할 때 느끼는 불편한 감정을 해소할 유일한 방법이었다.

〈부모의 상처를 해소할 수 있는 유일한 출구〉
그땐 10대들에게 '망가'라고 야한 만화책이 인기가 꽤 많았어요. 인터넷이 발달한 시기가 아니었고, 아날로그였어요. 어느 날부터 아무도 없는 날을 기다렸어요. 나 혼자만의 시간을 기다렸어요. 중 2, 3되니까 인터넷으로 포르노를 많이 봤지요. 그러다 보니까 중독이 되었어요. 하루에 한 번 하던 게 여러번 하게 되고, 야동 다운받고, 포르노 보면서 자위하고, 처음에는 공상이나 상상으로 시작해요. 포르노도 처음에는 약한 거 보다가 굉장히 하드한 것으로 넘어가는데…. 입에 담기 힘든 것들을 제가 보고 있더라고요. 나를 혐오하게 되고, 밖에 나가면 멀쩡한데 집에 혼자 있다 보면…. 근데 못 멈춰요. 제가 엄마에게 들켰는데 짐승처럼 보던 그 눈빛이 선해요. 방문을 꽝 닫더라고요. 그 후 자위하는 사람은 나쁜 사람인가 생각했어요.

M은 중2 때 부모님을 기쁘게 해 드리려고 컴퓨터 관련 자격증 시험을 치러가던 날 새벽, 길모퉁이에서 낯선 남성에게 성폭행을 당했다. 그 사건의 충격으로 그녀는 정신과 치료를 받고 싶다는 간절한 요구를 부모에게 말했다. 그러나 그녀의 부모는 마

치 아무 일도 생기지 않았다는 듯이 무관심한 반응을 보였다. 이러한 무반응적인 부모의 태도로부터 그녀는 자신의 의사가 무시되고 버림받았다고 느꼈다. 그녀의 부모는 의식주와 같은 물질적인 것만을 제공하면 부모의 역할이 충분하다고 생각했을까? M은 자신의 감정을 이해하지 못하는 부모에게 충격을 받았다. 심지어 버림받았다는 상처로 인해 증오심에 휩싸이기도 했다. 하지만 힘들게 사는 부모를 보면서 자신의 분노 감정을 억압했고, 그 이상의 감정을 표출하지는 못했다. 그녀에게는 여전히 좋은 딸이 되고 싶은 인정 욕구가 무의식 속에 자리 잡고 있었을까? 이 사건을 계기로 M은 자신의 감정을 이해하지 못 하는 부모와의 관계보다는 포르노를 통해 그녀의 정서적인 결핍을 채우려는 자위행위에 더욱 몰입하게 된다.

〈성폭력 피해조차 공감해 주지 않는 부모보다는 자위행위에서 위로를 얻고자 몰입함〉
또 하나는 중2 때 강간 사건, 부모님 기쁘게 해주고 싶어서 컴퓨터 자격증 이론을 시험보러 가는 날⋯. 길거리 모퉁이로 끌려가서 성폭행을 당했어요. 근데 저를 충격에 빠지게 한 것은 부모님의 반응이었어요. 저는 정신과 치료를 받고 싶은데, 부모님이 쉬쉬하는 거예요. 덮으려고 하는 것을 느끼게 되었어요. 증오심에 꽉 차 있었는데 부모님이 힘들게 사는 거 보면서 아, 내가 이렇게 하면 안 되지⋯. 그 당시 버림받음에 대한 정서적인 상처가 너무 컸고, 부모란 존재는 뭘까? 단순히 밥하고 재워주는 걸까? 나는 감정적으로 소통하고 싶고 그랬는데⋯. 의식주가 문제가 아니었고 나를 배고프게

한 것은 정서적인 배고픔이었어요. 육(제)적인 것이 아니었어요. 아무리 나에게 치킨을 주고, 옷을 줘도 마음의 공허함은 채워지지 않아요. 구멍이 펑 뚫린 것 같아요. 그러니까 방안에 혼자 앉아있었어요. 그러다가 컴퓨터가 생기면서 포르노에 쏠리게 되고, 이게 초등학교 때부터 고등학교 때까지 10대를 이렇게 쭉 보냈어요.

2. 탐닉의 늪에 빠지다

"마지막은 땅도 팔게 없고, 보증금도 없으니까…(중략)…재발하면 멈추기 힘들어요. 자기 자신을 그냥 죽이는 거예요(S의 구술 중에서)."

술, 마약, 도박, 성행위에 중독된 여성들은 그녀들이 빠진 중독의 늪에 더 깊게 빠져드는 악순환을 반복했다. 그래서 술로 인해 원룸 3층에서 떨어져 죽을 고비를 겪었음에도 다시 술 문제를 일으키거나, 마약에 취해 마약 판매 배달책이라는 더 큰 범죄를 저지르기도 한다. 더욱이 망상에 시달려 자신을 보호하고 지원하는 이들조차 폭력적 존재로 왜곡하는 등 심각한 정신건강 상 문제를 보일 때도 있다. 그것뿐이었을까? 행위에 중독된 여성들은 행운의 여신이 자신의 도박게임에 찾아와 줄 것이라는 착각으로 중독의 수렁에서 헤어 나올 수 없다. 더욱이 성중독의 수레바퀴에 갇혀버린 여성은 유사 성행위 업소에서의 인정과, 그 일을 그만두고 마주하게 된 팍팍한 삶의 현실을 회피하기 위한 수단으로 더욱 성행위에 집착한다. 성중독이라는 올가미에 포박되어 버리는 것이다.

1) 알코올에 포획되어 허우적대는 J의 삶

J가 알코올중독이라는 탐닉의 늪에 빠졌다는 것을 처음으로 자각하기 시작한 것은, 그녀가 어머니와 절연까지 하면서 살림을 차린 동거남과 헤어지고 다시 술에 잠식당하면서 부터이다. 그녀는 위암 수술을 받은 남자친구와의 결혼을 극구 반대한 어머니와의 관계까지 끊으면서 남자를 선택했다. 하지만 그녀는 매일 같이 술을 마시며 밤늦게까지 자신을 기다리게 만드는 남자의 행동에 서서히 지쳐가면서 분노가 차올랐다. 이것은 두 사람의 잦은 다툼으로 이어졌다. 이 다툼이 살림살이 모두를 망가뜨리는 남자의 폭력적 행동들로 연결되면서 결국 두 사람은 결별을 선택하게 된다. J는 이 결별 속에서 실패로 끝난 자신의 사랑과 동거 생활에 대한 상처가 매우 컸다. 이것은 그녀가 아기를 갖기 위해 노력한 1년여의 단주 생활을 포기하고, 다시 술에 빠져드는 직접적 계기가 된다. 이처럼 술에 찌든 삶으로의 회귀는 그녀를 매일 같이 반복되는 술로 인해 환청, 환시에 시달리게 했다. 술에 잠식당한 J는 환각 상태에서 원룸 3층에서 뛰어내리는 자살을 시도하게 된다.

〈깨져버린 동거 생활로 인해 다시 빠져든 술 문제〉
걔(동거남)는 그때 집이 ○○이었는데, 일 끝나고 거의 직장 동료들이랑 술을 한잔씩 하고 오는 거예요. 첫 번째는 건강이 걱정되니까….

'위암이잖아! 조심해야지'…. 두 번째는 나는 자기 때문에 술도 끊었는데, 지는 허구헌 날 술을 먹고 와. 세 번째는 하루 종일 개를 기다리는 게 지치는 거예요. 그러니까 분노가 막 올라가는 거야. 그러면서 싸움이 생기는 거지. 우리 엄마하고 아빠처럼 그렇게 싸우는 거지. 이제 그 친구도 막 부아가 치미니까 한번씩 손을 올렸다 내렸다 하다가 끝내 저를 때렸어요. 처음 맞았을 때는 저도 충격받아 가지고…. 그게 두 번 되고, 세 번 되고 나중에는 집에 있는 물건 다 부수고…. 그걸 시어머니가 보셨어요. 나는 친정도 버리고 나왔으니까…. 어머니가 거둬야 한다는 생각이 있으셔서 저한테 엄청 잘 해줬거든. 어머니가 딱 보더니 놀라 자빠지는 거야. 어머님이 '저거는 사람 새끼 아니다. ○○아! 안 되겠다. 너도 가라' 그러시는데…. '저도 더 이상은 안 되겠구나. 끝까지 왔구나' 이제 (동거하던) 아파트에서 나와서 저 사고났던 그 원룸으로 들어온 거죠. 이제 집에 처박혀가지고 허구헌 날 술만 마시는 거예요. 그러다 환청이랑 환시…. 결국 뛰어내리고 구급대 실려가고. 완전히 (알코올중독에) 빠져 가지고. 인생 나락으로 그냥 떨어져 버린 거죠.

하지만 J는 몇 달 동안 죽음의 문턱에서 겨우 살아왔음에도 불구하고, 그 기사회생은 단주로 이어지지 못한다. 그로 인해 그녀는 절주할 수 있다는 스스로의 합리화 기제를 만들어내면서 다시 술에 포획당하는 삶으로 빠져들게 된다. J는 1년 가까운 병원 생활과 재활치료를 통해 겨우 정상적인 신체 기능을 회복했다. 그러나 알코올중독이 곧 '병'이라는 인식이 없었으므로 곧이어 다시 술을 마실 이유를 찾아다녔다. 그래서 그녀는 스스로 술을 조절하고 통제할 수 있다는 안일한 생각이 다시 술을 탐닉하게 된 원인이라고 했다. J는 자살 시도 이후 병원에서 생활하며 건강을 조금씩 회복해 나갔고, 다시 정상적으로 걸을 수도 있게 되었다. 그러면서 새 직업을 찾기 위해 컴퓨터 관련 자격증을 취득하러 학원 등록을 했다. 그녀는 거기서 만난 사람들과 어울리면서 술자리를 갖는다. 처음에 2~3개월은 생맥주 1~2잔으로 절주를 했다. 하지만 그것은 잠시뿐이었다. 다시 그녀 스스로 통제할 수 없을 정도의 술을 마시면서 아무것도 기억하지 못하는 블랙아웃 현상을 재차 경험하게 된다. J는 다시 시작된 블랙아웃 현상을 경험하며 자신에게 알코올 문제가 있다는 것을 점차 인지했다.

〈술 문제로 죽을 고비를 넘겼지만, 또다시 시작된 알코올중독의 문제〉

사고 나서 병원에서 몇 달간을 고생하고 겨우 살아났어도 뭐라 그래야지. 술 먹고 또다시 마시고. 그때는 좀 인식이 없었던 것 같아요. 제가 (알코올중독에 대한) 병식이 없으니까, 조절이 될 것이라는 잘못된 생각을 한 거죠. 술을 마시고 싶은 욕구에 대한 변명거리를 찾는 거지. '괜찮을 거야. 이 정도 마시면….' 뭐 이런 거…. '조금만 마시면 괜찮을 거야'하는 내 스스로의 생각을 가지고, 조절할 수 있다고 착각을 한 거지…(중략)…병원에서 몇 달 있다가 다시 요양병원에서…. 몇 달 재활해서 겨우 걷게 됐잖아요. 그때 그동안 해 왔던 일을 안 할 생각을 한 거고. 부족한 게 뭔가 봤더니 이제 컴퓨터를 잘 못해. 컴퓨터를 배우면 직장생활하는 데 도움이 되겠다 싶어가지고 컴활학원을 다닌 거예요. 그때 거기서 학원 애들이랑 어울

렸는데, 처음 한 2~3개월은 진짜 딱 호프 한잔으로 되다가 술자리
가 너무 좋으니까 두 잔이 되고. (기억이 모두) 딱 끊긴 날이 시험 다 패
스하고 마지막 날 종결식 겸 송별하는 술자리였는데…. 소주를 마
시면 안 될 것 같아. 근데 내 마음은 또 집에 가기 싫고, 선이 딱 끊
어지는 게 느껴졌어. 그러면서 그날 또 블랙아웃, 다시 1년도 안 되
어서 재발이 된 거예요.

그녀 어머니는 술만 마시면 통제하지 못하고 시체처럼 뻗어버
려 기억하지 못하는 J의 술 문제를 두고 '약간의 정신적 문제가 있
다'고만 막연하게 생각해 왔다. 그러니 중독전문 치료병원에서 알
코올중독이라는 진단을 받고도 두 사람은 그 결과를 도저히 받아
들일 수 없었다. 그래서 J와 어머니는 병원 검진을 받고 나오자마
자 '무슨 중독이냐. 말도 안 된다'하면서 받아온 약을 모두 쓰레기
통에 버렸다. 그리고 두 사람은 단지 술을 통제하지 못해 몸을 제
대로 가누지 못하거나, 인사불성이 되는 등의 조절 실패 문제 정
도로 치부했다.

〈인정하기 어려운 알코올중독의 문제〉
제가 한 10여 년 가까이 병원 생활을 했잖아요. 처음에 재활해서 걷
게 되었는데 내가 술 먹는 거 보면서 엄마도 '너 정상 아니야'했어
요. 그래 가지고 처음에 엄마가 먼저 알아본 거죠. 병원을…. 얘가
도대체 뭐가 문제가 있나…. 중독인 것 같은 거지. 정신과…. 거기가
중독전문 병원이었어요. 갔는데, 막상 병원에서 중독이라고 그러죠.
상담하고 병원에서 약을 줬는데, 병원 나오면서 그 약 봉투를 엄마

랑 나랑 같이 버렸어요. 엄마도 니가 무슨…. 그래 좀 문제가 있긴
한데 무슨 중독자냐…. 니가 중독자면 우리나라 사람들 몇퍼센트도
다 중독되겠다…. 그러면서 믿지를 못했죠. 그런데 슬금슬금 술을
먹던 게 폭주로 이어지고, 또 막 인사불성이 되고, 사고 치고 그러니
까…. 이제 엄마도 '너 안 되겠다. 진짜 정신과 가야겠다' 그때부터
병원에 다니기 시작한 거예요. 30대 중반부터….

하지만 J에게 알코올로 인한 문제는 지속적으로 나타났다. J는
술로 인해 몸이 너무 힘들어지거나 불면증이 심해지면, 얼마간 병
원에 입원했다가 퇴원했다 하는 일을 1년 동안 반복했다. 그녀는
잠시 술을 마시지 않으면서 몸을 쉬게 할 요량으로 병원에 입원
했다. 몸의 회복을 위해 필요한 약물을 처방받을 수 있었기 때문
이다. 알코올중독 치료를 위해서가 아니라 술을 다시 마시기 위해
몸을 회복하려는 용도로 병원을 이용했다. 특히 그녀는 자신이 병
원에 있으면 어머니에게 평소 하고 싶었지만 할 수 없던 거친 말
들을 마구 쏟아낼 수 있어서 병원을 이용한 적도 있다고 구술했
다. 불쌍한 존재로서 어머니에게 요구하고 싶었던 것들을 마음대
로 요구할 수 있었기 때문이다.

〈알코올중독 치료보다는 술을 다시 마시기 위해 이용한 병원〉
병원 왔다갔다 하는 것도 제가 중독자라는 것을 인정을 안 하니
까…. 이제 필요한 것만 받는 거예요. 내가 죽도록 술을 먹었으니까,
몸을 디톡스를 좀 해야 되잖아요. 그러면 그 안에 들어가서 좀 쉬

면서 디톡스하고. 또 그 안에 들어가 있으면 엄마한테 당당하게 요구할 수 있는 거예요. 밖에 술을 먹을 때는 엄마한테 쥐어 잡히지만, 병원 안에 들어가 있으면 나는 불쌍한 사람이 되는 거예요. 엄마한테 하고 싶었던 말, 퍼붓고 싶은 말, 병원 들어가서 막 다하는 거예요. 약도 그렇고 내 마음대로 쓸 수 있으니까. 그때 제가 불면증이 너무 심했거든요. 병원에서 약을 주니까 잠을 편하게 자잖아요. 그동안 못잔 거. 술 먹으면 잠을 깊게 못 자니까…. 제가 막 그렇게 할 수 있으니까 병원을 좀 이용했어요. 거의 10년 왔다 갔다 했었어요.

2) 날개 없는 추락이 만들어 낸 K의 바닥 친 인생

고등학교 시절 일명 다이어트약이라고 불리는 약물로부터 시작된 K의 약물 문제는 엑스터시와 같은 환각제에 중독되면서, 급기야 중추신경에 엄청난 흥분을 일으키는 필로폰까지 투여받는 지경에 이르게 된다. 그녀는 너무도 각성효과가 큰 필로폰을 투약하기 시작하면서, 스스로는 벗어날 수 없는 중독의 수렁에 빠졌다는 것을 자각하게 된다.

〈필로폰을 투약하면서 본격적으로 빠져든 중독의 수렁〉
필로폰을 한 상태로 술을 먹어 봤는데 안 취해요. 제가 화류계에 있어 봤는데…. 샴페인을 들이붓는데 그냥 물 먹는 것 같아요. 클럽에서 약하고 술 하면 더 효과가 배가 되요. 엑스터시! 도리도리라고 하잖아요, 은어로. 엑스터시도 많이 했어요. 필로폰 전에 엑스터시는 보통 술 마시고 하죠. 허브도 그렇고. 필로폰, 정말 순수하게 필로폰만 하면 확 깨요. 필로폰하고 엑스터시, 다 섞어서 해 봤어요. 필로폰은 티가 안 나요. 물 마시듯 하거든요. 부모님을 만나도 모르시더라고요. 각성제가 그런 것 같아요. 환각제가 아니라서…. 금단이 오기 전에 한 대를 맞고 가면 정신이 멀쩡해요. 세상이 다 맑아 보여요. 필로폰까지 가면 이제 스스로 빠져나오는 건 못 해요. 할 수가 없어요.

이처럼 중독의 수렁에 빠져버린 그녀는 강렬한 흥분 상태에서 상대 남성과 섹스 관계를 벌이게 된다. 인간의 성적 욕망이 가장 적나라하게 실현되는 섹스 관계에서 그녀는 가장 뜨겁고 원초적으로 파트너와 서로를 탐닉하게 된다. 하지만 인간이 비록 성적인 욕망과 몸의 쾌락을 추구한다고 하더라도, 사회가 터부시하는 것들을 위반했을 때 성적 행위는 사람들의 눈살을 찌푸리게 하는 일탈적인 것이 되어버린다. K는 마약에 중독된 상태에서 상대와 몇 시간씩 극렬한 섹스 관계를 벌이는 자신의 비정상적인 성관계 행위를 '마약은 섹스와 결합 될 수밖에 없다'는 구술로 드러내고 있다. 또한 그녀는 자신이 이러한 비정상적 행위에 빠져있을 때는 그 누구도 자신을 막을 수 없는 행동이었다고 했다.

⟨마약에 취하지 않으면 안 될 것 같은 비정상적 상태⟩
첫 뽕이 들어왔을 때를 못 잊어요. 시간이 가도 날짜를 몰라요, 한 번 하고 또 찾게 되고…. 그게 마약이에요. 도파민이 나오면서 10초, 5초, 심장부터 불이 타오르는 것 같고, 섹스할 때 그 기분이 불과 3초, 5초 확 밀려오잖아요. 섹스로 느낄 때 그 기분…. 정말 (섹스 관계)

쾌감이 한 몇십 배 느껴지면서…. 그래서 다른 게 시시해지는 것 같아요. 섹스 마약인 것 같아요. 이것에 꽂혀서 밥을 안 먹었는데 힘도 안 들어요. 시간이 이렇게 가는 줄도 몰라요. 너무 충격적이에요 그 누구도 말리지 못할 거예요.

필로폰의 첫 투여 경험이 너무나 강렬해서였을까? K는 약물의 위험성에 대해 무지한 상태에서 자신에게 필로폰을 처음 알게 한 남자와 사귀게 되었다. K는 당시 어리숙했고, 이미 필로폰에 빠져든 상태라 남자친구가 마약 판매를 한다는 낌새조차 알아차리지 못했다. 나중에는 약값을 마련하기 위해 핸드폰 깡이라는 불법 대출을 하기도 했다.

> (필로폰을 처음 투여해준) 그 남자와 내가 사귀기로 했어요. 이게 각성제만 들어간 게 아니라 워낙 짬뽕이라…. 일수도 하게 하고. 핸드폰 깡? 그것으로 돈 마련해서 받고, 이 오빠는 핸드폰 두 개로 작업을 했어요. 저는 바보같이 몰랐는데, 이상하게 제 옷을 입고 나가더라고요.

이 과정에서 K는 마약중독으로 인한 망상에 시달리기도 한다. 이를테면 물건을 배달하는 사람이나 심지어 병원의 의료진들까지도 자신을 성폭행하려는 나쁜 범죄자로 착각하는 망상에 시달린다. 그녀는 중독에 빠질수록 이러한 망상이 점점 더 심해졌으며, 단약을 위해 입원한 병원생활 초기 2~3주 간 이러한 망상 증상이 더 극렬하게 나타났다고 이야기했다. 더욱이 그녀는 중독 증상으로 인한 망상이 더욱 심해졌다. 인권침해가 일어나는 정신병원 폐쇄병동에 부모가 자신을 강제로 입원시켰다는 잘못된 믿음으로 인해 극도의 공포를 느꼈다. 이로 인해 병원 입원을 거부하며 발악했고 급기야 강제적으로 진정상태와 수면을 유도하는 약까지 투여받았다. 그뿐만 아니라 망상이 점점 심해져 현실과 비현실을 구분하지 못하는 지경에 이르기도 한다. K는 당시 자신에게 실제로 있었던 일에 상상을 더했고, 그것을 실제 일어난 일로 오해하기도 했다고 한다. 또한 자신의 핸드폰이 해킹당하거나 CCTV로 감시당한다는 편집증적 증상을 실제 있었던 일이라 착각했다고 말했다. K는 이러한 오인식과 착각이 마약중독의 전형적인 부작용 증상이라고 했다.

> 망상이 진짜 동반되면서, 그냥 배달하는 분들인데…. 배달원이 서서 뭐 하고 있는데…. 이 사람이 나를 잡으러 온 것 같은데…. 그 사람이 나를 계속 쳐 보는 거예요. 인출할 때…. 내가 '걸렸다' 하면서 도망 다니고. 약(물) 중독 때는 심했고, 약을 끊고 나서도 한 2~3주 심했던 것 같아요. 병원에서도 (의료진들을) 나를 성폭행 시키고 영화에서처럼…(중략)…(정신병원) 폐쇄병동에 어떻게 들어갔는지 생각이 안 나요. 당시에는 부모님이 잘못 해서 영화 속에나 있을 법한 인권도 보장받지 못한 곳으로 내가 잘못 들어왔다는 망상들이 들어오니까…. 극도의 공포가 심했으니까, (내가 너무 공포스러워하고, 발악하니까) 코끼리 주사? 아키바? 진정제를 주고 재워버리더라고요. 한 3일 정도 잔 것 같아요. 그때는 약을 하고 있었던 중의 기억들이잖아요. 이게 말도 안 되는 거구나. 누가 내 핸드폰을 해킹하고 CCTV로

감시하고…. 감시도 안 하는데, 빚쟁이들이 엄마 찾아 독촉하는 것은 이야기해 주기 전까지는 모르잖아요. 지금도 약을 하고 있었으면, CCTV 위치 다 확인했을 거예요. 자동적으로…. 지금은 제가 죄가 없으니까 상관없는데…. (그때는) 제가 당당하지 못한 행동을 하고 있었으니까. 보통 망상, 환청 같은 부작용으로 환청이라는 것을 알고 있잖아요. 그때는 실제로 환청인지, 진짜인지 알 수가 없었어요.

그래서 그녀는 마약을 끊기 위해 생활한 병원에서도 회복에 집중하지 못했고, 어머니가 병원 매점에 맡겨둔 돈까지도 빼낼 궁리를 하며 다시 마약을 구할 생각만 했다. K는 오직 마약을 하기 위해 다른 아무것도 생각하지 못하는 자신, 그리고 약물을 구하는 데 혈안이 되어있는 자기 자신을 두고 '반사회적 성향'을 보이는 사람과 다를 바 없다고 고백했다.

〈마약을 투약하기 위해 수단과 방법을 가리지 않음〉
재발하게 되었을 때도 엄마가 병원 매점에 정말 돈을 많이 맡기잖아요. 저 그걸 가지고 약을 구하려고 했어요. 약물 중독자들이 정상적인 사고가 안 돌아갈 때는 엄마의 마음을 잘 이용해서 자기 목적을 이루어 내려는 반사회적인 성향을 가지고 있어요. 식은땀 죽죽 흘리며 약할 돈을 어디서 구하지. 그래서 마약인 것 같아요.

3) 행운의 여신이 도박게임에 찾아와 줄 것이란 허망한 S의 착각

S는 홍콩 사무실을 정리한 후 성실하게 살아보려고 혼자서 단도박을 시도해 보기도 했다. 하지만 취직이 안 되거나, 경제적으로 궁핍해질 때면 도박장에 더 자주 갔다. 그녀에게 도박장은 언제든지 돈을 만질 수 있는 곳이었다. 그래서 장사가 안 되는 날이면 도박장에 달려가 돈을 따기도 했다. 그 돈으로 한국에 있는 아이들에게 생활비를 보내는 등, 도박장에서 돈 따는 재미를 맛보게 된다. S는 자신이 도박게임을 못 하는 건 아니지만, 돈이 있으면 끝장을 보는 성격 탓에 결국 빚을 지고 야반도주하게 되었다고 했다.

〈푼돈을 따는 재미를 느끼면서 도박중독에 빠져듦〉
착실하게 살려고 했는데, 취직이 잘 안됐어요. 1년 이상…. 마흔셋, 그전에도 2~3개월 출장 가서 동경에서…. 다시 한국에 돌아왔는데…. 일 년에 두 번씩 빠졌는데 점점 늘어났어요. 2001년부터는 동경이 아니라 ○○○로 왔고, 그 후 ○○산 밑에도 살았어요. 나고야 살 때는 100만 원, 200만 원 벌어 (돈을 따서) 먹고 살았어요. (도박장에서) 따기는 땄는데 끝장을 보니까 안 되는 거예요. 애들에게 1년간 생활비 보냈어요. ○○○로 이사 갔을 때는 5년 (한국에) 안 나왔어요. 그때 한 5천만 땄는데, 돈이 있으면 다 무너졌어요. 빚져서 그 동네에서 도망 나왔어요.

물질의 축복을 받아 한창 돈을 벌 때는 여기저기서 돈 빌려달라는 사람들이 밀려왔고, 빌려주고 받지 못해 사기를 당한 적도 많았다고 했다. 그녀는 10대 때부터 앞만 보고 달리느라 써보지도 못하고 날린 돈을 생각하면 억울해서 미쳐버릴 것 같았다. 그래서 자신이 도박게임을 하다가 날린 돈보다 빌려준 돈을 받지 못하거나 사기를 당했을 때 더 화가 난다고 했다. 그녀는 40대 이후 경제력을 상실했다. 그러면서 허탈함을 쇼핑으로 채우는 쇼핑중독에 잠시 빠지기도 했다. 하지만 돈을 따고 싶은 욕망은 조절되지 않았고, 도박에 빠져 미쳐있을 때는 밥도 안 먹고 게임을 했다. 또 그와 반대로 도박클럽에서 음식을 5~6인분씩 시켜 놓고 폭식하는 날도 있었다.

〈돈 한번 제대로 써보지 못하고 망해버린 사업 실패가 억울해서 더욱 도박게임에 몰입함〉

제가 (돈으로) 축복을 받을 때는 미장원 차린다고 돈 빌려달라고 하고, 남편이 사업한다고 빌려달라고 하고, 여기저기서 친구들이 찾아왔죠. 근데 나에게 사기 친 사람만 있었어요. 그러다 나는 돈도 못 써보고 망했어요. 그래서 '나도 한번 돈 써보자'하고 타락하기 시작했어요. 그래서 40대~50대 초반까지 미쳐서 밥도 안 먹고 (도박)게임을 했어요. 클럽에서 음식을 5인분, 6인분씩 시켰어요. 내가 한 것은 후회가 안 되는데 남이 내 돈 안 갚을 때 미쳐버릴 것 같았어요. 쇼핑중독도 잠깐 있었어요. 나중에 돈 없으면 다이소 가서 쇼핑하고.

또한 S는 식당을 하며 마음을 다잡고 살아보려고 동네 교회에 다니면서 한동안 게임장에 나가지 않았다. 식당을 새로 시작해 바쁠 때는 약 1년 정도 게임장에 가지 않은 적도 있으나, 열심히 살아도 기본적인 생활이 안 되는 현실적 어려움은 스트레스 요소가 되기에 충분했다. 그로 인해 그녀는 회복과 재발을 반복했다. 그녀에게 있어 스트레스를 받을 때 즐거움을 찾을 수 있는 곳이 도박장밖에 없었으므로 재발은 한순간이었다. 그녀는 친정어머니가 돌아가신 후 사춘기를 겪는 딸이 걱정되어 그를 일본으로 함께 데려왔다. 그러나 딸과 함께 있는 동안에도 딸 몰래 게임을 하기 위해 도박장으로 달려갈 정도로 중독에 깊이 빠져있었다.

〈현실이 삶을 압박해 올 때, 더 도박의 늪에 빠짐〉
성경에도 도박하지 말라 나오잖아요. 그런데 현실이 기본적인 생활이 안 되니까, 길이 아무것도 보이지 않으니까. 일본에서는 이국인이라 복지 혜택을 못 받았어요. 복지 혜택을 알게 된 게 얼마 안되었어요. 그런 세계를 몰랐어요…(중략)…식당밖에 없는 거예요. 또 직장생활을 안 해본 사람이라 적응할 수도 없었어요. 열심히 살지만 현실이 내 생각대로 잘 따라주지 못할 때, 안정이 안 될 때 재발해요. 내가 몸이 힘들고, 사람이 스트레스를 받으면 그 즐거움을 찾기 위해 찾아요. 거기 밖에 돈을 만들 수 없으니까…. 그러다가 제가 40에서 50대 너무 심하게 살았으니까, 한강에 많이 갔는데 죽어도 몇십 번 죽었을 텐데…. 딸 생각해서 살았어요. 딸이 사춘기를 보내며 성격이 긍정적인 게 전혀 없고 고등학교 때 데려왔어요. 딸이 한 1년 정도 식당 일도 도와주었는데, 제가 집 비우고 3개월에

한 번씩 딸 몰래 게임장에 갔어요…(중략)…○○○도에서 식당을 했어요. 한 1년은 안 갔죠. 식당 시작하고, 장사가 안 되는 날에 갔어요. 가까우니까 택시로 20만, 열차로 3만 5천 원 정도. 빠지면 한 일주일 있다가 오는 거예요. 재발하는 거예요. 저 혼자서 단도박을 몇 번이나 시도했어요. 1년, 2년 참아도 그런 유혹이 오면 끊을 수가 없어요.

S는 자신이 '끝장을 보겠다'는 성격이라고 했다. 이기겠다는 의지로 가득 찬 열망이 그녀가 비참함을 느낄 때까지 몰아갔다고 했다. 그로 인해 그녀만의 원칙을 세워 돈을 잃은 원인을 분석하며, 승리의 가능성을 높이기 위한 전략을 세우기도 했다. 하지만 이러한 노력에도 불구하고 그녀는 늘 마지막에 무너지는 것을 피할 수는 없었다고 언급했다. 그래서 도박이 자기를 죽이는 행동이라는 것을 잘 알고 있지만, 이것으로부터 벗어나려고 노력해도 스스로 멈추지 못했다. 심지어 도박에 과몰입되어 있을 때는 매일 5만 원짜리 여관에서 자며 몇천(만 원)을 날렸다. 이처럼 도박중독이 그녀의 몸과 마음에 엄청난 상처를 입혀도, 결코 그것을 그만두지 못했다.

〈스스로 상처입히는 것을 알면서도 도박의 늪으로 나를 몰아감〉
나 게임 잘했어요. 그런데 마지막에 무너져요. 저는 기질이 투기를 좋아하고 끝장을 보는 기질이 있어요. 비참함을 느껴야 끝장을 보는 거니까…. 이상한 자기 방식의 철학을 다 적어 놓죠. 이런 옷을 입고 가면 재수가 없다면서. 나중에는 어떤 요구를 하나면 없는 것을 계속 찾는 거예요. 그날 키 작은 사람만 보면 게임이 안 되는 데…. 다 적어 놓았어요. 본인의 의지가 있어도 또 재발하면 멈추기 힘들어요. 재발하면 몇천 (만 원)을 날리게 되니까 복구하려면 그것밖에 없는 거예요. 안 되는 것을 알면서도 게임 할 때는 맨날 5만 원 여관에서 살았어요. 그래서 멈추지는 못 해요. 자기 자신을 그냥 죽이는 거예요. 내 몸과 마음을 스스로 상처를 내게 되는 상황으로 몰고 가는 거예요.

가지 말아야 한다고 머리로는 생각하면서도, 심한 중독 상태일 때는 도박장에 가고 싶어 안달이 나 ○○행 기차에 몸을 실은 자신을 발견했다. 그렇게 ○○에 도착한 S는 게임장 안에서 나오지 못하고 자기 자신을 죽이면서까지 게임을 반복했다. 그녀는 금단 증상이 나타나고 몇천을 날리는 도박의 피해를 인식하고 있었지만, 도박게임이 주는 흥분감과 돈을 땄을 때 주는 쾌감이 커서 멈추지 못했다.

〈도박장에서 느끼는 흥분과 스릴이 자신을 죽이는 것을 알면서도 도박게임을 끊지 못함〉
마지막은 땅도 팔게 없고 보증금도 없으니까, ○○랜드로 내려갔죠. 너무 즐거워요. 잃는 놈이 거지가 되고, 거기서 거지와 왕은 따로 없어요. 시간마다 바뀔 수 있으니까요. 시간마다 바뀌고, 날짜마다 다를 수 있고, 숫자마다 바뀌어요. 중독이 심하면 그날은 가지 말아야 하는데 하면서 나는 벌써 거기에 앉아있는 거예요. 몸이 가려워서 잠을 못 자는 거예요. 그래서 청량리역에서 밤 12시차를 타고 가는 거예요, 완행열차 타고 가면 5시 50분에 ○○역에 도착해요. 5시 30분인가 6시에 도착했던 것 같아요. 제가 다닐 때는 눈이 가렵고, 몸이 가렵고, 가고 싶고, 어떤 날은 들어가면 가슴이 두근두근하고, 어떤 날은 기분이 좋아지면서 중독은 호르몬에 변화를 주는 것 같아요. 기분이 업되면서 좋아지는데 2박 3일 나가지 않고…. 그 안에서 힘들면 화장실 의자에 앉아서 졸고, 테이블 안에서도 졸고, 돈을 잃으면서도 그렇게 되는 거예요. 본인의 의지가 있어도 재발하면 멈추기 힘들어요. 자기 자신을 그냥 죽이는 거예요.

S는 도박장에서 돈을 다 잃고 집으로 돌아갈 차비가 없는 상태에서 동네 사람들에게 지갑을 잃어버렸다든지, 가방을 잃어버렸다든지 하는 거짓말로 차비를 구걸했다. 이렇게 오백 원 동전이나 만 원짜리가 모아지면 그 돈으로 다시 도박장에 들어갔다. 그런 행위가 반복되면서, ○○랜드 주변에서는 그녀가 거짓말하는 여자라는 소문이 퍼지게 되었다. 그러면서 ○○도 시골 골짜기에서 집에 갈 차비도, 구걸할 수도 없는 비참한 인생으로 굴러떨어지는 나락을 경험했다고 표현했다.

〈거짓말 구걸로 도박할 돈을 모은다는 소문이 나면서, 그마저도 할 수 없는 밑바닥으로 굴러떨어짐〉
차비가 없으니까 길거리에서 구걸도 해요. 만 원 짜리라도 모아 금방 십만 원 만드니까 그 돈으로 또 들어가요. 오백 원짜리는 누가 동전이니까 금방 주잖아요. 만 원짜리도 누가 주잖아요. 거짓말하죠. 제가 지갑을 잃어버렸는데, 가방을 잃어버렸는데 집에 못 가니까…. 소문이 나니까 습관적으로 거짓말하는 여자라고 그 동네에서 금방 소문이 나잖아요. 돌아버리는 거예요. 중기 마지막 단계에서 바닥을 치니까 말기로 가는 거예요. 밑바닥을 칠 때는 밑바닥을 그냥 치는 거예요. 비참한 인생이 되는 거예요.

4) 자기 위안으로서의 성중독자의 삶에 포박된 M

M이 어린 시절 이후 처음으로 자기 존재감을 느낀 곳은 가정이라는 울타리가 아닌 유사 성행위 업소였다. 그녀는 어머니가 사람들 앞에서 여동생만 자랑하는 이유, 반대로 자신을 창피하게 여기며 내세우지 않는 차별적 태도의 이유가 외모 때문이라고 생각했다. 그래서 최대한 빨리 돈을 벌어 성형수술을 해야겠다고 결심했고, 인터넷을 통해 알아본 유사 성행위 업소에서 일을 시작하게 된다. 그녀는 그 업소에서 남성들의 성적 욕구를 충족시키며 업장 내에서 소위 '에이스'라고 불릴 만큼 유명해지게 되었다. 그녀는 집에서 포르노를 보며 자신만의 성적 기술을 익혔다. 손님들에게 최고라고 인정받을 때면 부모에게 받지 못한 정서적 결핍이 채워지는 듯했다. 또한 그녀는 자신을 인간적으로 대하는 일부 남성 손님들과의 관계를 통해 마음의 위로를 받기도 했다. M은 비록 자신이 성형 수술비를 마련하기 위해 유사 성행위업소에서 일했지만, 그녀가 이 업소에서 계속 일할 수 있는 동력은 인정 욕구에 대한 충족이 컸다는 것을 자각하게 되었다.

〈부모에 대한 정서적 결핍을 상쇄시키는 유사 성행위 업소에서의 인정〉

엄마가 나를 창피하게 여겼어요. 다른 사람들 앞에 나를 내세우지 않았어요. 큰 애는 어디 있어요? 대충 저기 있다고 하고…. 부모에게 처음 차별을 받았어요. 차별을 받았으니까 내가 돈을 벌어 빨리 (성형수술을) 하고 싶은데…. 일반적인 알바로는 시간이 너무 걸리니까 돈 때문에 (업소에) 들어갔는데, 거기서 뜻밖에 인정을 받으니까 내가 여기에서 내 존재를 찾는구나…. 나는 이미 버렸고 나는 쓰레기라고 여겼는데 여기서 인정받으니까 '나는 쓰레기가 아닌가?', '넌 역시 최고야' 손님들에게 실망시키고 싶지 않았어요. 그 작은 세계에서도 서열을 나눠요. 웃기죠. 돈을 벌고 싶었던 것도 있지만 인정받고 싶은 욕구가 컸어요. 제가 업소에서 많은 아가씨 제치고 에이스가 되었어요. 미모가 아니라 테크닉으로…. 이런 자세, 체위, 남자들이 민감한 부위가 있어요. 꼭 성기가 아니어도, 제가 억수로 공부했어요. 그러니까 남자 손님들이 너는 어떻게 그렇게 잘하냐고, 초이스가 되었죠…(중략)…손님들이 이렇게 말을 잘했어요. 너는 사무적이지 않고 내 애인보다 낫다. 너 이런 데 있기가 아깝다. 너는 내 아내보다 낫다. 가정에서 이해나 수용을 받아본 적이 없는데, 너는 아깝다, 그런 기술 어디서 배운 거야? 정서적으로 채워지는 느낌을 받으니까…. 나에게 친절하게 대해 준 사람이 많았거든요. 거기서 유대감도 쌓고, 대인관계도 배운 것 같아요. 나에게 인간적으로 대해주니까….

더욱이 M은 업소에서 일하면서 양복을 입고 온 남성을 성적 관계에서 마음대로 통제하며, 남자들에게 폭력적으로 거칠게 대하는 자신에게 희열을 느끼기도 했다. 이러한 폭력적 성행위는 어린 시절 성폭력을 당한 상처에서 비롯했다. 그녀는 당시 부모를 힘들게 하고 싶지 않아 억압했던, 상처받았던 자신의 내면 아이가 분노로 표출되는 것으로 생각했다. 그러나 그녀는 성을 무기로 자신이 가해자로 바뀌는 것이 두렵게 느껴지기도 했다. 하지만 겁 많고 여린 그녀는 업소에서 생활하면서 항상 두려움과 긴장을 느끼며 살았다. 그래서 자신을 보호하기 위해 강한 사람처럼 보이려 하고, 거칠고 세게 보이려 노력했다. 그러나 혼자 집에 있을 때는 포르노 시청과 자위행위를 하면서 사회생활에서 느끼는 긴장을 풀기도 했다. M은 자신의 이러한 양면적 모습을 '호랑이와 토끼'로 비유했다.

> 성은 무기죠. 강간당할 때는 피해자였어요. 너희들을 내가 통제할 수 있어. 통제를 당하는 남자들을 보면서 희열을 느꼈어요. 복수할 거야…. 내가 술을 많이 먹고, 복수심을 품은 내면 아이가 나오는 거예요. 내가 무섭더라고요. 내가 술 많이 먹어 기억이 안 나요. 술 때문에 봉인이 풀린 거예요. 피해자에서 가해자로 바뀐 거예요. 여자는 약자, 당할 수밖에 없어요. 양복 입은 전문직 같은 남자가 순둥이처럼 오면 마음에서는 '정장 입은 새끼들은 내가 통제해야 해'…. 내가 성폭행당한 놈이 양복 입은 놈이었어요…(중략)…저는 스스로가 갑옷을 입지 않으면 안 되었어요. 정글에 던져진 사람처럼 항상 경직되어 있고 불안하고, 긴장되고, 두렵고, 아무도 공격하는 사람이 없어도 자기 혼자 날뛰는 거예요. 특히 사회 생활할 때 거칠 게 말을 하지 않아도 되는데 세게 보이려고 말을 해요. 원래 나는 겁많

은 토끼니까, 먹히기 싫으니까 호랑이 가죽을 쓰고 살아야 했어요. 그 토끼가 집에 혼자 있으면 진짜 내가 나오는 거예요.

M은 업소 단속이 강화되면서 불안과 긴장 속에서 떨다가 법적 조치 후 일을 그만두었고, 20대 초 결혼 생활을 시작했다. 그러나 순탄치 않은 결혼 생활로 이혼했고, 재혼한 남성이 그녀의 딸을 학대하자 살아생전 재혼은 없다고 다짐하면서 이혼했다. 하지만 동네 토박이인 아버지가 이혼 후 친정살이하는 그녀를 부끄러워한다고 느꼈고, 더욱이 딸아이 육아로 인한 취업 문제까지 겹치면서 생활이 힘겨워졌다. 이러한 상황에서 그녀는 성중독자인 남자를 만나면서 살아있다는 느낌을 받았다. 이로 인해 M은 남성과의 자극적인 성관계를 추구하며 성적 행위에 과몰입하게 된다. 그녀는 성적 행위를 반복하며 쾌락을 느꼈다. 자신이 성관계를 해야만 사랑받는다고 느꼈기에, 성중독자인 남자와의 관계는 오랫동안 느끼지 못했던 사랑받는 느낌을 갖기에 충분했다. 한동안 시시해지고 무료해져 삶의 의미를 찾지 못했던 그녀가 성중독자 남성을 통해 목말랐던 자신의 욕망을 꺼낸 것이었다. 그때부터 S는 차 안이나 공원과 같은 개방된 공간에서도 상대 남자와 성관계하는 것을 주저하지 않을 정도로 과감해졌다. 그녀는 남자와의 성행위 속에서 자신이 살아있다는 것을 느낄 수 있었다. 왜냐하면 이혼 후 그녀는 안정적인 일자리를 구할 수 없는 불안정한 상황에 놓여 있었고, 그로 인해 계속 단기 일자리나 아르바이트를 해오면서 삶이 답

답하다고 느꼈기 때문이다. 그래서 자위와 성행위는 그녀가 이러한 현실에서 잠시 벗어나 숨통을 트이게 하는 자기 위로의 역할을 했다. 그런 삶 속에서 만난 그 남성과의 성적 과몰입은 시체처럼 느껴졌던 그녀의 삶에 생명력을 불어넣기 충분했다.

〈살아 있는 느낌을 주는 성적 행위들〉

네가 조사 잘 받으면 집행유예로 끝내주겠다고 해서. 얼굴에 부기도 빠지지 않은 채 갔어요. (첫아이가) 생후 8개월 만에 이혼을 했고, 두 번째 남편은 알코올중독자로 세네 살밖에 안 됐는데…. 아동학대가 몇 번 벌어져서 내 인생에 재혼은 없다고 아이랑 둘이 살았는데…. 동네 토박이인 부모님은 두 번 이혼한 저를 창피하게 여겼고, 저는 20대인데 애인은 없고 외로웠어요. 어느 날 성인용품점에 들어갔는데 핸드폰으로 이런 세계가 있다고 보여주는 거예요. 바로 그 자리에서 전화번호 주고받고, 그날 밤 모텔에 갔어요. 그 남자와 만난 지 3개월인데, 남자가 '너는 왜 자꾸 모텔만 갈 생각하냐?' 잘 몰랐으니까…. 성관계해야 내가 사랑받는 느낌이 들었고, 쾌락이 재밌고 좋았어요. 다른 일상에서 행복을 못 느껴요. 시시해요. 무뎌졌어요. 성중독자끼리 만났는데 그 오빠가 나에게 잘해주고, 너무 재밌는 오빠였어요. 후회는 잠깐! 나라는 사람은 성밖에 없구나. 과연 끝이 있을까? 더 나를 자극하는 요소. 이제는 야외에서 해요. 폐쇄된 공간이 아니야. 봉인이 해제된 거예요. 오빠가 저에게 시키는 게 많았어요. 성인용품 오빠가 '너 한번 옷을 벗어봐' 그러면 어디 가, 그러면 톨게이트 가야지요. 여기에서 희열을 느끼죠. 오빠가 속옷 입고 오지 말라고 했어요. 해방감을 느껴요. 답답하고 팍팍한 내 삶에서 해방감을 느껴요. 사람이 살고 있지만 죽어있는 느낌이 드는 거예요. 뇌사, 산소호흡기 끼고 사는 삶, 그냥 태어났으니까 산다. 체한 것 같고, 집에 오면 답답하고, 지뢰가 우리 엄마예요. 안정적인 일자리를 못 구하고, 맨날 단기취업 알바 일자리밖에 없어요. 그때 제가 숨 쉴 수 있는 것은 자위, 성행위였어요. 근데 이 오빠를 만나면서 살아있는 것 같은 거야. 막 빠져든 거지.

브레이크 없는 자동차 마냥 질주했던 그녀의 과의존된 성행위는 갑상선암 재발과 자궁경부암 진단을 기점으로 잠시 주춤거리게 된다. 불현듯 그녀는 자신의 망가진 삶이 딸에게 대물림될 수 있다고 생각했다. 그러면서 다가올 미래에 대한 불안을 느끼기도 했다. 그래서 그녀는 하루라도 빨리 성적 행위에서 벗어나고 싶은 마음이 생겼고, 종교에 의지하기도 했다. 그러나 그녀는 음란죄를 강조하는 교회의 강론이 성적으로 문란한 자신을 더욱 정죄하는 것처럼 느껴졌다. 그로 인해 그녀는 교회 공동체라는 물 안에서 기름처럼 섞이지 못한다는 느낌이 강했다.

이러한 분리된 느낌은 그녀를 더욱 좌절과 죄책감에 빠지게 했고, 그럴수록 그녀는 더 성적으로 깊게 빠지는 자신을 발견했다. 이처럼 M은 자신을 정죄하는 듯한 불편한 감정으로부터 달아나기 위해 강박적으로 성행위에 더욱 집착했다. 그러던 어느 날, 그녀는 자신의 문란한 성적 행위가 딸에게까지 나쁜 영향을 줄 것 같은 두려움을 느끼며 결국 성중독자였던 남성과의 만남도 끝을 내야 한다는 결단에 이른다.

내가 갑상선암, 자궁암 세 번을 겪었잖아요. 그때 세례를 받았어요.
그전에는 술밖에 없었어요. 술은 취하면 바로 잠들잖아요. 그 오빠
를 만나고 있는 도중에 한 여자가 교의도 내세우지 않으면서, 너무
이단같은 느낌도 들지 않으면서, 자기가 사는 모습을 보여주겠다
고…. 처음 본 날 자기 집으로 초대하는 거예요. 절실한 신자였어요.
세례받고, 기도하고, 제가 아끼던 성경에 음란 말 포스트 다 붙여놓
고 그랬어요. 이렇게 하면 기적처럼 치유받지 않을까? 울면서 음란
을 해결해 보려고 신앙에 매달렸는데 안 되니까 좌절이 왔어요. 음
란이 이 시대의 최대의 죄다, 음란의 죄로 많은 이들을 타락시키고
무너질 것이다, 나는 회복하고 싶어서 왔는데… '나는 물과 기름처
럼 어울릴 수 없는 건가?', '주님은 나를 사랑하지 않는가 보다!', 나
는 신앙에 매달릴수록 더 좌절과 죄책감에 빠지고, 성적으로 더 빠
지더라고요. 신앙과 멀어지고 나서 이 오빠랑 있으면 내 아이에게
나쁜 영향을 끼칠 수도 있겠다 싶고, 그리고 뭔가 모든 게 두려워져
서 이 오빠랑 헤어졌어요.

하지만 성적 파트너였던 성중독 남성이 사라지자 그녀는 더욱
상실감에 빠져들었다. 이후 술에 의존하며 아이를 돌보기는커녕,
가정생활은 더욱 엉망진창이 되어있었다. 그녀는 성적 욕구가 자
신이 감당하지 못할 정도로 밀려올 때는 어플을 깔아 어린 여성을
찾는 행동을 하면서 빨리 자지 않는 딸을 원망하기도 했다. 이처럼
성에 중독되어 어린 여성과 성적 관계를 맺고 싶은 자기 모습과 딸
아이를 키우고 있는 엄마로서의 모습 사이에서 양심의 가책을 느
끼기도 했다. 하지만 성적 자극에 대한 갈망이 커질 때면 그런 양

심의 가책도 일순간에 사라져 버렸다. 오직 성적 충동을 충족하려는 욕구만 남아 있는 것처럼 느껴지기도 했다.

〈성적 갈망의 노예가 되어버린 짐승 같은 나〉
그 남자랑 헤어지고 술을 계속 마시는 거예요. 이 술 문제로 인해 아이를 안 보고, 빨래도 못 하고, 밥도 못 주고, 집안이 엉망진창이고, 아이가 보는 엄마는 술 취해서 해롱해롱거리고, 이대로 가다가는 대물림 되겠다. 정말 심각했어요. 또 아이가 안 자고 밤 10시, 옆방에서 놀고 있는데 내가 어플 깔아서 여자를 찾는 거예요. 성적 욕구가 너무 강하니까 주체가 안 되는 거예요. 내 안의 안에서 충돌이 일어나요. '너 딸을 키우는 엄만데 그래도 돼….' 제가 성적으로 목마르니까 어린애를 찾는 거예요. 빠른 반응이 오는 거예요. 아이가 빨리 자야 내가 나갈 거잖아요. 내 인생을 구속받는 것 같아요. 이 아이만 없어도 내가 성적으로 다 누릴 수 있는데 아이가 원망스러웠어요.

3. 탐닉의 늪으로부터 탈주하다

"내 생명줄인데 어떻게 끊어요. 내 모든 스트레스, 괴로움의 도피처였고, 절친이었는데…(중략)…돌이켜보니 내가 컴컴한 터널을 걸어온게 아니라, 내 환상이란 터널에 갇혀 있었던 것 같아요(M의 구술 중에서)."

중독이라는 탐닉의 늪에서 탈주를 감행하기 시작한 여성들은 회복을 향해 힘차게 나아가고자 하는 마음이 강했다. 하지만 그녀들이 처한 혹독한 현실의 회피처였던 '중독물질'과 '행위'는 그녀들을 재발이라는 늪으로 끌고 가기 위해 내적 충동을 만들어 내기도 했다. 그래서 중독된 여성들에게 회복은 희망이자 절망이며, 회복으로 탈주하고자 열망 못지않게 중독으로 다시 회귀하려는 의식적·무의식적 저항이기도 하다. 회복을 통해 그녀들은 삶을 긍정하고, 감사하고, 신뢰와 애정을 얻기 위해 애쓴다. 그러나 동시에 회복은 공허하고, 무기력하게 만들며, 언제든지 실패할 수 있다는 위협을 통해 그녀들을 비참하게 만든다. 그래서 회복은 중독된 그녀들을 상반된 생각과 감정으로 밀어 넣는다. 또한 붙잡으려고 하면 한 발짝 멀리 달아나 붙잡을 수 없는 허상처럼 신기루가 되기도 한다.

J에게 회복은 매일 열심히 살아가고 그 일상들을 성찰하면서 하루하루의 삶을 축적해 나가는 과정이다. 그러나 그녀는 사람들 사이 심리사회적 관계의 경계선들을 잘 지키지 못한다. 또 특정한 일에 과몰입하면 그 일에 관여된 동료들을 잘 배려하지도 못한다. 그녀는 이를 자신의 중독 문제에서 발생한 것으로 이해했다.

K는 마약이 주었던 쾌락이 너무 컸던 나머지, 그 쾌락의 자리를 대체한 공허감이 '회복기'에 있는 그녀를 가장 괴롭히는 제일 큰 고통이라고 했다. 또한 사회에 잘 안착한 친구들에 비해 회복기에 있는 자신의 모습은 초라하기 짝이 없는 비루한 존재로 전락

했다는 것을 괴로워했다. 그녀는 마약의 늪에 빠져 정상적인 사회적 관계나 인간관계가 무엇인지 제대로 학습하지 못했다. 그리고 그 모든 것을 감내해야 하는 현실이 회복기의 그녀를 힘들게 한다고 말했다. 그로 인해 그녀는 가끔 가족을 원망하는, 그리고 마약을 대체하는 다른 유형의 중독에 빠져있는 미성숙한 자기 자신을 마주한다. 그렇지만 K는 이러한 회복의 혹독한 현실에서도 그녀의 중독 문제가 결코 실패 경험으로만 존재하지는 않았다고 이야기한다. 그녀는 그 문제를 성찰하면서 삶에 좀 더 감사할 줄 알고, 평범한 일상의 소중함을 알았다고 했다. 또한 부모에 대한 원망도 마찬가지다. 그것은 결국 그녀 자신이 가족들에게 가해자가되는 것을 자기합리화하는 수단이었다는 걸 자각하면서, 가족에 대한 미안함과 자기를 피해자화하는 '자기연민'에서 빠져나올 수있었다고 했다.

한편 S는 가끔 목돈을 마련해 도박장으로 달려가고 싶은 강렬한 충동을 느낀다. 그러나 도박중독자 지원기관의 도움으로 국가자격증을 취득했고, 동료상담가 과정을 이수하면서 삶을 새롭게배우는 중이다. S는 이처럼 공부하는 삶의 회복에 도움이 된다고했다.

M은 자신의 딸에게는 그녀가 겪었던 결핍감과 상처를 주고 싶지 않다고 했다. 그 모성이 회복을 향해 나아가는 M만의 동력이다. 또한 그녀는 자신의 상처를 피하지 않고 직면하는 순간, 그 상처의 뿌리를 이해할 수 있다고 말했다. 그 속에서 위로를 얻으며

회복되어 가는 자신의 모습을 마주한다고 했다. 이러한 측면에서 M은 자신과 같은 성중독자를 전문적으로 치유할 수 있는 기관이 많이 생길 필요가 있으며, 성중독자를 지원해 줄 수 있는 전문 상담사 양성도 시급하다고 말했다.

1) 일상에 충실한 성찰적 삶으로서의 회복을 지향하는 J

J는 병원 입·퇴원을 반복했고, 병원 측에서는 그녀 스스로 회복할 수 있는 시간과 노력이 필요하다며 퇴원할 것을 요구했다. 어머니는 J가 퇴원할 경우 또다시 알코올중독에 빠질 수 있다는 불안감에 퇴원을 시키지 않았다. 그러던 와중에 그녀는 여성 알코올중독자 재활시설로 입소하게 된다. 그녀는 그곳에서 생활하면서 처음으로 중독된 삶으로부터 벗어나야겠다는 생각을 하게된다. J는 시설에서 함께 생활하는 다른 여성들의 삶과 역경을 듣게 되면서, 어머니에 대한 피해의식으로부터 점차 벗어날 수 있었다고 했다. J는 자신이 알코올중독자로 전락할 수밖에 없었던 원망의 이유를 늘 어머니에게서 찾았다. 그녀는 어머니에게 사랑받지 못했다는 뿌리 깊은 결핍감이 알코올중독에 빠져 헤어 나오지 못하는 이유가 되었다고 했다. 그러나 알코올중독 치료와 회복을 돕는 재활시설에서 그녀보다 훨씬 더 비참한 인생 험로를 살아온 다른 여성들의 삶을 알게 되면서, 그동안 자신만이 불행한 삶을 살아왔다고 여겼던 생각으로부터 조금씩 벗어날 수 있었다. 그녀는 그동안 자신이 맞다고 믿어왔던 생각과 감정의 잔상들이 잘못되었다

는 것을 깨닫기 시작하면서, 알코올중독으로부터 조금씩 벗어나야겠다는 마음이 점차 커졌다고 한다.

〈더 굴곡진 인생을 살아온 재활시설 여성중독자의 이야기에서 용기를 얻음〉

술이 내 몸 안에 안 들어간 거는 2016년 그때부터예요. 엄마는 저를 평생 병원에 집어넣어 놓으려고 그랬거든. 근데 병원에서는 '○○씨한테 기회를 줍시다' 그러면서 병원에서 나가라고 그랬어요. 그래 가지고 엄마하고 병원하고 막 실랑이를 하고…. 그러다가 이제 지금은 없어졌는데, ○○에 갔었어요. 그때 여성 알코올 시설이 우리나라에 두 군데 있었어요. 거기서 제가 엄마 때문에 내가 이렇게 됐다는 피해의식이 왜 깨졌나 가만히 생각을 해보니까, 나보다 더 못한 사람들을 본 거예요. 사연들이 많은데, 그중 한 명…. 걔는 TV 나오는 애들보다 더 심하다고 해야 하나…. 학대를 엄청 받으며 살아온 거예요. 어른이 다 될 때까지…. '내가 그래도 더 나은 삶이었는데, 왜 나는 이 길을 선택했을까?' 막 그런 생각이 들면서…. 후회를 시작했고, 후회를 하다 보니까 '그럼 이 상황을 이제 벗어나고 싶은데 어떻게 해야 되지?' 거기까지 생각이 미친 거지. 그렇게 보니까 용서가 되더라고요. 그들을 위해서 용서를 하는 게 아니라, 나를 위해서 용서를 해야지. 그래야 내가 이제 이 상황을 벗어날 수 있을 것 같아. 그때 처음으로 용기가 좀 생기더라고요. 벗어나야겠다는 뭐 그런 생각(…이하 생략).

그 즈음 재활시설 원장은 회복에 대한 의지가 점점 커지면서 착실하게 생활하는 J를 눈여겨 보았고 그녀에게 사회복지학을 공부해 볼 것을 권유했다. 그리고 공부를 마치고 나면 그녀가 당시 생활하던 그 재활시설에서 종사자로 일해 볼 것을 권유했다. J는 이것이 동기가 되어 사회복지학을 공부하기 시작했고, 어머니는 그녀에게 노트북까지 사주면서 새로운 출발을 응원했다. J는 사회복지학 공부를 시작하면서 좀 더 규칙적인 생활을 하고자 노력했고, 시설 내 사람들에게 조금씩 인정받기 시작하면서 단주를 해야 할 이유를 좀 더 적극적으로 찾기도 했다.

〈새로 시작한 사회복지학 공부를 통해 얻은 회복 동기〉
원장님이 제가 잘 생활을 하니까, 이제 사회복지학 공부를 해라. 공부 마치고 여기서 일을 해라. 저한테는 그게 동기가 되더라고요. 그때 우리 엄마가 노트북을 사 줬어요. 딴 애들은 없는 노트북. 거기서는 노트북으로 공부하는 사람도 없었지. 그렇게 계획표를 세워놓고 여섯 과목 듣고 이제 점점 뭔가 규칙적인 생활이 되고. 또 성취감이 생기고. 뭐 내가 하는 말이 맞든 틀리든 인정받기 시작했고, 그때부터 내가 단주를 해야 하는 이유가 조금씩 생겨났던 것 같아요.

하지만 J에게도 재발 유혹이 없었던 것은 아니다. 그러나 재활시설에서 생활하면서도 몰래 술을 마시다가 들킨 다른 여성 알코올중독자를 지켜보면서 그녀는 순간적으로 올라오는 술에 대한 갈망을 오히려 삭혔다. J는 술을 마시고 상태가 좋지 않은 동료를 바라보면서 그녀 역시 술을 마시게 되면 그 여성처럼 안 좋은 상태가 될 것임을 예상해 덜컥 겁이 났다. 그뿐만 아니라 다른 사람은 모두 속일 수 있어도 얼마 전 돌아가신 어머니는 결코 속일 자신이 없다는 양심의 가책이 발동되면서, 재발에 대한 두려움이 더 크게 다가오기도 했다.

〈재발과 단주를 반복하는 동료를 보면서 오히려 사그라드는 술에 대한 갈망〉

거기(시설)에서 우리 무리 중에 한 아이가 그때 구정이었는데 술을 마신 거예요. 마시고 바로 깔딱. 그 다음날 우리한테 들켰어. 다 같이 있었는데, 애 상태 안 좋은 거 보고 나도 걔를 보니까 겁이 나더라고. '한잔 마시고 싶다' 이런 충동들이 솔직히 올라올 때가 있거든. '아! 마시면 안 된다' 다행히 그 애가 다음날 바로 인정을 했기 때문에, 이거는 그냥 패스. '미끄러진 거다' 우리끼리 잠정 결론 내리고. '조용히 입 싹 닫자…' '우리도 이제 이 일에 대해서는 누구한테도 얘기하지마' 이렇게 된 거예요. 거기서 제가 느낀 게 뭐냐면, 술 한 잔 먹으면 다른 사람들은 다 속일 수 있어도 (돌아가신)엄마는 못 속이겠다. 위(하늘나라)에서 보고 있잖아요. 그쵸. 그게 양심인 거지. 솔직히 회복하려고 온 시설에서 술 먹고 그러면 완전히 끝난 거잖아. 그게 양심이잖아요. 누구도 그걸 모를 수 있는데. 엄마는 보고 있을 거야 생각이 드니까, 이제 마실 수가 없는 거예요.

한편 J의 어머니는 코로나19 직전에 돌아가셨다. 그동안 어머니에게 경제적으로 의존해 왔기에 사망 이후 돌아가신 어머니의 통장 잔고를 인출할 수밖에 없는 상황에 놓이게 된다. 쓸 돈이 바닥나 있던 J는 누구에게도, 심지어 동생들에게도 돈이 없다는 것을 이야기할 수 없었다. 그래서 돈을 벌기 위해 아르바이트를 구해야 했다. 당시는 코로나 상황이었고, 모든 의료기관, 보건소가 폐쇄되면서 J는 보건증이 없이 두 달간 식당에서 일을 하게 된다. 그녀는 당시 하루에 12시간씩 일을 하며 4백만 원을 저축할 수 있었고, 바쁘게 생활하다 보니 오히려 술 생각도 나지 않고 규칙적인 생활을 하면서 단주에 도움이 되었다고 했다.

〈바닥난 재정으로 돈을 벌기 위해 매진한 아르바이트로 인해 술에 대한 생각이 사그라듦〉

거기다가 엄마가 코로나 직전에 돌아가셨어요. 코로나 때문에 다 문을 닫아버렸잖아요. 엄마 사망신고 딱 때리고 나니까 엄마 통장에 있는 돈을 못 쓰더라고요. 엄마가 현금이나 이런 걸 여동생한테 다 줬거든요. 이제 병원 처리나 뭐 이런 거를 여동생이 다했고. 나는 엄마 옆에 있었기 때문에. 근데 내 통장에는 돈이 한 푼도 없는거야. 동생한테 돈 한 푼도 없다는 말을 못 하겠더라고. 친구들한테 나중에 얘기했죠. 엄마가 죽고 나니까 통장이 잠겼다. 쪽팔려서 그때는 누구한테도 돈 한 푼 없다는 말을 못 했어요. 그러면서 아르바이트를 구하러 다녔는데. 큰 식당이 있었는데 거기서 코로나가 기회였던 거야. 음식점은 보건증을 해야 하는데 코로나 때문에 보건소 문이 다 닫히니까. 이제 사장이 비싼 사람들 다 잘라버리고. 보건증 없어도 괜찮다. 일단 해라. 그래 가지고 거기서 하루에 12시간씩 일했어요. 아침 10시부터 밤 10시까지. 고깃집이었는데⋯. 이게 하루에 12시간씩 일을 하다 보니까 술 생각도 덜 나는 거야. 동생들이 먹을 것은 갖다 주니까⋯. 거기서 한 4백(만 원)을 벌었는데 그게 다 내 통장에 쌓인 거죠. 제가 아르바이트하면서 느낀 게 뭐냐면 일을 해야 한다는 거였어요. 일을 해야 술 생각도 안 나고 제대로 생활할 수 있겠다는 생각이 든 거죠.

J는 취득한 사회복지사 자격증으로 장애인 자립생활센터에 곧바로 취업했고, 직장생활을 하게 되면서 누구에게도 경제적으로 의존하지 않고 자신이 번 돈으로 독립적이고 안정적인 생활을 하게 된다. 그래서 J는 직장에서 일하는 것과 스스로 경제적 자립생활을 하는 것이 회복을 위한 중요한 요소라고 이해했다.

〈일을 통한 경제적 자립이 회복의 중요한 요소임〉
이제 ○○에서 공부를 계속하면서 정확하게 직장을 구해야겠다. 그러면서 했더니 또 바로 구해지더라고요. 사회복지사 자격증을 땄으니까…. 그래서 지금 다니는 직장의 직원이 된 거죠. 장애인자립생활센터에서 일하고 있거든요. 이제 좀 사람 구실 하는 느낌이 들어요. 누구한테 손 안 벌리고, 작은 집이지만 이제 그 다음 집도 계획하고 있고. 내년에는 ○○동으로 이사를 가니까 이제 점점 더 약간 확장되는 느낌. 자아실현까지는 아니고 조금 안정적인…. 저는 누구한테 손 안 벌리고 경제적 자립을 하면서 직장을 잘 다니는 것이 회복에 있어 제일 중요하다고 생각을 해요.

J는 알코올중독으로부터 회복한 지 6년 째 접어들었다. 그녀는 하루하루를 충실하게 살아내는 것과 그 하루를 마감하면서 그날의 일상을 되돌아보며 성찰하는 것이 나름의 회복 과정이라고 했다. 그녀는 하루하루를 잘 사는 것이 중요하지만, 거기에 그날의

삶을 되돌아 보고 숙고하는 시간이 없다면 재발 위험을 감지하기 어렵다고 했다. 이는 곧 회복 지속력과도 이어진다. 그래서 J에게 회복은 매일의 일상을 집중해서 잘 사는 것, 그리고 그것이 모여 한 달이 되고 1년이 되는 것이 회복을 위한 지속의 동기가 된다고 말했다.

> 〈하루하루 생활을 잘 영위하는 것이 회복을 지속하는 동력〉
> 회복은 성찰에서 크게 의미가 벗어나지 않는 것 같아요. 그렇다고 감정에 너무 휩싸이면 안 될 것 같아요. 그냥 눈 뜨면 움직이고, 눈 뜨면 움직이고, 그러면서 하루하루 생활을 정리하는 거죠. 그전에는 정리라는 것이 없었어요. 정리를 못 하니까 이게 지속력이 없었던 거야. 그전에 생 단주를 할 때는… 하루하루 살아갔지만. 사실 그 안에서 하루의 생활에 대해 정리를 하다 보면 자연스럽게 그게 (단주)동기로 이어질 수 있는 거고. 그래서 그때랑 다르게 제가 조금 노력하는 거죠. 지금 이 순간 집중하는 게 모여서 하루가 되고 하루가 모여서 또 일주일이 되고, 한 달이 되고, 이게 히얼 앤 나우(Here and Now)로 계속 사는 거고. 그래서 하루의 삶을 잘 정리하는 성찰이 되면 저는 그게 회복으로 가는 동기가 된다고 생각을 해요.

J는 대학 시절부터 오랜 기간 알코올 문제를 겪어오면서, 자신이 사람들과 관계에 있어 경계선을 잘 지키는 관계 역량은 떨어질 수밖에 없다고 했다. 그녀는 자신이 중독자라는 것을 취업할 당시 기관 소장에게 밝혔고, 그 점을 높이 산 소장이 자신을 직원으로 뽑아주었다고 했다. 하지만 그녀의 솔직한 성격이 조직 내 다른 구

성원들에게는 부담이 될 수도 있으니, '선을 잘 지키라'는 소장의 조언이 부담감으로 작용하기도 했다. 왜냐하면 그녀는 조직 내 구성원들과의 관계에서 선을 어떻게, 어느 정도 지켜야 하는지가 혼란스럽기 때문이다. 그래서 그녀는 자신의 회사 조직 내 관계의 미숙함이 중독 문제에서 오는 것 같다고 생각했다. J는 이런 생각이 들 때면 자신이 힘들어지고, 그녀를 부담스러워할 회사 동료나 기관 소장에게 상처 받기도 했다.

〈조직 내 구성원들과 선을 잘 지키지 못하는 것이 중독적 삶에서 온다고 생각함〉
우리 센터 소장님이 저한테 그러셨어요. '너가 술을 얼마만큼 먹었고, 얼마만큼 망가져서 그 과정을 얘기 했기 때문에 너를 뽑은 거야'. 솔직할 수 없는 부분인데 솔직했기 때문에 자기는 그 점을 높이 샀다고…. 처음에는 그 점이 저도 좋았어요. 솔직하게 다 얘기 하잖아요. 그런데 여기는 조직이잖아요. 제가 너무 솔직하니까 나중에는 이 사람들도 부담이 되는 거예요. '어느 정도 선은 지켜야 돼'라고 하는데, 중요한 건 나는 이걸 이제 배우는 사람이잖아요. 이걸 어디까지 이야기하고, 하지 말아야 하지 저도 쉽지 않은 거예요. 이런 게 저는 좀 혼란스럽고. 어느 정도, 어떻게 선을 지키는 건지 잘 모르니까…. '내가 중독자여서 조직을 잘 모르나…' 이런 생각도 들고 지금은 이런 게 좀 많이 힘들고 상처가 돼요.

또한 J는 누구보다 직장에서 인정받고 싶은 욕구가 강했다. 그래서 앞뒤 가리지 않고 열심히 일을 만들어서까지 했다. 하지만 과도하게 일을 만드는 J의 업무 태도가 동료 사회복지사들에게는 부담감으로 작용했다. 그로 인해 그녀의 사수인 사회복지사로부터 굉장히 강도가 센 싫은 소리를 듣기도 했다. 그런 경험 속에서 그녀는 조직 구성원들과 균형을 맞춰가면서 일의 양과 속도를 조절하지 못하는 자신의 성향, 그리고 특정한 어떤 일에 몰입하면 전후 관계를 고려하지 않는 과몰입 경향이 중독적인 성격에서 온다며 자책하기도 했다.

> 〈관계의 균형을 깨는 과몰입 성향이 중독에서 온다는 착각〉
> 나는 남들보다 그게(인정욕구) 강한 사람이에요. 이제 제대로 된 직장을 다니니까 막 잘하고 싶잖아. 막 억수로 열심히 하니까… 내 입사 동기나 사수가 너무 힘들어해요. 내가 와서(입사해서) 일을 갑자기 만들어 한다는 거예요. 그러니까 이 사람들은 너무 싫은 거지. 우리 사수가 참다가 나중에 폭발을 한 거예요. 높은 사람들은 기존 질서를 유지하려고 하잖아요. 나는 또 소외감을 거기서 느끼는 거지. '내가 너무 일을 열심히 해도 이런 폐해가 오는구나. 내가 또 내 주변을 안 보고 달리는구나' 이게 뭐냐면 한번 뭐에 꽂히면 조절이 잘 안 되는 거. 이게 여전히 중독적 성향으로 내가 있는 거구나… 이런 생각이 좀 힘들게 해요.

2) 저항감과 내적 갈등 속에서 점차 회복의 모습을 보이기 시작한 K

마약 중독의 늪에 깊숙이 빠져들수록 K의 일상은 점점 비정상적으로 뒤바뀌어 갔다. 나아가 친구들과의 관계 역시 끊어지면서 그녀는 자신의 삶이 한참 잘못된 길로 들어섰다는 걸 자각한다. 그로 인해 전문가의 도움 없이 홀로 단약을 시도한다. 단약 시도 당시 K는 스스로 충분히 마약을 끊을 수 있다고 가볍게 생각했다. 마약을 하기 이전의 일상적인 삶으로 금방 돌아갈 수 있으리라 여긴 것이다. 가족에 의해 강제입원한 후 K는 그녀의 회복을 위해 경제활동까지 포기한 어머니의 불안감을 보았다. 그러면서 조금씩 단약을 통한 회복을 진지하게 고민하게 되었다. 왜냐하면 자신을 위해 생계 활동을 포기했으나 동시에 그로 인한 불안감도 내비치는 어머니의 힘겨운 모습을 지켜보는 게 쉽지 않았기 때문이다.

〈치료를 위해 생계까지 포기한 어머니의 모습에 단약을 생각함〉
정상적인 사람처럼 먹고 자지는 않지…. 친구들 잃게 되면서 잘못되었다고 생각하게 되었어요. 이게 잘못되었다고 생각하면서…. 다시 좋아질 수 있다고 생각하고. 그때는 깊게 와닿고 하지는 않고 그냥 끊으면 된다고 생각했어요. 집에서 생 단약도 해보고. 처음 병원에 입원했을 때도 원장님이 중독이 질병이라도 해고 그냥 가볍게 듣고…. 우울함을 처리하느라고 깊게 사고하지는 않았어요. 있으라고 하니까 정신병원에 있고. 어떻게 하면 빨리 퇴원하나? 어떻게 하면 불쌍한 척하고 부모님한테 전화하고…. 처음에는 강제적이었지만 저 병원 입원했을 때부터 엄마가 일을 그만두셨어요. 하던 일 그만둔다고 했는데…. 벌어야 하니까 일 년 동안 불안이 보였어요. 또 엄마가 저를 보고 있지 않으면 극도로 불안하고…. 안절부절 못 하고 고통받는 부모님이 보이면서 단약을 생각했어요.

하지만 마약이 주는 환락감이 너무 컸던 것일까? 환락감을 채웠던 그 빈자리는 단약이 주는 공허감이 대체했다. 그러면서 깊은 공허가 주는 무기력감으로 인해 힘들어하게 된다. 그녀는 우주에서 혼자 허우적거리는 것 같은 느낌이 들면서, 어떻게 할 수 없는 허무의 기분에 압도되기도 했다.

〈감당할 수 없을 것 같은 커다란 공허감〉
외로움과 공허함이 너무 커요. 해결해야 할 문제이죠. 공허함 이게 채워지면 약을 끊는 게 아니라 할 필요가 없어요. 병원에서 주치의를 만나 진료를 받고 그러는데 제가 가슴이 답답한? 고통이 뭔지 모르겠다고 했어요. 그렇게 말하면 의사가 '일에 대한 갑갑함인가?', '앞으로 할 일에 대한 걱정인가?', '지금 하는 일이 잘 안 돼요?' '외로움인가?' 묻더라고요. 그럴 때 눈물이 나오더라고요. 우주에서 나만 허우적거리는 느낌이 들었다고 했어요. 그랬더니 공허함이라고 그러시더라고요.

병원 생활을 오래 하다가 퇴원한 그녀는 종종 소셜미디어를 통해 과거 같은 과에 다녔던 대학 동기들의 소식을 접한다. 그 친구들은 대부분 이미 사회인으로서의 역할을 수행하면서 잘 살아가고 있었다. 반면 K 자신은 친구들과는 정반대의 퇴행적 삶을 살아온 것만 같았다. 친구들을 소셜미디어로 만난 K는 약 1년 동안 스스로 고립하는 유폐된 삶을 살아가게 된다. 자신이 그동안 만나온 사람은 모두 마약중독자들뿐이었고, 그들을 다시 만난다는 건 중독의 늪으로 스스로 걸어 들어가는 것과 다르지 않았다. 친구들과 자신은 너무도 다른 삶을 살아왔다. 정상적 삶을 영위하는 과거 친구들과 자신은 마치 섞일 수 없는 물과 기름 같다는 괴리감이 머릿속에 가득했다. 그 속에서 K는 엄청난 고립감과 자존감의 추락을 경험했다. 그러면서 자신을 그녀만의 동굴 속에 유폐하는 고립된 삶을 자처하게 된다.

〈도태되었다는 생각이 자초한 자기 유폐〉

(병원) 퇴원 후 (친구들을) 만났는데 제가 그렇게 초라할 수가 없어요. 제가 허우적거릴 때 친구들은 제 갈 길 다 갔고, 저는 별 볼 일 없고 정신병원에서 퇴원하고…. 그 사이에 낄 수가 없었어요. 그 사람들로 인해 저는 더 공허해요. 나는 시간이 멈춘 것 같고, 중독자들 중에 공허함을 말하지 않은 사람은 없는 것 같아요. 주변에 마약하는 사람들밖에 없는데, 그 사람들을 정리해야 하는데 그러면 혼자가 돼요. 정상적으로 만난 사람은 쪽팔려서 만나기 싫고, 그러면 또 중독자들을 만나요. 그러니까 외로움? 공허함? 그게 되게 커요…(중략)…'엄마랑 죽어버리자. 눈 안 떴으면 좋겠다', 당시에 엄마가 우울증 증세가 있었어요. 내가 또 마약을 할까 봐…. SNS를 보니까 애들은 취업도 하고, 사회에서 자기 역할을 다 하는데…. '쟤들이 나보다 잘난 게 없고…' 열등감이 막 생기더라고요. 동기들은 졸업했고, 내가 마약에 절어있을 때 내 동기들은 나보다 잘난 게 하나도 없었는데 저렇게 되어있네. 그래서 사람들을 만나기 싫었어요. 동기들한테도 연락 못 하겠고, 자존감이 떨어지고, 만나기 싫어서 1년 정도 저를 고립시키고. 친구들과 할 이야기가 없을 만큼 그렇게 아무도 안 만났어요.

마약이 주는 극단의 쾌락감을 완전히 끊어내기란 쉽지 않았다. K는 그녀의 삶을 지배했던 마약을 걷어냈으나, 자신이 부족하고 모자라기만 하다는 생각 혹은 공허감이 열등감으로 바뀌어 그 빈자리를 가득 채웠다. 더욱이 부모를 너무 힘들게 했다는 자책감 등의 부정적 감정이 뒤엉키면서 괴로움은 그녀를 더욱 압도했다. 이로 인해 K는 단약이 주는 공허감을 채울 다른 행위중독에 몰입하기도 했다. 그녀는 중독이 주는 공허함을 성형과 쇼핑에 빠져드는 것으로 해소하고는 했는데, 경제적으로 풍족하지 않은 생활 속에서의 이러한 행위는 오히려 그녀를 경제적, 심리적으로 더욱 힘들게 하는 악순환적 삶으로 빠져들게 했다.

〈중독이 제공한 쾌감의 빈자리를 또 다른 행위중독으로 해소함〉
마약이 주는 쾌감…. 그게 너무 크다 보니까 공허함…. 그게 크죠. 내 삶이 이거였는데, 이것을 도려내니까. 내 인생의 돌파구가 이건데, 남들처럼 정상적인 남자 만나고, 보통 사람들이 느끼는 즐거움을 찾아야 하는데…. 마약만 있으면 아무 생각이 없이 살았던 사람인데…. '아! 행복하다' 그런 느낌이 안 들어요. 모든 것이 새 발의 피니까. 일반 사람들하고는 (섹스)하고 싶지도 않았어요. 안 했어요. 이게 뭐지 즐겁지도 않고…. 중독에 빠져있을 때는 온 정신을 잃은 것을 마약이 다 덮어주었는데…. 그게 걷히고 나니까 인간관계, 일 못 하는 거고. 부모님 속 썩은 거 이게 표면으로 올라오니까 괴롭고…. 나는 재미있는 것도 없고. 이게 그 공간(공허함)이 너무 크다 보니까…. 단약이 주는 공허함이 너무 크다 보니까…. 빨리 채우기 위해 이것을 사치로 채운다든가, 성형중독, 이런 것…. 또 금방 사라지

는 것으로 채워요. 쇼핑중독하면 돈 안 그래도 없는데…. 쇼핑으로
채우면 돈도 없는데 더 힘들어지죠.

더욱이 K는 중독자로 살아오면서 정상적인 사회적 관계를 제대
로 학습해 본 경험이 별로 없다. 그녀는 사람들과의 관계 안에서
자신의 감정을 어떻게 다루어야 할지를 잘 몰라 혼란스러울 때가
많다. 자신이 이 세상에서 가장 불쌍한 사람처럼 여겨지는 자기 연
민이 커질 때도 많다. 그래서 그녀는 사람들을 만나는 것이 힘들어
진다고 했다. K는 그녀가 마약중독자로 망가져버린 것이 마치 자
신의 아버지 탓인 양, 아버지의 마음을 깊게 후벼파는 송곳 같은
말들을 내뱉기도 했다. 그 말들에는 자신의 망가진 모습이 아버지
의 거울이라며 퍼붓는 것도 포함되어 있었다. 때로는 한국 사회 내
여성으로 가장 수치스럽다고 여길만한 성매매 여성으로서 밑바닥
을 쳤던 부정적인 이야기들을 쏟아내기도 했다.

〈회복 과정에서 야기되는 내적 혼란과 갈등을 아버지에게 분노로
분출함〉
인간관계 이런 걸 제대로 배워본 적이 없잖아요. 그것(마약류)만 한 건
데…. 보통 사람들이 느끼는 짜증. 이런 게 느껴지면 어떻게 처리해
야 할지 모르는 거예요. 관계를 어떻게 해야 할지 모르겠더라고요.
여기서 오는 게 제일 힘들었어요. 그래서 제가 세상에서 제일 불쌍
하고. 사람들을 만나고 그래야 하는데…. 이런 걸 잘 못 하겠더라고
요. 아빠가 '○○이 너 정신병자야' 그 말 들으니까. '아! 나 맞아. 정

신병자야', 그동안 아빠라고 안 불렀거든요. '너가 나에게 한 그대로 내가 똑같이 하는 거야. 이제 시작이야' 아버지가 듣기에 민망한 그럴 만한 이야기들…. 아빠에게 상처를 주고 싶어서 했어요. 약하고 내가 뭐했을 것 같겠냐고…. 아버지도 아프다는 것을 모르고…. 아버지 탓을 했었어요.

이처럼 내적 혼란과 갈등, 아버지를 향한 뒤틀린 심사, 그리고 분노의 감정 속에서 회복을 향해가는 여정은 아득히 먼 길처럼 느껴진다. 그러나 K는 퇴원 후 단약을 결심한 후부터 회복자 모임인 N.A 참석, 보호관찰소 교육 강사들의 강의를 듣기 시작했다. 그러면서 조금씩 자신의 마약중독과 중독으로 인해 벌어진 일탈적 행동들이 지극히 비정상적인 부끄러운 행위였다는 걸 자각했다. 그래서 그녀는 보호관찰소 강사들의 교육과 모임을 통해 생활세계의 기본적 원칙과 규칙들을 배워가는 중이다.

〈사회적 규율체계 안에서 생활을 다시 배우는 교육 내용들〉
기본을 안 지키고, 그것에 대한 불이익이 생길 수밖에 없는데…. 제가 폐쇄(병동)로 올라가야 한다는 것을 모르고, 억울해서 욱하고 그랬던 것 같아요. 그게 잘못된 행동인지 모르고. 부끄러운 짓이라는 것을 알게 된 것도 배우면서 ○○(NA 모임 명칭)에 나가면서 12단계 하고, 보호관찰소 보조 강사로 나가서 들어가…. 외부 강사들이 하는 내용을 듣는데, 가장 기본적인 것을 배우는 것 같아요. 내가 한 행동이 부끄러운 행동이라는 것을, 부끄러운 짓이라는 것을 알게 되었어요. 열심히 일하는 것을 바보라고 생각했는데….

또한 N.A모임에서 만난 회복자 중 한 사람이 그녀를 일상생활을 함께 영위하는 동료로 편하게 받아주면서, 회복자로 살아가는 선배의 모습을 보여주게 된다. 그녀는 먼저 회복의 길을 걸어온 그 선배 회복자의 삶이 그녀가 어떻게 회복자로 살아갈 것인가를 숙고하게 한다고 했다.

〈자연스럽게 다가오는 선배 회복자를 통해 회복 동기를 얻음〉
예전 같으면 아! 애초 ○○(NA모임 명칭)에도 안 나왔을 거예요. '왜 이 사람 왜 이렇게 전화해? 뭐 캐물으려고…' 회복 상담이 있었는데, 제가 숨기는 게 많다 보니까…. 찾아오지 말라고 했어요. 그 사람이 선의로 보이지 않았어요. '뭐 먹을래?' 이런 식으로 찾아오고 막상 만나면 관계없는 이야기하면서 마음의 문을 열게 되는 것 같아요. 정말 커피만 먹고 강아지 하고만 놀아요. 먼저 저한테 마음을 여시더라고요. 요새는 싫은 이야기를 많이 하시는데…. 인제는 제가 말해달라고. 더 이야기해 달라고도 해요. 어떻게 해서라도…. 예전에는 듣기 싫어 피하려고 했는데, 들으면 도움이 생긴다는 것을 아니까. 시간이 지나면 왜 그런 말씀을 하셨는지 깨닫게 돼요. 나처럼 중독자였는데 잘 살아가는 사람이 있으니까, 나는 어떻게 그렇게 살아가지? 생각해 보게 되는 거죠.

회복의 긴 여정에 진입한 K는 오랜 기간 이 길을 걸어오면서 힘들게 일해서 벌어들인 적은 돈이 자신에게 얼마나 소중한지 알게 되었다. 또한 그 가치를 깨달아 가는 것이 회복의 과정이라고 했다. 그녀는 과거 유흥업소에서 일탈적인 방식으로 너무 쉽게 돈을 벌었고, 그 경험이 자신의 삶을 마약중독자라는 오명 속에서 살아가도록 중독적 사고를 부추겼다고 언급했다. 또한 이러한 중독적 사고를 위해 더 즉각적이고, 충동적 · 불법적으로 돈을 버느라 자신의 인생을 허비하며 살아왔다고 고백했다. 그래서 K는 그녀의 삶이 가치 있는 것들로 채워져 단약이 주는 공허한 커다란 구멍이 메워지면, 그때는 누군가 공짜로 마약을 가져다 준다고 해도 모두 버릴 것 같다고 말했다. 마약은 억지로 참아서 끊어지는 것이 아니라, 그것을 대신할 가치 있는 삶들로 빈자리를 채워가면서 자연스럽게 끊어지는 것이라고 했다.

〈가치있는 것들로 삶을 채워나가면, 자연스러운 회복으로 이어질 것으로 생각함〉
이렇게 쉽게 돈 벌 수 있는데 왜 코딱지만 한 돈을 벌기 위해 힘들게 일하지? 이제 그게 그 사람에게 가치 있는 거라고 깨닫게 되니까. 저는 몰랐어요. 그 사람은 마약과 바꾸지 않고, 나는 마약과 쉽게 바꾸는 제일 바보였어요. 사고방식이 많이 잘못되어 있고, 중독으로 갈 수밖에 없는 사고방식을 가지고 있으니까. 정말 가치 있는 것을 한 번도 경험해 보지 못하고 진짜 가치 있는 것을 모르고 살았어요. 술 마시고 남자와 놀고 그렇게밖에 안 살아 봐서…. 노력은 안하고, 돈은 많이 벌기 쉽고. 그러다 보니까 불법적인 일 하게 되고요. 빨리 좋은 것을 얻고 싶고…. 마시멜로 이야기 있잖아요. 눈앞에 있는 것을 즉각적으로 먹고 기다리지 못 하고 못 참는 거예요. 참고 기다리면 두 개 먹으니까 더 행복한 것을…(중략)…삶이 가치 있는 것으로 채워지고 풍부해지면, 공허함의 자리에 가치 있는 게 채워지면 마약을 가져다 주어도 버릴 수 있는 것 같아요. 마약은 참는 게 아니라 평생 참아야 하고, 끊어야 되는 것이 아니라 자연스럽게 끊어지는 것이에요. 회복자가 말한 거예요. 강제로 참으면 어떻게 평생 해요. 재발 안 하는 방법은 강제로 끊고 참는 건 언제나 재발할 수 있는데, 저는 지금도 재발은 언제든 할 수 있다고 생각해요.

K는 회복의 여정에서 가장 중요한 것 중 하나가 자신이 믿는 신에게 의지하고, 그 절대자인 신이 그녀를 '회복할 수 있게 도와줄 것이다'라고 진실로 믿는 것이 중요하다고 했다. 그래서 정직하고 겸손한 마음으로 절대자인 신에게 의지하는 것이 필요하며, 그렇게 했을 때 중독자로서의 좁은 시야에서 벗어나 스트레스에도 덜 노출될 수 있다고 했다.

〈절대자인 신에게 진심으로 의지하는 것이 회복에 중요함〉
또 내가 서두르면…. 스트레스 받아 재발해요. 엄청 좁은 시야로…. 사람이 아는 만큼만 보인다고 하잖아요. 일반 사람들의 사고방식을 모르죠. 중독자가 보는 시야랑, 일반 사람 시야랑 달라요. 신께 정직한 마음으로 겸손하게 기꺼이 하고자 하는 마음으로 하면 회복이 돼요. 정직하게 겸손하게 지내다 보면 신께서 회복시켜 주실 거라 믿고. 내가 어쩔 수 없는 것은 받아들이고 인정하면 평온함이랑, 고칠 수 있는 것은 고쳐주실 것이다(…이하 생략).

중독적 사고, 예컨대 돈을 쉽게 많이 벌기 위해 불법적이고 비정상적인 일들을 저지르는 것에 대해 수치심이나 경각심이 부족하다면, 중독적 사고에서 벗어나기 어렵다. K는 그로 인해 중독 당사자들이 범죄자로 전락하고 만다고 말했다. 그래서 K는 자기 삶의 방식을 완전히 바꾸기 위해 중독적 사고를 먼저 바꿔야 한다고 했다. 그것이 회복에 있어 가장 중요한 요소라는 것이다. 이처럼 중독적 사고를 변화해야만 삶의 방식 역시 바꿀 수 있다. 그동안 비정상적으로 살아왔던 삶을 정상적인 삶으로 바꾸어야만 한다. 예컨대 규칙적으로 생활하고, 낮에는 깨어있는 상태에서 일하고, 사람들과의 관계에서 함부로 분노를 드러내지 않는 삶을 살기 위해서는 중독자 스스로 끊임없는 인내가 필요하다.

〈중독적 사고와 삶의 방식을 180도 바꾸는 삶이 회복이기에 스스로의 인내가 중요함〉

아무리 들어가도 밑바닥이니까 끝이 없는 길이니까 아침에 안 일어나고 밤에 일어나고, 돈 버는 사고방식이 '다른 사람에게 피눈물 나게 해도 내가 돈만 많이 벌면 돼' 하면 결국은 교도소, 병원이야. 예전에는 내가 살아온 방식이 맞다고 생각하니까. 그래서 귀를 닫아버렸어요. 완전히 삶이, 사고방식이 바뀌어야 회복되는 거지. 그래서 편하고 싶고, 놀고 싶고, 술 마시고 싶고, 마약하고 싶고…. 매일 관리해 주지 않으면 본능대로 살고 싶어요. 인내의 좋은 점을 알게 된 것 같아요. 제일 미련한 게 저였다는 것을 알게 된 것 같아요. 왜 규칙적인 생활을 해야… 왜 밤에는 자고, 낮에는 깨어있어야 하는지 이해가 되었고, 화를 왜 참아야 하는지 알게 되었고, 왜 노력해야 하는지를 알게 되었어요. 단약만 하면 되는 게 아니라 삶의 방식 자체를 바꾸어야 하는구나…. 운이 안 좋아서 마약을 만난

것이 아니고, 내가 마약을 할 수밖에 없는 사람이구나. 다 뜯어고
쳐야 마약을 안 하겠죠. 노력한 것을 다 알잖아요. 삶의 방식 자체
를 바꾸려면 인내해야죠. 인내하면 누가 피땀 흘려 번 돈으로 마약
사고 싶겠어요.

한편 K는 회복의 여정 안에서 마약중독자로 전락한 망가진 자
기 삶이 사실, 그 누구의 탓도 아닌 '스스로 불러온 파국'이라는 걸
자각했다. K는 이러한 자각을 통해 '자기 피해자화하기'와 '자기
연민', '자기 학대'로부터 조금씩 벗어나면서 오히려 그녀가 상처
를 주었던 사람들에 대한 미안함을 느낀다고 했다. K는 특히 엄
한 아버지를 저주하리만큼 원망했다. 그러나 회복 과정에서 마약
중독자로 전락한 자기 삶이 결코 아버지나 부모의 탓이 아니라는
걸 깨달았다. 그러면서 그녀는 자신을 불행으로 빠뜨린 중독이
오히려 자기를 성장시키기도 했다고 표현했다. 결국 K는 중독의
늪 속에 계속 빠져있었다면 결코 벗어날 수 없었던 부모에 대한
원망에서 해방된 자신을 '축복받은 존재'로 이해했다. 그로 인해
그녀는 중독이라는 엄청난 위기 경험이 오히려 부모에 대한 원망
감에서 벗어나도록 돕는 좋은 기회가 되었다며 '전화위복'의 의미
를 이야기했다.

⟨중독 문제로 인해 상처준 이들에 대한 미안함과 반성적 자각이 성
장하는 기회 경험임⟩
제가 모르니까 부끄러운 것도 모르고 살았던 것 같아요. 부끄럽게

살았구나! 모르니까 당당하고…. 내가 상처받았다고만 생각했지 상
처 주었다고는 생각 못해요. 마약중독자는 피해자만 있어요. 내가
받았던 피해만 생각해요. 남 탓하고 원망하고 있고, 그러다 보니까
내가 제일 불쌍하고 자기 학대하고…. 내가 나를 이렇게 만든 거라
생각하면 부끄러워지고, 내가 상처준 사람을 보면 미안함을 많이
느끼게 돼요.…(중략)…아빠 탓, 부모님 탓했어요. 제가 당연하다고
생각하고, 못 해준 거, 부족한 부분만 보였어요. 중독에 빠지지 않았
으면 죽을 때까지 부모 원망했을 거예요. 오히려 어떤 면에서는 중
독은 축복이라고…. 저를 깨닫게 만들었으니까. 그전 같은 사고방
식으로 평생을 그렇게 살았을 텐데, 이게 어떻게 보면 안좋은 일이
면서도 축복이라고 생각해요.

　　그럼에도 불구하고 K는 회복 과정에서 여전히 그녀에게 가장
어려운 지점은 마른 몸에 대한 집착이라고 했다. K는 뚱뚱한 몸매
를 가진 여성을 세상 사람들이 여성으로 보지 않거나, 싫어한다는
생각이 강했다. 그래서 K는 자신이 정해놓은 몸무게에서 조금이
라도 살이 찌면, 먹은 음식을 모두 토해내는 섭식장애를 보일 때
가 있다. 그녀는 마른 몸에 대한 강박적 집착에서 벗어나지 못하
고, 살을 빼기 위해 다시 마약을 단기간이라도 해볼까 하는 유혹에
흔들리기도 했다. 그래서 마약은 절대로 스스로 끊을 수 없는 강력
한 물질이라고 했다. 그녀는 마약류와 같이 스스로 끊어내기 어려
운 불법적 약물은 강제적 조치를 통해 약물로부터 분리시키는 것
이 필요하다고 했다. 이로 인해 K는 자신의 어머니가 그녀를 중독

치료 전문 병원에 강제 입원시켰던 것처럼, 마약류와 강제적으로 분리시키는 강력한 제재가 필요하다고 했다.

〈쉽게 끊을 수 없는 마약중독은 강제입원과 같은 강력한 조치가 필요함〉

저만의 기준이 있어요. 45키로(kg) 나갔는데 제가 병원 퇴원할 때도 50키로(kg) 유지했어요. 제가 담배를 끊으니까 살이 막 찌는 거예요. 담배는 그 자리에서 4대를 연달아 하니까…. 담배를 다시 피니까…. 내가 몰래 뽕을 달릴까 한 달만 살 때문에…. 하고 올까? 이 생각에 미쳐가지고 난리가 들었어요. 그때 부모님한테 했던 말이 '내가 뚱뚱해지면 나를 안 볼거 잖아요' 뚱뚱한 여자는 사람들이 사람으로 보지 않는다고, 마른 여자는 사람들이 사람으로 본다고…. 지금 조금 내려간 상태예요. 아직도 만족을 못 하는 거고. 아직도 토는 못 벗어났어요. 언젠가는 이것까지 좋아질 거라고 생각해요. 내가 정해놓은 기준에 맞지 않으면 나는 만족할 수가 없어요. 내가 나 자신을 사랑할 수가 없어요. 사람들이 나를 봤을 때 이 몸무게인 나를 어떻게 볼까? 제가 알거든요…(중략)…마약은 경찰에게 잡히기 전까지 해요. 스스로 절제하고, 가족들이 말려서 끊을 정도면 마약(중독)이 아니죠. 아이큐가 막 80 아래로 내려가고, 50 정도로 내려가고…. 근데 거기에 망상에, 환청에, 환각에…. 다 들어온 사람은 그 사람이 스스로 조절한다! 이건 (마약중독) 안 하죠. (교정시설에) 가둬서라도…. 마약중독에 빠지면 치료 의지 자체가 없는 상태라서…. (지금 생각해 보면) 제가 혼자 감당해서는 안 돼요. 부모님이 하루 종일 팔짱 끼고 붙어있어도 힘들어요. 강제적으로 분리시켜 놓기 전까지는 그 사람이 아무리 (병원에서 퇴원해 달라고) 말해도 분리를 시키는 게 맞는 것 같아요. 병원에서 (치료적 시스템을) 잘 짜놓은 것 같아요. 폐쇄에서 한 3개월 있고, 그다음에 개방으로 내려오고 잘 짜여져 있는 것 같아요. 한 달 폐쇄에서 지내고 나면 개방으로 내려갈 정도는 된다고 생각해요.

또한 K는 다르크(DARC)가 여성 회복자들을 지지하고 지원하는 사회복지 시설이 되어 주었을 때, 회복으로 접어든 이들은 물론 재발한 중독자들까지 '자살'이라는 비극으로부터 막아주며 지속적인 회복의 동력이 될 수 있다고 했다. 그래서 그녀의 꿈은 앞으로 자신이 여성 회복자를 위한 소규모 재활시설을 공동체 차원에서 지역사회 내에 만드는 것이다.

〈여성 회복자를 위한 소규모 재활시설이 필요함〉
여자 회복자가 갈 곳이 없어요. 며칠 전에 여자 한 분이 자살을 했어요. 그 맨 마지막 본 게, 2주 전에 병원에서 만났어요. 가족과 밥을 먹는다고 외출했는데 그 집에서 목매 죽었어요. ○○다르크에 소속된 사람은 자살을 막을 수 있었는데…. 재발한 중독자들은 집이 없거나, 있어도 집이 아닌 사람들이 있어요. 여자들은 환경에 대한 갈망이 있어요. 남자 회복자들끼리 끈끈한 게 보일 때, 부러워요. 서로 끌어주고…. 참 부럽더라고요. 여자들은 그런 환경 자체가 없어요. 힘든 일이 있을 때 의지가 되는 그런 끈끈한 게 있어야 하는데…. 끈끈한 게 있었으면 그 언니가 죽지 않았을 텐데…. 내가 회복해서 그런 거 하고 싶은 그런 꿈이 생겼어요. 여기 ○○다르크에서 퇴소해도 ○○다르크에도 갈 수 있잖아요. 힘들고 할 때 끈끈하게 잡아 줄 수 있잖아요. 근데 여자는 없잖아요.

3) 배움이 삶을 재창조하는 성장의 원동력이라는 것을 자각하는 S

S는 추운 겨울 어느 새벽에 ○○도 시골 골짜기에서 빈털터리 상태로 한발도 움직일 수 없는 신세가 되었다. 그래서 그녀는 어쩔 수 없이 카지노 맞은편에 있는 도박 중독예방 기관의 사회복지사를 찾아가게 되었다. 그녀는 차비 십만 원을 얻기 위해 게임하지 않겠다는 서약서를 쓰고, 돈을 받아 집으로 돌아올 수 있게 된다. 그전에는 몇십만 원을 차비로 준다고 해도 도박을 끊고 싶지 않았다. 그러나 그녀는 단도박 서약서를 쓴 것이 계기가 되어 상담사를 찾아가 무료 상담을 10회 정도 받게 되면서, 비로소 도박 중독으로부터 벗어날 수 있는 첫발을 내딛게 된다.

> 〈빈털터리 상태에서 도박중독 지원 기관의 도움을 받은 것이 계기가 됨〉
> ○○랜드 다니다가 1억 이상 날리고, 결국 바닥을 쳐야 나와요. 그때 겨울이 추웠어요. 새벽에 돈 한 푼 없었어요. 클락의 ○○○상담사가 중독예방 프로그램 종이하고 팸플릿 주면서…. 그 전에 몇십만 원 준다고 해도 그만 안 둔다고 했는데 그 선생님 사회복지과 출신 선생님인데 차비 10만 원 받으려고 서약했어요. 그 돈으로 집으로 돌아왔어요. 저는 그 후 내담자로 10회 상담도 받았어요.

그녀는 중독전문기관 관계자와 연결되어 상담을 진행하면서, 이를 계기로 클락에서 운영하는 다양한 재활 프로그램에 참여했다. 동료상담사 양성 교육 과정에도 참여해 교육을 받기도 했다. S는 단도박을 결심하기까지 15년 정도의 시간이 걸렸다. 회복의 길을 함께 걷던 동료가 재발로 몇천씩 잃고 괴로워하는 모습을 볼 때, S는 그 속에서 여러 차례 재발을 반복했던 자신의 과거를 봤다. 그녀는 과거 도박에 빠져 스릴이나 황홀감을 느꼈던 강렬한 기억을 아직 잊지 못했다. S는 회복 환경이 중요하며, 도박중독 전문기관 소속 전문가들과 손을 잡고 회복하고자 하는 노력이 중요하다고 말했다. 특히 그녀에게는 '배움'이 회복에 도움이 되었다고 했다. 그녀는 좋은 것을 배울 때 정상적인 사고가 만들어지고, 그래야만 건강한 생활 방식으로 바꾸어 갈 수 있다고 했다. 그래서 S에게 배움은 '소금'같은 존재로 여겨진다.

〈회복환경 조성과 공부를 통해 생각과 생활 방식을 바꾸는 것이 중요함〉

나는 공부가 제일 싫다. 꼴찌 아파 못한다고 인터넷 도박게임에 빠져 살고 있으니 너무 안타까워요. 환경이 중요한 것 같아요. 동료 상담사 2급 하면서 동료 멘토를 할 수 있게 자격증을 주었어요. ○○이나 ○○근처에 사는 사람은 인터넷 게임을 엄청 많이 해요. 오랜만에 모이면 도박으로 몇천만 원 잃고, 바닥까지 친 사람들을 보니까 옛날에 내 모습 보는 것 같고. 저도 그만두고 싶다 하면서 못 그만두고 한게 한 15년 됐어요. 지금도 천만 원 있으면 마카오 가서 한번 쳐보고 싶은 생각이 들 때도 있어요. 그 회복하고자 하는 환경을 자기가 만들어가야 하는데…. 나쁜 환경에 있으면 더 후퇴할 수밖에 없어요…(중략)…공부는 내 인생의 소금 같은 존재예요. 배우니까 나쁜 길도 빠져나가고, 공부를 하면서 좋은 아이디어가 생기고, 사고가 정상적으로 돌아와요. 중독에 오래 빠져있으니까 돌아오려면 빠진 시간보다 더 배워야 하고, 좋은 것을 배울 때 만들어 갈 수 있는 것 같아요.

그녀는 특히 단도박을 결심하기 이전에는 돈버는 데 온통 시간과 에너지를 다 썼지만, 클락의 지원으로 여러 강의를 듣고 지식을 쌓고, 취업에 필요한 자격증을 따면서 마음이 부자가 된 것 같다고 했다. 또한 공부는 그녀의 몸과 마음 상태를 좋은 에너지로 변화시키면서 자신감이 생기게 만드는 존재라고 했다. 그로 인해 공부는 도박처럼 설렘과 두근거림은 없지만, 그녀에게 패배가 아닌 인생의 희망을 안겨 준다고 했다.

〈패배하는 삶에서 희망하는 삶으로 나를 변화시켜주는 배움〉
도박은 두근거리지만, 그 끝이 패배잖아요. 근데 인터넷을 잘못해서 제 머리가 깨지는 것 같아도 공부를 하면 아이디어가 생기고, 끝장을 보는 성격으로 중도에 포기하지 않고 완성하는 좋은 에너지로 바꿀 수 있는 거예요. 예전에는 돈 벌기 위해 움직이고, 머리 쓰고, 생각하는데 일주일을 보냈는데, 지금은 더 생각하고 내 마음이 부자가 되기 위해 봉사하고, 강의 듣고, 지식을 쌓고, 자격증을 따는데 5일을 맞바꾼 거예요. 프로그램이 많아요. 동료상담사 교육받으면서 매달 50만 원인가 6개월 정도 받은 것 같아요. 컴퓨터, 요양보호사 자격증도 클락에서 돈 대주어서 땄어요. 공부하다 보면 거기서 희망을 보잖아요. 엄마들 스트레스 받아 주는 것도 심리 상담하기 전에는 스트레스를 받아 그만하겠다고, 안 나가겠다고 했는데….
조금씩 자신감도 생기고 희망도 생겼어요.

그녀는 회복 초기 단계에서 우울이 심해 자신과 가족의 상처를
보듬고 싶은 마음으로 상담 공부를 시작했다. 상담심리를 배우면
서 자신이 중독에 빠져 힘든 현실을 살아가는 삶에 대한 이해도
넓어지며, 가족에 대한 공감대가 확장되고 있다. 그녀는 배움을 통
해 가족들과의 대화 기술도 달라지고, 부모로서 건강한 가족을 꾸
려나갈 수 있는 지혜를 얻을 수 있다고 했다.

〈심리상담 공부를 하면서, 가족에 대한 이해와 대화 기술이 개선됨〉
이제 나이가 있으니까 나 자신과 가족만이라도 회복시켜 보자 그
렇게 생각해 보고 있어요. 제가 상담 심리 공부하면서 자식이나 가
족과 대화하는 지혜를 얻게 된 거예요. 딸과의 관계가 좋아지고 있
어요. 현실을 살면서 자식들과 대화도 좋아지고 서로의 세계를 이
해하고 공유할 수 있게 되면서 서로의 사이가 조금씩 좋아지고 있
어요.

S에게 배움은 공부에 대한 한풀이를 넘어 오랫동안 돈에 집착하
며 방치해 온 자신의 내면을 돌아보는 시간이다. 그녀는 부모와 떨
어져 할머니와 외롭게 살아왔고, 그로 인해 원가족으로부터 적절
한 돌봄을 받지 못했다. 그리고 뭐 하나 특별할 것이 없는 자신과
는 다르게 성장 과정에서도 신체적 발육도 빠르고, 늘 사람들에게

칭찬을 받는 여동생과 자신을 비교하면서 심리적으로 위축되기도 했다. 그녀는 부족한 자신을 드러내는 것이 창피했기에 노년의 나이에 공부를 시작했지만, 정작 자신이 없었다. 그래서 S에게는 삶을 새롭게 시작한다는 게 엄청난 도전이었다. 그러나 공부하며 지식을 쌓고, 현실을 판단하는 힘을 기르면서 중독 세계에서 빠져나올 수 있었다. S에게 회복이란 삶의 균형을 잃고 중독에 빠질 수밖에 없었던 스스로를 이해하는 과정이다. 또 배움을 통해 자존감을 끌어올리고, 뜻깊은 노년을 준비하는 시간이라고도 했다.

〈배움을 통해 무너진 자존감을 회복하며 사는 노년〉
성장 과정이 중요하다는 것을 맨날 느껴요. 지금은 사랑을 마음으로 받고 살지만, 유년기에 너무 힘들게 살아온 거예요. 건강 상태도 그렇고, 동생에게 열등감이 많았어요. 저는 뭐 하나 잘하는 게 없었어요. 조용히 앉아만 있어요. 한마디 말도 못 하고 바보처럼, 그리고 저는 동생들 공부시키느라고 공부 못해서 한이 되어 공부해요. 10~20대는 놀기도 하고 친구도 사귀어야 하는데 너무 달렸기 때문에 균형이 무너졌어요. 이제 공부하며 마음이 부자가 되고, 지식이 쌓이고 현실을 판단하는 힘이 생기니까 중독 세계에서 빠져 나와요…. 저는 우울증이 심해서 공부를 시작했어요. 시시한 대학 가기 싫고, 좋은 대학 갈 능력이 안 되고, 그래서 1~2년 지나다가 시작하게 되었어요. 첨에는 열등감 대문에 학교 스터디 모임에도 나가지 않았는데, 한 후배가 "교수가 우리보다 공부를 더 했지 다르지 않다"고 했을 때 내 마음이 달라지기 시작했어요. 자존감도 생기고, (도박)게임 안 하면서 후배 무역회사 일 봐주고, 알바비 받고, 공부하고 있어요. 100% 만족은 아니어도 노후에 뜻있게 살 수 있는 기회를 찾고 있어요.

또한 S는 10대부터 돈을 벌기 위해 앞만 보고 달려오느라, 사람을 이해하고 공감하는 감정이 별로 없었다고 했다. 그녀는 자신의 이기적이고 차가운 성격으로 인해 남편과도 별거하고, 이혼도 하게 되었다. S는 어릴 때부터 화목한 관계 속에서 지혜롭게 문제를 해결하는 방식을 배우지 못했고 성찰 없이 살아왔기 때문에, 모든 것을 잃어버렸다고 했다. 하지만 이제는 자신의 문제를 성찰할 수 있고 이후 변화된 삶을 기대할 수 있어 지금의 삶을 감사하게 느끼고 있다고 했다.

> 〈중독이라는 파국적 삶으로 갈 수밖에 없던 지나온 삶에 대한 성찰〉
> 10대부터 돈 벌기 위해 앞만 보고 달렸죠. 제가 이기적이고 차가웠잖아요. 잘 살았을 때, 좋은 남편 만났을 때, 그 사람을 이해하고 같이 공감할 수 있는 감정이 별로 없었어요. 그러니 결국은 별거하고, 이혼하고. 많은 물질을 받아서 지혜롭게 지켜가야 하는데, 결국은 그런 지혜와 능력이 없어서 날린 거죠. 사람을 모르면서 (사업을) 진행하다 보니 결국에는 나에게 손해만 오니까, 그때는 살아가야 하니까 무식하게 싸움닭이 된 거예요. 내가 여유가 없으니까 그렇게 된 거예요. 이제라도 시간이 남아 있어 감사해요.

현재 S는 단도박 상태에 있어도 언제 또 재발할지도 모르는 자신의 삶에서 종교는 삶의 중심을 잘 잡는 데 힘이 된다고 했다. S는 돌이켜보면 자신의 내면에서 들려오는 양심의 소리나 절대자의 질서에 따르지 않았다. 자기 뜻대로 모든 것을 통제하고자 욕망했고, 돈을 벌기 위해 앞만 보고 달렸다. 그 모든 게 자신을 파괴했고, 그렇게 얻은 물질적 축복도 결국 지키지 못했다고 말했다. 그래서 어둠 속에서 길을 잃지 않고 회복의 길을 걷기 위해 12단계를 살피고, 지혜와 에너지를 긍정적으로 통합해 나갈 수 있도록 기도하며 깨어 있기 위해 노력한다고 했다.

〈종교와 G.A. 12단계를 통해 언제나 중독에 빠질 수 있는 자신을 붙잡는 삶〉

지금까지는 부모로서 도움이 되지 않았지만, 그나마 이제부터는 보이지 않아도 좋은 에너지를 주고 싶죠. 아침에 일어나 자녀들이 평범하고 행복한 길을 갈 수 있도록 기도했어요. 인생에 종교가 중요한 것 같아요. 계명이 있는데 다 못 지켜도 잘 지키려고 하고 새벽 기도하며…. 저녁에 5시, 6시 되면 알바 가며 열심히 종교를 가지고 살았기 때문에 축복을 빨리 받은 거예요. 정신적인 건강이 허약해질 때는 에너지가 위기 쪽으로 가니까, 조절을 더 위험한 방향으로 갈 수도 있잖아요. 한 번 맛을 본 사람은 언제 빠질지 몰라요. 그래서 12단계 지혜와 에너지를 긍정적으로 갈 수 있도록 만들어야 해요. 그러니까 한번 빠져나와도 매일 (기도로) 붙잡고 있지 않으면 자기중심을 긍정적으로 붙잡고 있지 않으면 언제 빠질지 모르는 게 중독이에요.

4) 의미있는 삶을 찾는 관계 안에의 회복을 희망하는 M

부모란 어떤 존재일까. M은 오랫동안 성적 쾌락에 빠져 지내 왔지만, 이와 같은 물음이 성적 욕망과 사회적 인정욕에 목말라했던 그녀에게 제동을 걸며 성찰하도록 했다. 특히 M은 자신이 매년 암세포를 추적해야만 하는 시한부 인생이라는 것을 암 재발을 통해 인지하게 되었다. 그녀는 앞으로도 언제든지 암이 다시 자신의 생명을 위협할 수 있고, 그로 인해 자신이 죽음과 가까이에 있다는 불안은 스스로 실존에 대한 근본적 질문을 제기하도록 했다. M은 이 물음에 '아이의 행복'이라는 해답을 얻으며, 자신과 같은 불행한 삶을 아이에게 대물림하고 싶지 않다는 생각을 하게 된다.

> 〈실존에 대한 근본적 질문〉
> 가족력이 암이에요. 1년에 한 번 암이 생겼나, 안 생겼나 포착해야 하는데…. 나는 어찌 보면 시한부 인생을 살고 있어요. 아이가 혼자 남겨지면 어떻게 살아갈까? 내가 나한테 물었죠. 너가 진정 원하는 건… 아이의 행복이라는 소리가 들렸어요. 정신 차리고 돌아서라. 그때 충격이 와서…. '내가 인생을 이렇게 살면 안 되지?' 부모 원망하고 내 인생 불행하다고 탓하는 내 아이도 나처럼 아이로 살게 하고 싶지 않았어요.

하지만 그녀에게 딸이 건강하게 살기를 바라는 간절한 마음이 있음에도 불구하고 그것을 행동으로 옮기기는 쉽지 않았다. 그때, M이 마음먹은 것을 행동으로 실행하게 되는 결정적 사건이 일어난다. 딸이 학교 또래 관계에서 폭력성을 보이기 시작한 것이다. 아이는 상처가 많은 그녀의 친정 가족과 함께 살며 매일 싸움과 욕설에 노출되어 거칠어졌고, 이러한 아이의 거친 행동은 담임 선생님이 딸의 미래를 걱정할 정도로 문제가 심각해졌다. M은 이 사건을 계기로 자신의 삶을 진지하게 성찰하기 시작한다. 그리고 그 과정에서 자신의 성적인 문제가 그녀의 딸까지 외롭고 고립된 삶으로 밀어 넣을 수 있다는 두려움을 느낀다. 이 사건을 계기로 그녀는 비로소 그동안 과몰입해 있던 자신의 성중독 문제를 치료해야겠다고 생각했다.

〈딸을 불행으로 밀어넣지 않기 위해 치료를 결심함〉
엄마도 스트레스를 받는 거예요. "너 딸 또 사고친다"고 전화가 와요. "너 새끼…. 빨리 와서 애기 보라"고. 제가 부점장이고 나발이고, 나하고 딸, 어머니 관계가 다 망가지겠구나. 부점장 준비하라는 말 듣고 꿈에 부풀었는데, 이렇게 싸우는 과정에서 그때 그만둬야겠다고 생각했어요. 다른 할머니들은 애들 잘 봐주는데, 좌절감을 느꼈죠. 그러다 또 성중독 문제가 더 심각해지고. 이게 다 악순환이 되는 거야. 또 아이가 학교에 들어갔는데 친구들 물건 뺏고 때리고, 거칠다고 이대로 방치하면 일진이 되겠다고 전화가 온 거예요. 그때도 충격먹었죠. '지하방이라도 괜찮다'고 상처가 많은 친정 식구들로부터 나와 따로 살아야 한다는 결심을 하고, 따로 살았죠. 친정에 있어 봤자 애가 배우는 것은 다 욕설이고 소리치는 싸우는 모습이니…. 그때 '아! 내가 이 성중독에서 벗어나지 않으면, 나처럼 내 딸도 불행하게 살겠다' 나를 원망하며 살겠다(…이하 생략).

M은 우리나라에 유흥업소와 성매매 업소가 많은 것을 짐작해 볼 때, 성중독을 치료하는 센터도 많이 있을 것이라고 생각했다. 그러나 치료기관을 찾는 것은 결코 쉽지 않았다. 그러던 어느 날 인터넷 검색 중에 "자위가 나쁜 행동이 아니다", "정서적 결핍이 성중독의 원인"이라고 표현한 한 치료사의 말에, 그녀는 처음으로 위로를 받는 기분을 느꼈다. M은 성중독자도 치료를 받으면 건강하게 잘 살 수 있다는 희망을 처음으로 품게 되었고, 드디어 치료사를 찾아가게 된다.

〈정서적 결핍이 성중독을 만든다는 어느 치료사의 표현에서 얻은 위로〉

내가 죽기 전에 아이에게 성 문제를 대물림하고 싶지가 않은 거예요. 내가 내 대에서 끊지 않으면 무의식적으로 다 주는 거예요. 약물이나 도박은 도움을 받을 수 있잖아요. 그러나 성은 불모지죠. 우리나라가 상급인데 인터넷 공급도 좋고, 업소가 그렇게 많은데 진짜 이게 마지막이라고 해서 인터넷으로 치니까 중독에 대한 유튜브를 올려놓았는데, 들어보니까 그 이야기가 다 내 이야기를 하는 것 같아요. '자위는 나쁜 게 아니다', '나쁜 거는 세상에 자위 말고 다른 것이 더 많다.' 그때 내가 위로받는 느낌이 드는 거예요. 만나러 가야겠다고 생각했어요. 세상에 이런 사람이 있구나. 나는 포기하려고 했는데, 나 이제 살 수 있구나. 그 내용이 '정서적으로 결핍이 되어 성중독이 된 거지 자위가 나쁜 게 아니다', 나는 자위를 비난하고 나쁘게 생각했는데 이건 질병이고, 괜찮을 거다. 이분에게 신뢰가 생기면서 혼자 발버둥 치다가 찾아가게 되었고, 이제 여기까지 오게 된 것 같아요.

치료 과정에서 M이 마주한 첫 번째 도전은 포르노를 끊어야 한다는 치료사의 조언이었다. 그러나 이러한 치료사의 말에 그녀는 자신도 모르게 거부감을 느끼기도 했다. 왜냐하면 그녀에게 포르노는 모든 괴로움과 스트레스를 잊게 해준 친구와 같은 존재였기 때문이었다. 그렇지만 그녀는 포르노로 인해 성중독 재발 또한 반복되었기에, 자신의 행복을 위해서는 포르노를 내려놓아야 한다는 생각이 들기도 했다. 그녀는 성중독을 본격적으로 공부하면서 그동안 성관계를 해야만 사랑받는다고 느꼈던 자신의 믿음에 균열이 생기기 시작했다. 또한 그녀가 사랑이라고 믿었던 그 믿음이 진짜 사랑이 아닌 성을 착취하는 행위였다는 것을 깨닫기 시작했다. 이러한 변화가 가능했던 건 무엇보다 성중독에서 벗어나고자 하는 그녀의 의지가 강했기 때문이었으며, 치료사와의 상호작용 과정에서 얻은 통찰 역시 큰 몫을 했다. M은 그동안 무지해 미처 인식하지 못했던 새로운 세계를 경험하며 이 모든 것을 가능하게 했다고 했다.

〈유일한 친구인 성중독을 끊어내고, 행복해지고 싶었던 나를 발견함〉
저는 (치료)연구소에서 내 마음 안에 처음 올라오는 감정이 저항이었어요. 얘(포르노)는 나의 영원한 친구, 절친이었는데, 친군데…. 이제

와서 이것을 어떻게 끊어. 이게 내 생명줄과 같은데 이게 끊고 싶지 않은 내가 내 안에 있는 거예요. 내가 그 맛을 알고 내 삶의 모든 괴로움과 스트레스 도피처였기 때문에, 그것을 쉽게 놓지 못하는 내가 너무 강한 거예요. 재발했으니까 내 생명줄인데 어떻게 끊어요. 그러면서도 또 한편으로는 행복하게 살고 싶은 내 의지가 있었어요…. '너가 진짜 원하는 게 뭐니?', '성관계를 해야만 내가 사랑받을 수 있을까?', '내가 믿었던 사랑이 정말 사랑일까?', 'ㅇㅇ야! 성중독자는 사랑이라고 믿지만, 성을 착취하는 거야!', '너는 사람을 인격적으로 대할 수 있니?', '너가 정말 회복되고자 하면 저분의 말을 따라야 해', '이게 진짜 마지막이라고 생각했으니까 내 의견을 죽이고 내 인생에서 자아를 확 꺾고, 저분의 말을 최대한 신뢰해야겠다' 나는 컴컴한 터널을 걸어온 게 아니라 눈을 감고, 내 환상이라는 터널에 있었던 거였어요. 중독에 대한 무지가 20여 년간 중독에서 빠져나오지 못한 요인임을 깨달았어요.

M은 치료사와의 관계에서 그동안 억압했던 우울, 불안, 분노 등의 다양한 감정을 꺼내기 시작했다. 이 과정을 거치며 자신이 느낀 고통의 원인을 자각할 수 있었다. 그건 바로 성장 과정에서 자신을 제대로 지켜주지 않았던 가족에게 무언가 되갚아 주고 싶은 마음이었던 것이다. 또한 그녀는 가족에게 자신이 성중독자임을 터트리듯이 말했는데, 이것은 가족에게 죄책감을 심어주고 싶어서 던진 말이었다. 그러나 이러한 그녀의 갑작스러운 말에 가족들은 오히려 그녀에게 미안하다는 말을 표현하면서 부모에게 뜻밖의 지지와 위로를 받기도 한다. M은 이러한 상황이 당황스럽고, 자신이

혹시 부모의 일면만 보고 전체 모습으로 규정한 것은 아닌지 혼란스럽기도 했다. 하지만 그녀가 하고 싶은 일을 밀어주겠다는 부모의 절대적 지지 이후, M은 자신의 성에 대한 충동성 경향도 많이 사라졌다고 표현했다.

⟨성중독 고백에 오히려 지지를 보내는 부모를 통해 처음으로 용기를 얻음⟩

저는 여기 상담소에서 제 감정을 알게 되었어요. 화만 났어요. 그분이 감정을 다 읽어주고 내 감정을 읽어주니까…. 아 감정의 수용과 인정 수용이 진정한 사랑이구나…. 한 1년에 두 번 있을까 말까…. 가족 이벤트가 있어요. 가족들이 다 모였는데…. 무의식적으로는 '다 너희들 때문이야. 내 고통은 다 네가 원인이야' 이러한 말 들으면 얼마나 죄책감이 생기겠어요. 이렇게라도 아픔을 주려고 말했는데, '나 동성애자라고', '나 상담공부 할거라고…' 무의식에 나는 분노가 있었어요. 그런데 부모님이 미안하다고 아빠가 술을 드시더니 우리가 그 당시 상처를 주었는지 모르지만, 너가 말하는 그 심리 상담사 그 길을 가라. 너에게 필요하면 도움을 주겠다고 하셨어요. 그때 나는 돈을 받은 것보다 더 많은 것을 받았어요. 상처를 준 대상이 나에게 위로와 희망을 주니까 탄력을 받았어요. 저는 충격이었어요. 어린 시절 나는 정서적으로 방치된 기억밖에 없는데 지금의 부모님은 나를 지지하고 응원하고 내 마음이 복잡했어요. 고깃집에서 고기가 안 넘어가더라고요. '내가 내 부모를 너무 단편적으로 봤나…' 조각만 본 것 같아요. 그다음부터는 부모님의 지지가 대단했어요. 지금도 회복 진행 중인데…. 지금은 성중독적인 부분도 상당히 사라졌어요.

M은 자신이 만약 치료사를 만나지 않았다면 스스로를 음란한 여성으로 판단하며 자기 비난과 자책에서 벗어나지 못했을 것이라고 했다. 그러나 성중독 치료 과정에서 전문적인 상담 개입을 통해 점차 치유되는 삶을 경험했다. 그녀는 여전히 회복자로 치료 중이다. 감당해야 할 현실의 문제 또한 결코 가볍지만은 않다. 하지만 M은 자신처럼 어린 시절의 상처로 고통받고 있는 그 누군가에게 희망의 메시지를 전하고 싶은 꿈이 생겼다. 그녀는 성중독자들의 재발율이 높음에도 불구하고, 현재 국가 차원의 지원체계는 부재한 것이 현실이라고 했다. 그녀 또한 현재는 회복의 길을 걷는 과정에서 회복에 대한 믿음이 꺾일 때가 있다. 그때마다 그녀는 초심으로 돌아가기 위해 노트에 작성한 자신만의 메모를 보며 그 안에서 회복의 힘을 얻는다고 했다. 하지만 이러한 지지적 힘이 M 자신의 개인적 노력으로만 이루어지는 현실이 안타깝다고 했다. 이러한 측면에서 M은 자신과 같은 성중독자를 전문적으로 치유할 수 있는 기관이 많이 생겨날 필요가 있으며, 성중독자를 지원할 전문 상담사 양성도 시급하다고 했다.

〈성중독자의 치료 환경을 국가 차원에서 조성할 필요가 있음〉
치료 환경은 없어요. 이제 막 개척하는 거예요. 황무지다. 도박, 마약, 술 이런 거는 있지만, 성중독이 보편화되어 있지 않아요. 아마 성중독, 성범죄자들이 어린 시절의 상처를 본다면 그 사람들 재발율이 높지 않을 거예요. 우리 사회가 너무 처벌 위주이고 깜방에 넣는 것을 목적에 두니까, 성범죄 재발율이 80프로…. 심리 정서적 지원이 안 되니까…. 치료사를 만난 게 인생의 터닝 포인트이었어요. 이 분야의 성중독 전문치료사를 안 만났으면 나는 성욕이 많은 사람이라고 여기며 살았을 텐데…. 나도 희망의 메시지를 주고 싶고…. 중독 세미나…. 6시, 7시에 있어서 직장인은 일하면서 공부하기가 쉽지가 않아요. 그래서 ○○물류센터에서 알바 뛰면서 (세미나에)참여하고 있어요. 현재는 중독상담사라는 직업에 대해 생각하며 공부하고 있어요…(중략)…내 어떤 글귀가 마음에 들어오면 자기만의 노트를 만들어 그 노트를 보면 힘을 받는다고 했어요. 그래서 (저도) 실행했어요. 책을 사서 사방팔방 메모한 것을 제가 적었어요. 저분 (치료사) 말씀이 내 마음에 남았어요. 제가 회복에 대한 마음이 자꾸 꺾일 때마다 자주 봐요. 초심으로 돌아가려고…. 이 느낌이 너무 좋은 거예요. 근데 이건 저 혼자의 노력인 거잖아요. 앞으로는 나 같은 사람을 치료해 주는 전문기관이 많이 생겨나야 해요. 국가도 많이 도와줘야 하고요.

제4부

회복을 향해 나아가기

제4부는 중독의 늪에서 탈주를 감행한 여성 당사자들이 회복을 향해 나아가며 희망하는 욕구와 기대, 그리고 그녀들의 목소리를 통해 드러난 주제들을 중심으로 기술한다. 그리고 2장에서는 중독 여성 개인 차원의 회복을 넘어, 회복의 주체로서 그녀들의 실존적 삶에 대한 성찰, 사회문화적 규범 안에서 치료와 재활의 대상으로서만 존재했던 자신들의 위치에 대한 비판적 성찰, 회복당사자로서 국가와 사회에 요구할 수 있는 권리를 가진 주체로서의 참여적 성찰에 대해 기술한다.

제1장. 그녀들의 목소리

이 저술에 참여한 회복기 중독 여성들은 짧게는 3년 이상, 길게는 20여 년이 넘는 긴 시간을 중독자로 살아오면서, 일상적 삶이 무너지고 가족 관계, 사회적 관계가 깨져버리는 삶을 경험했다. 거기다 이 중독 문제는 직업생활의 몰락은 물론, 재정까지 바닥을 치게 만들면서 그녀들의 삶을 파탄내 버리기도 했다. 이러한 삶의 밑바닥에서 회복이라는 선택지를 향해 들어선 여성들은 누구보다 힘겹지만, 뚜벅뚜벅 회복의 길을 걸어오고 있었다.

때로는 재발이라는 유혹의 손길이 그녀들을 붙잡아 흔들어 댈 때가 있었지만, 회복의 여정에서 도태되고 싶지 않았던 그녀들은 자신들만의 회복 방식을 만들어 가고 있었다. 그녀들은 이것을 일련의 욕구와 기대로 표현했는데, 여기에는 '내면에 깊게 뿌리 박힌 결핍감과 화해하기', '생각의 변경을 통한 생활 방식의 변경', '종교 생활을 통한 신적 존재에 의지하기', '떨어지는 사회적 관계 역량 개선해 가기', '중독 후유증으로 휘청거리는 나 붙잡기', '회복공동체의 지지와 지원'이 내포되었다.

1. 내면에 깊게 뿌리 박힌 결핍감과 화해하기

이 저술에서 만난 여성들이 중독이라는 수렁 속으로 떨어지게 된 밑바탕에는 그녀들의 내면 깊숙한 곳에 단단히 뿌리 박힌 정서 적 결핍감이 또아리를 틀고 있었다. 이 뿌리 깊은 결핍감은 어린 시절 절대적으로 의지하고 사랑받아야 할 부모에게 충분한 사랑 을 받지 못했다는 박탈감과, 다른 형제 자매에 비해 부모의 관심 밖으로 밀려난 존재였다는 것이 가장 큰 상처로 작동했다.

그녀들에게는 부모와 가족이 있다. 그러나 그 가운데서 무관심 과 차별(K. S. M)의 대상이 되어 애정결핍이 생겨났고, 이로 인한 서 글픔, 고립감, 우울감 등의 부정적인 분열의 감정들을 경험했다. 그녀들은 중독자에서 회복자로 인생 항로를 전환하면서, '내 안의 뿌리 깊은 결핍감을 보듬고, 자기 자신과 가족들에게 받았던 상처 와 화해'하는 작업이 필요하다고 했다.

특히 S는 자신을 중독으로 몰아갔던 돈에 대한 욕망과 집착에 관해 말했다. 그녀는 이것이 다른 형제자매들과 달리 성장기에 할 머니 집에 맡겨졌고, 부모의 무관심 속에서 방치되듯 자라난 탓에 생긴 애정결핍 때문이라는 사실을 고백했다. 그리고 그녀는 한순 간 부유층에서 빈곤층으로 추락해 버린 아버지의 급작스러운 파산이 그녀 내면 깊이 뿌리 박혀 있는 결핍감의 밑동이라고 이해했다. S는 이 내면의 근원적 결핍감이 돈에 대한 집착을 불러왔고, 결국 그녀의 인생을 망가뜨리는 도박중독이란 깊은 수렁 속으로 빠져들게 했다고 인식했다. M도 학원 모델에 뽑힐 정도로 예쁜 외모를 가진 여동생과 어린 시절부터 늘 비교당하며 성장 과정에서 소외감과 외로움을 느꼈다. 그로 인해 어린 시절부터 그녀에게는 '정서적 배고픔'이 '마음에 구멍이 뚫린 듯한 공허감'으로 존재했다. 결국 M은 공허감으로 나타나는 정서적 허기를 달래기 위해 어린 시절부터 자위행위에 몰입했고, 시간이 흘러 그것이 포르노와 성행위에 집착하는 성중독자로 자신을 몰아갔다고 했다. M은 자신의 성중독 문제 밑바탕에는 부모에게 입은 어린 시절의 깊은 상처가 연결되어 있다고 했다.

이처럼 중독된 그녀들이 회복이라는 항로를 잘 항해해 나가기 위해서는 내면 깊숙한 곳에 뿌리내려진 애정결핍, 또 그로부터 야기된 심리적 상처를 보듬는 과정이 필요하다고 했다. 그 상처에서 만들어지는 마음의 통증은 스스로 어루만질 필요가 있으며, 이것을 통해 가족과의 화해도 필요하다고 말했다. 그녀들은 중독이라는 함정에 다시 빠지지 않기 위해서는 사랑했지만 미워했던 자신과 부모, 그리고 가족들을 사랑과 화해의 장 안에서 보듬고 사랑해야 한다고 이야기했다.

2. 생각의 변경을 통한 생활 방식의 변경

중독된 그녀들은 회복의 돌파구를 '생각의 변경을 통한 생활 방식의 변경'이라고도 구술했다. 그녀들은 중독이라는 늪에 빠져 자신과 주변 체계를 질식시킬 것 같은, 즉 중독자인 자신을 죽이고 회복 속에서 재탄생한 자신을 새롭게 마주하는 과정이 필요하다고 했다. 이를 위해 그녀들은 중독에 빠지게 했고, 중독자로 살아가게 만들었던 생각의 왜곡을 변화시키는 것이 중요하다고 했다. 이러한 '생각의 변경을 통한 생활 방식의 변경'은 J, K, S, M의 이야기 모두에서 반복적으로 나타나고 있다.

J는 '엄마에게 사랑받지 못하고 무관심의 대상이 되었다'는 피해의식에서 벗어날 수 있었던 계기가 '내가 가장 불행한 삶을 살아온 사람이었다'라는 뒤틀린 생각에서 벗어나면서 부터였다고 했다. M 역시 중독자로 살아온 그녀의 삶이 정말 어두운 터널 속이었던 게 아니라, 자신이 두 눈을 감고 '어두운 터널 같은 인생'이라는 착각과 환상을 만들어 냈다는 것을 언급했다. 이처럼 이 저술의 주인공 여성들은 중독의 늪에 빠져 허우적대던 비인격적 삶 안에 스스로 이식해 넣거나, 누군가가 주입한 왜곡된 생각들에 빠져 그녀들이 지배당했다는 것을 구술했다. K는 마약 중독의 깊은 늪에 빠져 살아오면서 '일탈적 방법으로 번 돈이건 다른 사람을 고통 속에 빠뜨리게 해서 번 돈이건 상관없이 돈만 벌면 다 괜찮다'라고 생각했던 비틀린 관념이 그녀를 중독의 악순환에서 빠져나

올 수 없도록 만들었다고 했다.

한편 S는 사업 실패로 잃어버린 돈을 만회하기 위해 도박과 돈에 강박적으로 집착해 왔던 수십 년 된 비정상적인 사고에 관해 말했다. 이를 정상적인 생각으로 바꾸어 나가며 생활 방식도 건강하게 바꾸려고 노력 중이라고 했다. 그녀는 이러한 노력 가운데 가장 큰 도움이 되는 것이 '배움'이라고 했다. S는 도박중독자의 치료와 회복을 돕는 기관에서 재정적 지원을 받아, 일주일 중 5일은 자격증 취득을 위해 규칙적인 생활을 하고 있다. 그녀는 자기 삶이 건강하게 전환되도록 교육을 받는 행위와 이를 위해 규칙적인 생활을 하는 것이 회복을 지속하는 동력이라고 이해했다. 또한 그녀는 상담 심리 공부를 하면서 딸과 대화하는 방법과 기술을 익혔다. 그러면서 서로의 관계가 조금씩 좋아지는 긍정적 경험도 했다. 그래서 S에게 '배움'은 그녀의 곡해된 생각을 바꾸고, 이것을 통해 생활 방식을 바꾸는 일종의 변화 매개체가 되고 있다.

J 역시 회복 과정에서 사회복지사 공부를 시작하고 자격증을 취득했다. 그러면서 자신도 '할 수 있다'라는 자신감이 생겨났다. 이 과정에서 그녀는 자신의 생활 방식도 더욱 규칙적으로 바뀌는 것을 경험했다. 특히 J는 회복을 지속하기 위한 중요한 동력으로서, 직업을 구하고 일을 하는 것이 중요하다고 했다. J에게 직업을 갖는다는 건 경제적 자립을 의미한다. 또한 그녀는 직업적인 일을 하기 위해 보통 사람들처럼 생활패턴을 규칙적으로 지켜나가는 평범한 삶 역시 중요하다고 말했다.

이처럼 중독된 그녀들에게 '생각의 변경을 통한 생활 방식의 변경'이란 회복자로서의 삶을 지속하기 위해 자신을 안전지대로 데리고 가는 것이라 이해했다. 그녀들은 조금 더 안정감을 느낄 수 있는 이 안전지대 속에서 오리무중처럼 앞이 보이지 않는 안개 속을 헤쳐가며 회복의 길로 나아가고 있었다.

3. 종교 생활을 통한 신적 존재에 의지하기

이 저술에서 만난 회복기 여성들은 모두 입을 모아 '회복해 간다는 건 중독된 자신을 변태시켜 새롭게 탈바꿈하는 일'이라고 말했다. 이는 그녀들이 자기 자신을 완전하게 바꾸는 일이라고도 할 수 있는데, 여기에는 생각을 바꾸는 일에서부터 그동안 살아왔던 삶의 방식을 송두리째 바꾸는 일 등이 포함된다. 그래서 K는 '우주의 미아가 된 것처럼 공허함에 압도되어 버린' 회복기의 자신을 추스르는 일이 너무도 힘겹다고 했다. 나머지 여성들도 마찬가지다. 술, 도박, 성중독과 같은 수렁에 빠져 옴짝달싹하지 못했던 그녀들에게 '회복'이란 그 수렁에서 빠져나옴을 의미한다. 그러므로 이는 너무도 버거운 사투라고 말했다. 그래서 중독된 그녀들은 중독으로부터 빠져나오기 위해 발버둥 치듯 회복을 향한 사투에서 구원의 손길을 내밀어 줄 어떤 특별한 존재에 대해 공통적으로 구술했다. 특히 그녀들은 그 특별한 존재를 특정한 종교의 신적 존재에게서 찾고 있다. K와 S는 기독교의 절대적 존재인 하나님이 그녀들을 구원해 줄 신적 존재로 인식했다.

이처럼 중독된 그녀들은 절대자인 신적 존재가 자신들의 회복을 이끌어 줄 구원의 손길이라는 것을 믿어 의심하지 않는 태도 등을 보였다. 회복기 여성들에게 절대자인 신적 존재는 자신들이 진정 회복할 수 있다는 희망을 심어주는 존재이자, 역으로 중독 현상이 그녀들에게 이식한 많은 정신적 혼란과 신체적 고통을 '시험에 들었다(K)'라는 자기 최면 속에서 견디게 하는 힘의 원천이 되기도 했다. 그래서 절대자인 신적 존재는 회복 과정에서 그녀들에게 가혹하게 다가올 수 있는 복잡다단한 혼란과 내적 충동을 잘 헤쳐나갈 수 있는 한 조각 희망이 된듯하다. 그래서일까? 이 저술에서 만난 회복기 여성들은 이 신적 존재를 통해 어떤 희망을 붙잡으려고 했다. 회복 여정에서 감당해야 할 다양한 부정적 정서, 관계 안에서 발생하는 여러 가지 문제, 경제적 어려움, 재발하고 싶은 내적 충동에 주저하지 않고 그녀들이 신앙하는 절대자를 통해 회복에 다가가려는 애절한 모습을 보였다.

4. 떨어지는 사회적 관계 역량 개선해 가기

회복기로 진입한 여성들은 자신들의 회복을 가장 힘겹게 하는 것 중 하나가 '사회적 관계 기술의 부족'이라고 했다. 보통 사람들은 사회와 문화적 규범이 요구하는 전형적 삶에 적응하며 살아온 이들이라면, 중독된 그녀들은 이러한 사회적 규율체계에서 이탈된 삶을 살아온 이들이다. 그래서 회복기에 접어든 중독된 여성들에게 무너진 삶을 다시 복원해 나가는 데 있어 가장 큰 문제는 '동료 집단 혹은 회사 조직 사람들과의 관계 균형'이라고 했다. 그녀들은 동료 내지 조직 구성원들과 어떻게 소통하고 행동해야 할지를 잘 모른다는 것이다. 그래서 중독된 그녀들은 자신들의 비정상적 삶이 사회적 관계에서 과잉 내지 편협한 생각과 행동으로 나타나고, 이것이 자신뿐만 아니라 공동체 안에서의 관계를 악화시키는 요인이 된다고 했다.

J는 알코올중독자라는 사회적 뒷골목 속에서 살아왔다. 그래서 그녀는 '눈에 보이지 않지만 분명하게 존재하는 사람들'과 심리사회적 경계선을 어떻게 지켜야 하는지 잘 모른다고 했다. 또한 그 관계를 잘 형성하거나 유지하기 위해 어떤 사회적 관계 기술이 필요한지도 알지 못한다고 구술했다. 그래서 그녀는 표면적으로 드러난 사회적 관계 이면에 숨겨진 좀 더 복잡하고 미묘한 관계 맥락에 대한 역량이 떨어질 수밖에 없다고 했다. J는 이러한 사회적 관계 기술과 그에 대한 역량이 부족하다는 생각이 들 때면 혼란스러워하는 자신을 무력하게 만날 수밖에 없다고 했다. 마약류 중독자들 세계에서 중독자들과 소통하며 반사회적으로 살아왔다고 고백한 K는 회복 단계에서 평범한 사람들처럼 사고하고 행동하는 것이 결코 쉽지 않은 일이었다고 했다. 그래서 중독적 삶에 매몰

되어 살아온 그녀가 사회적 관계를 학습하고 익혀나간다는 것은 마치 어린아이가 처음부터 세상을 배워 나가는 것처럼, 새롭게 하나하나를 학습해 알아가는 것이라고 했다.

S도 그녀의 원가족, 그리고 현재 가족과의 관계가 틀어지게 된 것은 그녀 내면에 뿌리 박힌 애정결핍 때문이라고 했다. 이러한 결핍된 관계 안에서 상호작용해야만 했던 그녀의 경험들은 가족이나 주변인들과의 관계를 악화하게 만드는 요소라고 했다. 그래서 S에게 상담 공부는 자신의 부족한 사회적 관계 기술의 틈새를 메워가는 매개 행위가 된다고 했다. 이처럼 S에게 상담 공부는 회복 과정에서 부족하게만 느껴지는 사회적 관계 역량을 채워나가는 동전의 앞모습과도 같다. 그러나 S 역시도 부족한 사회적 관계 역량들로 인해, 관계의 불균형을 경험하는 현실을 암묵적으로 드러내고 있었다.

5. 중독 후유증으로 휘청거리는 나 붙잡기

중독자들이 회복 과정에서 가장 힘겹게 감당해야 하는 것은 신체적, 심리적 금단 현상이다. 불현듯 다시 하고 싶다는 내적 갈망과 충동이 솟아오르는 것이다. 그러나 이 저술에 참여한 회복기 중독 여성들에게 이러한 내적 충동, 혹은 반복적인 갈망에 대한 언급은 다른 주제에 비해 상대적으로 높지 않았다. 물론 일부 여성들은 저자들과의 만남에서 이러한 충동들에 대해 언급하기도 했다. 하지만 회복 여정에서 그녀들에게 가장 힘겨운 것은 몸과 마음에 단단히 새겨진 후유증을 극복하는 것이라고 했다. 중독된 그녀들이 공통적으로 이야기하는 후유증은 자신의 중독적 성향이 다른 특정한 물질과 행위에 다시 과몰입하도록 한다는 것이다.

J는 회사에 취업하면서 주어진 일을 잘하고 싶고, 인정받고 싶은 마음이 컸다. 이러한 J의 욕심은 동료와의 관계에서 필요한 맥락을 고려하지 않고, 더 많은 일을 벌이려는 성급한 태도로 나타났다. 이로 인해 J는 동료들과의 관계에서 문제가 발생하면서, 이것에서 야기되는 심적 고통을 호소했다. K는 마약류 중독에서 벗어나기는 했지만, 날씬한 몸매에 대한 강박적 집착으로 인해 폭식과 구토를 반복하는 식이장애의 문제를 겪고 있다고 언급했다.

이처럼 이 저술에 참여한 회복기 중독 여성들은 오랜 기간 심각한 중독 상태로 살아왔고, 삶의 균형감이 망가지면서 그녀들의 몸과 정신에 새겨진 중독적 성향이 또 다른 중독 물질이나 행위에 과몰입하는 비정상적 행위들로 나타난다고 했다. 균형적 삶이란 어느 한쪽에 지나치게 기울어지지 않는 사고와 행위로 삶을 유지해 간다는 것을 의미한다. 하지만 그녀들은 어느 한쪽에 지나치게 과몰입하면서 사회적 규율체계에서 상당히 이탈된 비정상적인 삶을 살아온 이들이다. 그래서 자신들의 삶을 소위 정상적 삶이라는 보통의 삶으로 되돌리는 것은 쉽지 않은 과정이다. 그로 인해 중독된 여성들은 회복이라는 끝이 보이지 않을 것 같은 머나먼 여정 속에서 그녀들의 몸과 마음에 새겨진 중독의 잔상들인 후유증들로 인해 휘청거리는 모습이다.

6. 회복공동체의 지지와 지원

회복을 향해 한 발, 한 발을 내딛는 것은 중독돼 있던 자신을 온전히 바꿔나가기 위해, 바꾸고 싶지 않은 자기 자신 그리고 곱지 않은 세상의 장벽들과 맞서는 전쟁터에 놓인 것과 같다. 그로 인해 그녀들은 이 고단한 회복의 길에서 때로는 도망쳐 버리고 싶고, 주눅이 잔뜩 든 외톨이가 된 듯한 고립감, 삶의 재미와 역동을 느끼지 못하는 무기력한 공허감에 압사당하는 것 같은 절망적 기분을 느끼기도 한다. 중독이라는 뒤틀린 판타지가 사라지면서, 그녀들은 중독으로 야기된 냉혹한 현실의 삶을 직시해야 하는 것이다.

이 저술에 참여한 중독된 여성들은 이 냉혹한 회복 현실에 가장 큰 도움이 되는 지원군으로, 회복을 돕는 공동체의 지지와 지원을 이야기했다. 그 공동체는 도박 생활의 밑바닥에서 마지막으로 찾아간 '클락'이라는 기관이기도 했고, 알코올·마약류 중독의 재활 치료를 위해 입소한 소규모 재활시설이기도 했다. 또 익명의 회복기 중독자 자조 모임인 A.A(Alcoholics Anonymous), G.A(Gamblers Anonymous), N.A(Narcotic Anonymous)이기도 했다. 그녀들은 자신들을 지지해 주는 이 회복공동체를 통해, 회복을 지속해야 할 이유를 찾고 동력을 얻기도 했다. 또한 그녀들은 이 회복공동체 안에서 함께 위안을 얻고 역할 모델이 되어주는 동료를 만났다. 그로 인해 중독된 여성들은 혼자가 아니라는 생각을 했고, 동료를 통해 회복해야 한다는 의지를 다졌다.

더욱이 J와 같은 여성은 비참하다고만 느꼈던 자기 인생보다 더 처참하게 살아온 동료의 굴곡진 인생살이를 보고 들었다. 이 과정에서 자신의 인생이 최악만은 아니었다는 것을 깨달으면서 회복을 향한 동기를 찾았다. K 역시 오랜 마약 중독 생활에서 굳어져 버린 방어기제로 인해 쉽게 마음을 내어주지 않는 성향을 보이게 되었으나, 자신과 작은 일상을 나누려는 선배 회복자의 조용한 지지 속에서 결코 혼자가 아니라는 위로와 용기를 얻기도 했다. 이처럼 회복기 중독 여성들은 소규모의 회복 재활시설, 그리고 회복을 지원해 주는 기관, 익명의 회복 당사자 자조 모임을 통해 스스로 회복해야 할 이유를 찾아갔다. 그녀들에게 있어 이러한 모임은 회복 의지를 다지기도, 위로를 얻기도 하는 곳이었다. 결국 중독된 여성들에게 회복의 지속력을 높이기 위한 위와 같은 공동체의 지지와 지원체계는 상당히 긍정적으로 기여하고 있다는 점을 알 수 있었다.

제2장. 함께 걷는 치유의 길

　이 저술에 참여한 중독된 여성들은 회복의 여정을 그녀들의 내면 깊숙이 각인된 결핍감과 화해하는 과정이라고 했다. 이 결핍감 안에는 부모로부터 사랑받지 못했다는 애정결핍, 가족들과의 관계에서 무관심과 차별의 대상이 되었다는 소외감 등이 내포되었다. 중독된 그녀들은 자신들의 몸과 마음에 박혀 있는 이 뿌리 깊은 내적 결핍이 특정한 물질과 행위에 과몰입하게 되면서, 그것을 끝없이 메우려는 중독의 늪으로 빨려 들어갔다고 고백했다. 더욱이 그녀들은 채워도 채워지지 않는 내적 결핍감을 강렬한 외적 자극들로 채우려는 왜곡된 삶 속에서, 그녀들이 주로 접촉하는 이들은 대부분 자신과 같은 중독자들이었다고 했다. 중독자의 세계는 그녀들을 비인격화된 관계, 사람들을 이해타산적 도구로만 활용하려는 거짓된 관계에 익숙한 비정상적 인간으로 만들었다고 했다. 그래서 중독된 그녀들은 자신들에게 내재된 결핍감을 중독 물질과 행위들로 욕구를 채우려는 욕망의 각축장 안에서 스스로를 파괴시켜 나갔다고 했다. 그 속에서 제대로 된 사회적 관계를 학습할 기회도, 사람들 사이에서 균형적 관계를 만들고 유지해야 할 방법도 제대로 경험하지 못했다고 했다.

이처럼 그녀들에게 회복해 나간다는 것은 내재적 결핍감에 대한 위로이고, 그 결핍을 성장으로 전환하고자 노력하는 치유 행위이며, 취약하고 부족한 사회적 관계 역량을 키워 나가는 동력이라고 했다. 또한 중독된 그녀들은 결핍이라는 퇴보에서 충만이라는 성장으로 전환할 수 있는 그녀들 나름의 해결책을 찾고 있었다. 예컨대 생각의 변경을 통해 생활 방식을 변경하거나, 종교 생활을 통해 신적 존재에게 의지하는 것, 중독 후유증에서 휘청거리는 나를 붙잡고, 회복공동체의 지지와 지원에 적극적으로 동참하는 것 등이 그렇다.

그녀들은 자신들이 무모하게 매달렸던 중독이라는 환상의 늪에서 빠져나오며 비로소 보이기 시작한 것을 언급했다. 내적 결핍감에 갈급하다 보니, 그것이 또 다른 중독 물질과 행위들을 끌어들였고 이는 곧 자신과 주변인들을 망가뜨리는 또 다른 악순환이 되었다는 걸 깨달았다. 중독된 그녀들의 이러한 자각은 곧 그녀들이 중독자로 살아왔던 파괴적이고 노예화된 삶을 거리 두고, 주변인들을 되돌아보는 숙고를 통해 가능했다.

여기서 저자들은 중독된 여성들이 회복 단계에서 의식적, 무의식적 거리두기를 통해 되돌아보는 숙고의 행위가 곧 '성찰'이라는 용어와 일치된다는 것을 고려했다. 성찰의 사전적 의미는 '자기 마음을 반성하고 살핀다*"이다. 즉 누군가가 자신이 살아왔던 삶에 대해 한발 물러서서 바라보는 '거리두기'와 그 안에서 다시 그 '삶을 되돌아보며 반성적으로 다시 살펴보는 행위'를 성찰이라고 말할 수 있다. 결국 중독된 그녀들은 개인적 수준의 반성적 성찰 행위를 통해 자신을 중독으로 빠져들게 만든 상처와 사회환경적 처지를 이해해 냈다. 그리고 이것을 넘어서는 것 자체가 곧 자신의 지속 가능한 회복과 연결되어 있다는 것을 알게 되었다. 그러나 각각의 인간이 스스로를 제대로 이해한다는 것은 마치 자신의 뒷모습을 거울에 비쳐진 모습으로만 확인할 수 있는 것**처럼, 제한적이고 불온전할 수밖에 없다. 그래서 이때의 성찰은 개인 차원의 성찰을 넘어 서로가 서로에게 거울로 함께 비출 수 있는 집단적 성찰, 즉 사회적 성찰로 확장될 필요가 있다. 다시 말해 어린 시절부터 축적해 왔던 애정결핍, 소외감, 관계 미숙이나 불균형감 등의 상처를 사회적 성찰을 통해 함께 이해하고 해석할 때 좀 더 섬세하고 풍부한 수용이 가능하다는 의미다.

한편 이 저술에 참여한 중독된 그녀들은 자신의 회복을 추동할 수 있는 지지와 지원체계로서, 그녀들이 종교적으로 신앙하는 절대자에게 기댐을 이야기했다. 그리고 회복의 과정과 의미들을 함께 나눌 수 있는 동료체계, 이 동료체계와의 만남, 치료와 사회적

---

* 표준국어대사전, 2023, (https://ko.dict.naver.com/)(2023. 12.26 검색).

** 이찬, 2011, "맹목적 욕망과 자기 인식의 결여: 부끄러움(恥)에 대한 철학적 인간학의 성찰", 『범한철학』, 제63권 4호, p.113.

재활, 영적 성장을 지원해 줄 수 있는 지역사회 차원의 익명의 회복기 중독자 자조 모임, 재활 및 사회복귀를 돕는 회복 시설 등에 대한 욕구를 드러내고 있었다. 하지만 그녀들은 자신들이 살아왔던 사회의 어떤 구조적이고 규범적인 규율체계가 그녀들을 중독자의 삶으로 몰아넣었는지, 그것을 사회적으로 성찰해 낸다는 것은 무엇을 의미하는지, 어떻게 이 규율체계를 비판적으로 성찰하면서 자기 목소리를 가진 주체로서 새로운 이야기로 만들어 갈 것인지는 간파하지 못했다.

이글은 중독된 여성들의 구술 속에서 포착해 낸 '성찰'이란 주제어를 중심으로 중독된 여성들의 회복 지속력을 추동하기 위해 우리 사회와 국가가 고민하고, 개입해야 할 방법적 성찰들을 '해석적', '비판적', '참여적'*이라는 세 가지 차원을 중심으로 제시하고자 한다.

1. 해석적 성찰

중독된 그녀들이 살아왔던 세계 안에는 상처가 되는 사건과 사람들이 존재했다. 그녀들은 가족 혹은 타인과의 상호작용이 빚어

---

* 이 세 가지 차원은 위르겐 하버마스(Jürgen Habermas)의 『의사소통행위 이론 1,2(위르겐 하버마스, 나남)』에서 강조하는 '사회적 성찰'과 '비판적 사고', 파울로 프레이리(Paulo Freire)가 『페다고지(파울루 프레이리, 그린비)』에서 제시한 '참여적 실천'에서 아이디어를 얻었다.

냈던 부정적 세계가 곧 자신들을 상처받게 했고, 중독자라는 환자로 만들었다고 여겼다. 그래서 탐닉의 늪에 빠진 중독자가 되어 허우적대던 그 시기, 그녀들에게 가족이나 여타의 타인들과 함께했던 삶은 상처투성이의 아픈 과거로 존재했다. 그러나 중독된 그녀들이 회복의 세계에 들어섰다는 것은 이 상처투성이였던 과거를 반성적으로 성찰하는 것을 의미한다. 또한 이것을 다시 이해되고 해석될 수 있는 새로운 세계의 지평으로 끌고 나간다는 것을 말하기도 한다. 이것은 중독된 그녀들에게 과거의 상처가 그저 상처로만 존재하는 것이 아니라, 회복 과정에서 그녀들에게 깊은 숙고를 불러일으키고 있다는 것을 뜻한다.

이 속에서 상처투성이의 과거일지라도 다시 이해되고 해석될 수 있는 지평이 열린다. 그래서 중독된 그녀들은 다른 중독된 여성의 험난했던 인생살이와 자신의 어린 시절을 비교하면서 그 어린 시절이 최악만은 아니었다는 것을 자각(J)한다. 또한 자신이 비정상적이고 일탈적인 것에 둔감한 이기적인 사람이었다는 것(K, S)을 자각하기도 했다. 중독된 그녀들은 상처와 고통으로 존재했던 과거의 아픈 나를 다시 이해하고 재해석함으로써 새롭게 환골탈태해 나가는 나와 만날 준비를 하는 것이다. 여기서 우리는 해석적 성찰이 가진 힘을 발견할 수 있다. 이것은 마치 플라톤의 '동굴의 비유'와도 같다. 자신들의 삶을 보이는 것만 보아왔던 편협한 '자기 생각'이라는 동굴에 갇혀 있다는 것을 자각할 수 있게 되는 것이다.

그렇다면 이러한 해석적 성찰은 오롯이 중독된 그녀들 스스로의 노력으로만 가능한 것일까? 이를 집단적·사회적 수준에서 실천할 수는 없었을까? 저자들은 위 질문에 대한 해답을 '나눔 행위'에서 찾고자 한다. 보통 '나눔'이라고 하면 현금, 현물, 시간 등이 그 대표적 수단으로 활용된다. 이외에도 헌혈, 장기기증, 시신기증 등과 같이 가치 있는 자원을 나누는 행위가 포함된다*고 할 수 있다. 이것을 좀 더 세분화해 보면, 나눔에는 현금, 현물 이외에 시간과 활동을 나누는 자원봉사, 재능기부 등의 다양한 활동이 포함될 수 있다.

위와 같은 맥락에서 보면 '나눔'이란 공동의 선을 위해 자신의 작은 도움을 제공하는 착하고 어진 이타 행위라고 의미화해 볼 수 있다. 나눔이 무엇인지를 학습하고 그것을 직접적으로 실천해 보는 것은, 비인격적이거나 비윤리적인 중독의 세계에 내던져졌던 그녀들에게 자신의 삶을 되돌아볼 기회를 제공한다. 그리고 다시 그 반추하는 이해의 거울 속에서 그녀들은 현재와 앞으로의 삶의 방향성을 좀 더 진지하게 숙고해 볼 수 있다. 유사한 맥락에서 강준혁(2018)은 단도박자의 선행 체험 구조를 '선행 가치를 발견'함으로써, 잠재된 개인의 '선한 본성을 발현'할 수 있다고 하였다. 이 속에서 단도박자들은 '자기반성'과 도박중독으로부터 벗어나지 못한 사람들을 위한 '책임감 생성'을 통해, 자신들의 '새 역

---

* 김소영 외, 2023, 『2022 한국형 나눔지수 개발연구』, 사회복지공동모금회. p.20.

할을 발견**한다고 주장했다. 이 점에서 이 저술은 중독된 여성들의 회복을 견인할 수 있는 추동의 기제로서 나눔 행위가 그녀들의 해석적 성찰을 위한 좋은 방법적 방안이 될 수 있다는 것을 제언하는 바이다.

그렇다면 중독된 그녀들이 나눔 행위를 통해 집단적 차원에서 좀 더 풍부하고 입체적인 성찰을 하기 위해서는 무엇이 어떻게 가능할까? 환원할 수 없는 개인의 인격적 가치와 타자에 대한 윤리적 책임을 강조한 레비나스(2004)는 궁핍함과 무력한 얼굴로 내 앞에 나타나는 타자는 가난한 자, 과부와 고아, 병든 노인 등의 모습을 하고 있다고 강조했다. 그리고 이 약하고 동정을 유발하는 얼굴들은 어느새 비인격화되고, 이기적으로 되어가는 나에게 제동을 걸고, 그 가엾은 타자를 모시고 영접하라는 일종의 '도움 명령'으로서 그들은 나에게 나타난다**고 했다. 그래서 레비나스 철학에서 타자는 불쌍함과 연민을 느끼는 동정의 대상을 넘어, 주체인 나에게 윤리적 인간으로서 책임성과 헌신을 다하는 섬김을 요구하는 일종의 주인으로도 다가온다고 했다. 결국 사회적 약자라 불리는 가난한 사람, 병든 사람, 취약한 환경에 놓인 사람은 자신의 윤리적 양심에 입각해, 인간다운 삶을 살 가능성을 높여주는 환대와 영접의 존재가 되는 것이다.

---

* 강준혁, 2018, "회복 중인 단도박자의 선행(善行)체험에 관한 연구", 『생명연구』, 제 48권, p.277.

** 임마누엘 레비나스(Emmanuel Levinas) 지음, 강영안 옮김, 2004, 『시간과 타자』, 문예출판사, pp.136-147.

이러한 맥락에서 이 저술은 중독된 여성을 대상으로 한 나눔 행위의 가치적 측면과 이것을 실천 행위로 연결시킬 수 있는 나눔 교육의 활성화가 필요하다는 것을 강조하는 바이다. 나아가 회복기 중독된 여성들을 위한 다양한 실천 프로그램 개발과 실시가 필요하다는 것을 제언하는 바이다. 강선경 외(2020)*는 4대 중독의 한국형 치유 모델을 "K-LIFE"로 개발했다. 이 모델에서 L은 '삶의 의미(Life Purpose)', I는 '나의 발견(Indiviual)', F는 '가족의 힘(Family)', 'E는 생태적 삶(Ecological System)'을 상징한다. 이 모델 중 '삶의 의미', '나의 발견'은 중독자의 '나눔'에 대한 깊이 있는 이해와 실천을 통해 중독 이전과 이후 그리고 회복하는 삶의 의미를 재구축하고, 자신의 가치를 새롭게 발견하는 데 도움을 줄 수 있다. 그리고 회복기 중독된 여성들에게 나눔 행위에 대한 깊이 있는 이해와 실천이 집단적으로 이루어질 때 자신들이 어떤 삶을 살아야 하고, 어떻게 살아야 하는지에 대한 방향성을 집단 지성을 통해 성찰해낼 수 있다. 그것을 통해 이러한 삶의 방향성을 자신들의 삶 일부로 흡수해 나갈 수 있다.

이러한 점에서 이 저술은 중독된 여성들의 회복을 돕는 해석적 성찰의 방안으로 중독자에 대한 나눔 교육 활성화와 관련 프로그램 개발 및 실시가 제도적 차원에서 정책적으로 반영될 필요가 있다는 것을 제언하는 바이다.

---

* 강선경 외 2020, 『4대 중독 한국형 치유 모델 개발연구, "K-LIFE"』, 한국학술정보, p.208.

2. 비판적 성찰

우리가 어떤 것에 대해 비판적으로 사고한다는 것은 어떤 주장을 일방적이고 맹목적으로 받아들이기보다 그것에 대해 질문을 제기하고 근거를 찾으며 통념을 의심*하면서, 그것으로부터 발생하는 왜곡이나 실책을 최소화하기 위한 노력이라고 할 수 있다. 우리 사회는 특정한 물질과 행위에 중독된 중독자들에 대한 부정적 시각과 낙인감이 매우 큰 사회라고 할 수 있다. 그래서 마약, 알코올, 도박, 게임 중독자 등에게 붙여진 이미지는 '위험한 범죄자',** '범죄와 처벌의 대상',*** '범죄자이자, 질환자',**** '교정가능한 일탈자',***** '질병과 치료의 대상',****** '사회적 부담과 분리의 존재'******* 등과 같은 편견 가득한 호칭으로 재현된다. 그로 인해 중독된 그녀들은 사회가 만들어 낸 고정관념, 통념이라는 사회적 시선으로부터 스스로를 숨기기 급급했다. 또한 그녀들에게 부여된

---

* 최명민 외, 2022, 『한국의 실천 현장을 반영한 사회복지실천론』, 사회평론아카데미, pp. 80-81.

** 문성호, 2013, "국내 게임중독 담론의 역사", 『한국컴퓨터게임학회논문지』, 제26권 1호, pp. 29-35.

*** 신선희, 2022, "마약 중독에 대한 비판적 담론 분석", 『한국콘텐츠논문지』, 제22권 9호, pp. 712-726.

**** 임해영 외, 2021, "마약류 중독자는 사회적으로 어떻게 표상되고 있는가?", 『생명연구』, 제61권, pp. 123-153.

***** 문성호, 2013, 앞의 글.

****** 신선희, 2022, 앞의 글.

******* 임해영 외, 2021, 앞의 글.

사회적 편견과 낙인들을 내재화하면서, 스스로를 가치 절하고 비하하는 경향성도 크다고 할 수 있다.

이 저술에 참여한 중독된 그녀들도 자신들을 사회가 금기시하는 사회문화적 규범과 법적 규율체계에 어긋난 존재로 여겼다. 나아가 사람들은 중독이라는 위험의 매혹에 빠져있던 자신들을 의식적으로 혐오한다고 했다. 그렇지만 중독이라는 이 위험한 쾌락에 빠졌던 사람들 가운데, 애초부터 그것의 파괴적 위험성을 알면서 시작한 이들은 많지 않다. 오히려 누군가는 호기심의 차원에서, 누군가는 지루한 일상에 잠깐의 재미를 주기 위해, 또 누군가는 살빠지고 예뻐진다는 속임수에 속아서, 어느 누군가는 달라질 것 없는 궁핍한 경제적 현실에 신기루 같은 일확천금을 꿈꾸며 중독에 빠져들었다. 그리고 누군가는 무거운 삶의 무게를 잠시 잊기 위해 들이킨 한 잔 술, 한 번의 게임에 자신이 중독자라는 사실도 미처 인식하지 못한 채 중독자로 전락했다.

그렇다면 우리는 중독된 이들을 '위험한 범죄자' 혹은 '언제 범죄를 저지를지 모르는 잠재적 위험 집단' 그리고 '질병을 가진 질환자' 내지 '치료와 보호적 분리 조치가 필요한 대상'이란 적대적이고 배제적 시각으로만 규정할 수 있을까? 중독된 그녀들조차도 위와 같은 사회 내 지배적 시선과 발화행위에 주눅 들고 잠식되어 스스로를 위험한 존재로, 병든 환자로 위치시키지는 않았을까?

그로 인해 중독된 그녀들은 자신들을 소위 정상적인 사람들이 살아가는 보통의 세계에는 도통 섞일 수 없는 비정상적인 세계 내 존재로 스스로를 규정하며 낙인화했을 가능성이 농후하다. 물론 우리나라의 경우 마약류 사용과 거래, 불법 도박 등을 법적으로 처벌하는 금지주의를 택하고 있고, 이러한 국가의 법적 규율체계에 이탈되어 범죄를 저지르는 이들은 응당 그 법이 정한 합당한 처분을 받는 것이 마땅한 일이다. 그렇지만 설령 불법적인 중독 문제로 법적 제재를 받았던 이들이라고 할지라도, 그들이 법적 책임을 이행하고 회복을 향한 진정한 여정으로 들어섰다면 이들은 사회의 다른 구성원들처럼 동등한 자유와 평등을 누릴 수 있는 권리를 가진 주체라고 할 수 있다.

하지만 중독된 여성들은 중독자에 대한 우리 사회의 훼손된 시각들을 내면화하고, 그 내면화된 시각 속에서 다시 자기 자신을 검열하면서 스스로를 부정하는 이중적 낙인의 피해자이자 동시에 스스로를 낙인찍는 가해자로 존재했다. 이것이 중독된 당사자들과 혹은 그녀들을 바라보는 사회적 시선에 대한 비판적 성찰이 필요한 지점이다. 이것은 중독된 이들에 대한 통념, 고정관념, 특정한 지식적 관점으로 발화되는 사회적 담론에 대해, 우리 사회가 좀 더 비판적으로 성찰할 필요가 있다는 것을 의미한다. 이때의 비판적 성찰은 곧 의구심을 가지고 질문을 제기해 보는 것에서부터 출발할 것이다.

왜 우리 사회는 중독자들을 '범죄자' 내지 '잠재적 범죄자'와 같은 위험 집단으로 취급하는 것일까? 위험 집단으로 취급당한다는 것은 중독자들이 사회적으로 어떤 위치에 놓여 있다는 것을 의미하는 것일까? 중독자들은 정말 위험한 집단일까? 만일 위험 집단이라고 단정하기 어렵다면, 어떤 상황과 조건에서 위험해질 수 있는가? 중독자들이 질병을 가진 환자의 위치에 놓인다는 것은 어떤 의미이고, 이 위치가 갖는 또 다른 위험성 내지 배제의 전략은 없었는가? 등의 다차원적인 의문을 제기해 보는 것이다. 이러한 문제의식 속에서 중독자라는 이유로 이들을 차별하고 억압하는 사회적 신념, 그리고 그 원천이 되는 사회적 담론에 대해 우리 사회와 당사자들은 비판적 성찰을 할 수 있다.

이러한 측면에서 이 저술은 회복기 중독된 여성들이 모일 수 있는 자조 모임, 공동체, 시설 등을 중심으로 중독자, 중독된 여성에 대한 기존의 사회적 담론들을 비판적으로 분석, 토론해 볼 수 있는 프로그램이 기획될 필요가 있다는 것을 제안하는 바이다. 그리고 단순히 비판적 분석의 차원을 넘어 중독 당사자인 회복기 여성들이 이것을 비판하고 풍자할 수 있는 글쓰기 작업이나, '미니 다큐' 형태의 영상 제작 등에 참여할 수 있는 기획 등도 필요하다는 것을 제안하는 바이다.

3. 참여적 성찰

이 저술에 참여한 중독된 그녀들은 자신들의 회복을 추동하는 공동체 차원의 동력으로 A.A, G.A, N.A 등과 같은 익명의 회복기 중독자 자조 모임인 회복공동체와 치료 및 재활과 사회복귀를 돕는 소규모 지역사회 재활시설을 언급했다. 특히 중독된 여성들은 치료와 재활을 목적으로 한 소규모 지역사회 재활시설에서 든든한 멘토 역할과 지원 역할을 하고 있는 시설 종사자와 프로그램, 그리고 회복을 향해 나아가고 있는 동료들을 통해서 회복 동기와 의지를 굳혀 나가고 있었다.

이 저술의 주인공들과 마찬가지로 기존 연구들도 치료공동체(DARC)를 통한 마약 중독자의 회복 경험을 '회복 불꽃으로 공동체에서 만난 타자',* '마약중독자의 협심자로서의 역할',** '치료공동체 내 선한 사마리안과의 조우'*** 등 이것은 곧 중독된 그녀들을 위한 회복공동체와 소규모 시설 등이 확충될 필요성으로 연결된다.

우리나라에서 중독자 재활을 돕는 시설 유형은 '중독재활시설', '공동생활가정', '주간재활시설', '직업재활시설' 4가지가 포함되고 있고, 2022년 기준 중독자를 위한 전국의 시설은 18개소****로 나타나고 있다. 이외에 지역사회를 기반으로 중독 당사자 및 그 가족에 대한 지원 서비스를 통해 중독자의 조기발견, 단기개입서비

---

* 최미경(a), 2022, "치료공동체(DARC)에 입소한 마약중독자들의 회복경험에 대한 내러티브 탐구", 『정신건강과 사회복지』, 제50권 2호, pp. 170-198.

** 강선경 · 최미경, 2020, "남성 마약중독자의 회복활동가로의 생애연구", 『한국사회복지학』, 제72권 2호 pp. 231-258.

*** 최미경(b), 2022, "여성 알코올 중독자의 치료공동체를 통한 회복과 성장에 관한 생애사", 『질적탐구』, 제8권 4호, pp. 151-177.

**** 한국중독시설협의체, 2023, (https://kaarf.co.kr)(2023. 11. 04 검색).

스, 지역 내 중독재활서비스 연계를 담당하는 중독관리통합지원센터는 2023년 기준 전국적으로 53개소*가 운영되고 있다. 위와 같은 수치와 앞 장에서 이 저술이 제시한 전국 중독자 추정 수치를 비교하면, 중독자 회복을 돕는 지역사회 기반 시설이 현저하게 부족하다는 것을 알 수 있다. 결국 지역사회가 중심이 되면서 중독자 회복 정도에 따른 재활시설의 유형을 세분화하고 이러한 시설들을 확충함으로써, 좀 더 중독된 이들의 회복을 섬세하게 지원할 필요가 있다. 특히 중독여성들의 치료와 재활을 돕는 여성 전용 회복지원 시설이 2022년 기준 1개소**라는 점은 너무나 부족한 현실을 반영하고 있다. 이러한 현실이 개선되었을 때 중독된 여성들의 회복은 멀리 있는 이상이 아니라, 좀 더 가까운 현실로 변화될 수 있을 것이다.

더욱이 중독된 그녀들은 익명의 회복 자조 모임과 지역사회 기반 소규모 회복공동체에서 만난 회복 선배와 동료에게서 회복의 동기와 지지자로서 역할 모델을 찾기도 했다. 중독자들은 회복의 가능성을 동료 지원자에게서 찾고, 회복 동료를 만남으로써 회복의 동기부여와 역할 모델을 찾는다. 여기서 동료·지지자 및 지원자의 역할 중요성이 있다. 이러한 맥락에서 본격적인 회복기의 여성들이라면, 회복 당사자로서 중독자들의 회복을 지원하고 옹호할 수 있는 자발적 목소리를 낼 수 있어야 하지 않을까?

---

*   위의 포털.
**   위의 포털.

필자들은 중독자들의 회복을 옹호하고 목소리를 낼 수 있는 집단적 연대의 노력을 참여적 성찰의 한 방안으로서 제시하는 바이다. 장정은·전종설(2021)은 중독 당사자로서 회복자의 활동 역할을 '회복자의 정체성 강화', '중간자, 촉진자, 회복을 상징의 롤모델'로서 제시*하고 있다. 이들은 동료지원가로서 중독자들의 회복을 돕기는 하지만, 국가가 자신들의 회복을 지원하도록 목소리를 낼 수 있는 권리의 주체로서 연대하지는 못하고 있다. 기존 연구들 조차도 회복 당사자들의 연대를 통한 제도 입안 및 개선, 운동 전개에 대한 논의는 본격적으로 제시하고 있지 못했다.

이러한 측면에서 회복 당사자들은 아직까지는 중독자의 회복을 돕는 협심자 내지 서비스 제공자의 위치에 머물러 있다. 이로 인해 회복 당사자 스스로의 회복을 견인할 수 있는 제도 내지 정책의 제안, 입안을 위한 주인공으로도 참여하지 못하고 있다. 중독자들의 회복 정책이나 실천 서비스도 회복기에 있는 중독 당사자들이 주체가 되어야 한다. 당사자들이 자신의 중독과 회복 문제 해결의 주체가 되지 못한다면, 그 해결책은 당사자들이 배제된 반쪽짜리 해결책이 될 가능성이 크다. 중독자 회복을 돕는 전문가 체계, 그리고 회복당사자들의 목소리가 서로 연대했을 때 조금 더 당사자들을 위한 실질적 제도로 뿌리내릴 수 있을 것이다.

한편 중독된 그녀들은 개인적 수준에서 각자 신앙하는 종교의

---

* 장정은·전종설, 2021, "도박중독자에서 동료지원자로: 회복자인턴 경험을 중심으로", 『보건사회연구』, 제41권 4호, p.187.

절대적 존재에게 의지하면서 자신의 회복을 지속하고자 했다. 이처럼 중독된 그녀들 개인적 차원의 종교에 의지하는 모습은 역설적이게도 우리나라 종교기관이 중독자들의 회복을 위한 적극적인 지지공동체로서 나서지 않는 현실의 모순을 드러내는 것이기도 하다. 이미 여러 기존 연구들은 중독자들의 종교적 신앙 활동이 이들의 회복과 성장에 긍정적으로 기여하고 있다는 것을 보고[*]하였다. 즉 기존 연구들은 중독자들의 회복에 종교와 종교에 기반 영성 체험이 중요한 요소라는 것을 언급하고 있다. 여기에는 '위대한 힘의 은총', '종교적 회심 체험', '신적 · 초월적 존재와의 관계 경험'[**]등의 다양한 의미로 부여되고 있다.

하지만 실제 국내 종교기관에서 중독자들을 지원하기 위한 실질적 프로그램이나 서비스를 제공하는 사례는 찾아보기 쉽지 않다. 그렇다면 종교가 중독자 그리고 중독된 여성들의 회복을 위해 좀 더 적극적으로 나서야 하지 않을까? 기본적으로 A.A, G.A, N.A와 같은 중독자 회복 12단계 프로그램도 종교공동체 안에서 조금 더 영성에 기반한 치유 프로그램으로 자리 잡았을 때, 더 큰 강점을 발휘할 수 있을 것이다. 물론 이와 같은 저자들의 주장은 종교계 내에는 '기독교적이지 않다', '동양적 종교 교리와는 맞지 않다'

---

[*]   여기에 해당되는 연구들은 최주혜(2015), 임해영 · 김학주(2018), 유은주(2019) 등이 있다.

[**]   김미숙(2019)은 중독을 주제로 한 국내 연구 44편을 분석해, 중독자들이 회복 과정에서 체험하는 영성을 문헌 분석을 통해 고찰하였다. 이것을 통해 종교적 차원의 영성 체험의 의미를 위와 같이 분석했다.

등의 이유로 외면당할 수도 있다. 그렇지만 회복하는 중독자 내지 중독 여성들에게 종교와 종교에 기반한 영성이 그들의 회복 지속력을 강화하고 유지하게 하는 좋은 동력이 된다면, 종교계가 그것을 좀 더 적극적으로 이해하고 동참해야 하지 않을까?

이를 위해 이 저술은 회복 당사자 그리고 종교계, 전문가 체계가 함께 연결되고 연대할 필요성이 있다는 것을 제안하는 바이다. 예를 들어, 기독교의 성경과 불교의 경전, 기도와 명상, 108배 등의 종교적 교리와 의식은 중독으로 인해 자신을 파괴했던 물질과 행위에 대한 욕망을 내려놓는 데 일정 정도 도움을 줄 수 있다. 이는 과의존과 과몰입으로 인한 금단, 내성, 갈망, 충동을 완화하는 데에도 긍정적인 영향을 미칠 수 있다. 또한 중독된 이들은 스스로를 피폐화시키고 파괴시켰던 자신의 취약함과 불안정함에 대해 좀 더 숙고하고, 더 깊은 자기 이해로 나갈 수 있다. 이러한 이유로 회복 당사자들이 참여적으로 성찰한다는 것은 종교계와 연대할 필요가 있다는 것을 의미한다. 나아가 전문가와 협력해 중독을 근본적으로 이해하고 종교자원을 회복 지원에 어떻게 활용할지에 대한 구체적인 방안과 방향을 설정해야 함을 의미할 것이다.

나가는 글

회복의 새로운 지평을 향해

　이 저술은 중독된 여성들이 마음 씀을 통해 타자와 관계를 맺는 실존적 존재라는 점에 주목했다. 그리고 이 마음 씀의 근원적 기분 상태를 불안으로 보고, 이 불안에 휩싸인 여성들의 몸이 인간의 의식 수준보다 먼저 앞서 나가 중독 물질, 행위들과 만나 어떻게 뒤엉키는지를 분석했다. 나아가 중독된 여성들 안에 깊숙이 내재된 심리적 기제와 그녀들을 둘러싼 사회환경적 구조와 문화적 맥락들이 어떻게 중독 문제를 더 부추기고 약화시키며, 삶을 파탄나게 하는지를 조명했다. 그로 인해 이 저술은 중독 문제의 본질에는 '관계 맺기'라는 상호작용이 핵심이라는 것을 포착할 수 있었다. 이때의 상호작용은 중독 여성들이 자신의 심리 내적 기제와 어떻게 관계를 맺는지, 자신을 둘러싼 구조적이고 문화적인 사회와 어떻게 관계 맺는지가 중요하다. 이 저술은 중독 여성들이 중독과 만날 수밖에 없었던 심리 내적 기제를 정서적 결핍과 소외감으로 이해했다. 그리고 이 심리 내적 기제들이 불확실성의 사회, 자기 착취의 사회, 지루한 사회 등에 직간접적 영향을 받으면서 더욱더 중독으로 몰아간다는 것을 제시했다.

　이 저술의 주인공인 회복기 중독 여성들은 20대에서 60대 중반까지 다양한 세대가 포함되었고, 이들은 알코올, 마약, 도박, 성중독의 문제로부터 고군분투했다. 그녀들은 자신들의 중독 문제에 연루된 어린 시절 가족과 주변환경, 그리고 중독을 만나게 된 계기에서부터 중독자의 삶, 회복자로서 살아온 과정적 삶을 입체적으로 구술해 주었다. 저자들은 그녀들이 풀어내는 이야기의 역동 속에서 함께 울고 웃는 변증법적 대화의 장안에서 상호 공감했고, 공명했다. 이 속에서 그녀들이 중독의 탄생에서 회복으로 탈주하기까지의 삶을 '평범한 일상을 영위하는 것이 진정한 삶이라는 것을 깨달아가는 여정', '파탄과 성장의 교차점에서 분투하기', '돈을 향한 맹목적 허기가 채워지지 않은 관계 결핍에서 왔다는 것을 자각하는 삶', '진정한 사랑의 본질을 찾아 헤매는 삶의 고단한 여정'으로 주제화했다.

　그리고 이 저술은 중독 여성들이 회복을 추동하고 지속적인 지지 체계가 되어줄 해결책으로서, 당사자인 그녀들이 욕구하고 기대하는 것을 제안했다. 그것 안에는 '내면에 깊게 뿌리 박힌 결핍감과 화해하기', '생각의 변경을 통한 생활 방식의 변경', '종교 생활을 통한 신적 존재에 의지하기', '떨어지는 사회적 관계 역량 개선해 가기', '중독후유증으로 휘청거리는 나 붙잡기', '회복공동체의 지지와 지원'이 포함되었다. 그뿐만 아니라 저자들은 중독된 여성들의 회복을 위한 동력으로서 '사회적 성찰'을 제안했다. 이것의 구체적 방안으로서 해석적 성찰, 비판적 성찰, 참여적 성찰을 제안했다. 해석적 성찰은 회복기 중독 여성들이 자신의 실존을 다시 이해하고 해석하면서, 그녀들의 근본 기분인 불안이 자아내는 겁먹음과 정서적 결핍, 소외감 등의 취약한 심리 내적 기제를 떨쳐버릴 수 있다고 주장했다. 이 저술은 이러한 해석적 성찰을 추동할 수 있는 구체적인 실천 행위로서 나눔이라는 이타적 실천을 강조했다. 또한 이러한 이타적 실천이 나눔 교육 활성화와 관련 프로그램 개발 및 실시가 제도적 차원에서 이루어질 필요가 있다는 것을 제언했다. 비판적 성찰에서는 중독된 사람들, 특히 여성들을 우리 사회가 어떠한 시선으로 바라보고 있으며 이러한 시선이 그녀들을 어떻게 낙인화하고 사회적으로 배제하는지 살폈다. 나아가 이를 당사자들이 재인식하고, 이것을 비판적으로 성찰할 수 있는 다양한 프로그램이 기획될 필요가 있다는 것을 제언했다. 참여적 성찰은 회복기에 있는 중독 당사자들이 중독과 회복 문제해결의 주체가 되어, 자신들을 위한 회복 정책이나 실천 서비스의 입안 및 개선, 운동 전개를 위한 주인공이 되어야 하며, 이것을 위한 회복 당사자 및 지원 단체의 유기적 연대가 필요하다는 것을 제언했다.

그동안 회복자를 위한 많은 제언들은 특정 종교의 영성을 기반으로 손상된 자기 조절력과 통제력을 키우면서, 행복감과 삶의 고차원적인 의미를 추구*하는 익명의 회복자 12단계 프로그램 (AA, GA, NA)를 통한 개인적 실존적 성장을 강조했다. 이외에 주변의 지지체계, 커뮤니티 케어, 친밀한 사회적 관계 및 통합 등을 언급한 4대 중독의 한국적 치유모델이 제시되기도 했다. 그뿐만 아니라 사랑과 연대를 통해 중독시스템을 막아내기 위한 사회적 노력과 성찰, 지배적 담론의 변화 등이 제언되었다. 그런데 위와 같은 제언들은 중독 여성 개인의 관계 맺기라는 상호작용에는 상대적으로 주목하지 못했다. 중독 여성들의 회복을 지속하기 위해서는 그녀들 개개인의 내적 성장도 중요하지만, 관계 맺기하는 주변과 좀 더 거시적인 사회체계를 이해하는 것도 중요하다. 이것을 통해 개인과 사회의 새로운 관계 맺기의 재설정 및 그것을 위한 실천이 필요하다.

이 저술은 이것을 '사회적 성찰'로 제언했다. 이 사회적 성찰은 중독된 여성들이 자신의 실존적 삶에서 마주하게 되는 삶의 의미를 새로운 시작과 태도로 이해할 수 있는 해석적 성찰로부터 시작된다고 할 수 있다. 또한, 그들은 비판적 성찰과 사회적 성찰을 통해 중독자에게 덧씌워진 사회적 낙인과 오명에서 벗어나야 한다. 나아가, 이러한 낙인과 오명이 어떤 사회구조적 · 문화적 맥락에서 형성되었으며, 어떠한 경로를 거쳐 공고화되었는지를 사회적 대화와 토론을 통해 성찰하는 것이 필요하다. 나아가 중독된 여성들은 자기 목소리를 가진 주체로서, 중독이라는 탐닉의 늪에 빠져

---

* 강선경 외, 2020, 앞의 글, pp.77-80.

탈주하고자 하는 수많은 익명의 그녀들과 공동체 안에서 우정의 연대를 통해 참여적 목소리를 낼 수 있다. 그리고 그것은 중독 여성은 물론 중독 문제로 어려움을 겪는 또 다른 이들과 함께 목소리를 낼 수 있는 참여적 성찰이 될 수 있다는 것을 제언했다.

한 회복기의 40대 중독 남성은 자신이 바라고 바라는 마지막 희망은 착한 여성을 만나 아이 두 명 정도를 낳아 지극히 평범한 가정을 이루며 사는 것이라고 했다. 그에게 보통 사람들이 살아가는 가정의 모습은 너무나 요원한 먼 꿈과 같다고 했다. 왜냐하면 그가 처한 현실이 마치 엄청나게 높은 빌딩위에서 언제 끊어질지도 모르는 가느다란 밧줄을 붙잡고 있는 형국과 다를 바 없기 때문이라고 했다.* 요원할 것만 같은 회복의 길은 중독자 개인의 노력만으로 혹은 사회구조적인 제도와 환경, 문화의 변화만으로 분리되어 온전히 완성될 수 없다. 한 개인의 변화는 그 혹은 그녀와 상호작용하는 환경의 변화와 동시에 이루어져야 하고, 그 환경을 변화시킬 수 있는 주체야말로 회복 당사자들이다. 회복 당사자인 중독 여성들이 개인과 사회를 동시에 변화시킬 수 있는 방법의 하나로 사회적 성찰 즉 해석적, 비판적, 참여적 성찰을 제안하면서, 이 글을 끝맺고자 한다.

---

* 이것은 이 저술의 대표 저자인 임해영이 2016년 만났던 한 회복기의 중독 남성이 한 이야기를 재구성해 제시했다.

"불안의 노예에서 벗어나 삶의 주인공 되기"

임해영, 최미경, 강선경, 세 분의 노고가 깃든 작품『중독된 그녀들: 탐닉의 늪에서 탈주하기』는 오늘날 한국 사회에서 여성들이 왜, 어떻게 중독 세계에 빠져들기 쉬운지, 어떻게 하면 그 늪에서 탈주할 수 있을지를 알려주는 책입니다. 따지고 보면, 자본주의 사회, 특히 한국 사회는 가족, 외모, 능력, 성취를 유달리 중시하기에 누구나 불안과 두려움, 걱정과 조급증에 시달리며 삽니다. 한마디로, 사람답게 살기가 참 힘든 사회입니다.

이 책은 그런 조건 속에서 어떤 원인들이 작동하여 많은 여성들을 물질중독이나 행위중독으로 내몰게 되는지 친절히 설명합니다. 불확실성의 사회, 자기 착취 사회, 지루한 사회 등이 중독을 조장하는 사회라는 것이지요. 그러면서 한국의 문화는 '슈퍼 우먼'을 높이 치는 가족주의와 성과주의 문화에다, 외모를 중시하는 외형주의 문화가 지배하고 있지요. 그러나 사회가 그렇다 하여 모든 이들이 중독에 빠지는 건 아닙니다. 세 저자들은 '지각된 몸'이란 개념을 강조하면서, 만일 우리 몸이 정서적 결핍을 경험하거나 사회적 소외를 느낄 때 그 괴로움이나 공허감, 두려움과 불안감 등을 회피하고자 중독적 물질이나 행위를 향해 미친 듯 달린다고 봅니다. 미국 필라델피아 켄싱턴 거리에 가면 펜타닐 중독으로 인해 몸이 굳어 꺾인 채 정지된, 좀비족들을 많이 볼 수 있다고 합니다. 또 한국의 10대 청소년들조차 펜타닐에 중독되면, '돈까스 망치로 신경을 찢는 지옥의 느낌'이라 호소하기도 합니다.

그러나 이 책의 최대 강점은 불안감의 노예가 되어 중독의 늪에서 허우적거리다가 마침내 회복의 길로 들어선 네 명의 여성들의 이야기를 잔잔하게 전해준다는 점입니다. 엄마의 사랑이 충분치 못해 애정결핍에 시달리다가 알코올중독에 빠진 J씨, 남들이 부러워하는 몸매 관리에 과몰입하다가 유흥업소를 통해 마약중독에 빠진 K씨, 친밀한 관계의 결여 상태에서 오빠 공부를 위해 돈벌이에 집착하다 도박중독에 빠져든 S씨, 그리고 자기연민에 빠져 자기 위로를 통한 상처 해소에 매달리다 업소에서 오히려 사람 대접받으며 살아 있는 느낌을 갖게 되었다는 성중독의 M씨 등이 모두 그 주인공들입니다.

이들이 자신의 삶을 진솔하게 들려준 것도 감동이지만, 각기 나름의 계기와 조건들, 새로운 상황과 관계 맺기를 하면서 중독의 늪과 덫으로부터 서서히 빠져나오는 모습은 더욱 감동적입니다. 물론 그 모든 여정이 수월한 건 아닙니다. 아마도 지그재그 내지 오르락내리락 하는 모습, 즉 '흔들리며 피는 꽃'일 가능성이 큽니다. 그럼에도 이웃의 손을 잡고 함께 일어서거나 때로는 혼자서도 꿋꿋이 일어서는 모습은, 우리네 삶의 아름다움 그 자체입니다. '중독 사회' 내지 '중독 공화국'이라 할 수 있는 대한민국, 저 자신을 포함한 많은 사람들이 온갖 중독에서 허우적거리고 있는 우리네 삶의 실상을 정직하게 대면하면서, 『중독된 그녀들: 탐닉의 늪에서 탈주하기』와 함께 새출발 할 수 있기를 소망합니다. 그런 의미에서 감히 이 책의 일독을 권합니다.

고려대 명예교수 강수돌*

---

* 〈중독 공화국(2021, 세창미디어)〉 저자

"중독자의 회복과 자립을 지원하는 사회를 꿈꾸며"

"한 번 중독자는 영원한 중독자인가?" 이 책은 내 인생의 굴곡을 투명하게 비춰주는 거울과도 같다. 불안하고 고독했던 어린 시절의 상처 속에서 나는 약물에 중독되었고, 절망의 깊은 나락을 헤매다가 25년 동안 중독에 늪에서 마침내 회복의 첫걸음을 내딛게 되었다. 이 책은 그러한 내 경험을 고스란히 대변하며 진정한 의미에서 치유와 재활의 가능성을 되새기게 한다. 추천의 글을 쓰게 된 나 또한 약물이 무엇인지조차 몰랐던 10대 시절, 우연히 한 외국인이 건넨 알약으로 시작되어 중독의 길을 걸었다. 이후 교도소, 정신병원, 노숙을 전전하며 생사의 기로를 넘나드는 나날을 보냈고, 끝내 회복이라는 희망을 붙잡기까지 다사다난한 과정을 거쳐왔다. 중독자로서 나는 스스로가 파멸의 길을 걷는 모습을 지켜봐야 했으며, 죽음의 공포와 마주하면서도 한편으로는 삶을 갈망하는 내적 모순을 끊임없이 경험했다. 중독이라는 자기 파괴적 굴레에 갇힌 채, 이미 약물에 길들어진 몸은 중독적 행동을 반복하며 점점 깊은 절망으로 빠져들었다. 그러나 아무리 중독에 깊이 빠진 사람이라도 누군가의 손길을 간절히 기다리며, 평범한 삶을 살아가고 싶은 열망은 모두에게 존재한다. 다만, 어린 시절의 불안과 가정폭력, 트라우마로 중독에 내몰린 나와 같은 이들에게 회복의 길은 험난한 여정일 수밖에 없다.

이 책은 중독 여성들이 어떤 사회적 맥락에서 중독의 길을 걷게 되었는지, 그리고 그들이 겪은 실존적 경험을 통해 어떻게 회복의 길을 찾아갔는지를 조명한다. 저자들은 중독 여성들을 단순히 취약한 존재로 접근하지 않고, 스스로의 삶을 주체적으로 이끌어갈 수 있는 가능성의 존재로 바라보며, 그들의 회복 과정에 진정성 있는 애정을 담았다. 이는 중독자들을 단지 관리하고 억제해야 할 대상이 아닌, 본질적으로 치유와 재활을 통해 회복의 가능성을 탐색할 주체로 다가가게 한다. 나아가 중독 여성뿐 아니라 나와 같은 남성 회복자들, 그리고 회복을 지지하는 가족과 전문가들에게도 깊은 공감과 통찰을 선사하며 중독에 대한 시각을 새롭게 재편하도록 촉구한다.

지금 우리 사회는 그 어느 때보다도 마약 문제에 깊이 직면해 있다. 더 이상 개인만의 문제가 아니며 사회 전체가 나서서 해결해야 할 사안이 되었다. 각자의 개별적인 환경으로 인해 중독의 길로 내몰린 이들에게 재발의 두려움과 사회적 낙인 속에서 회복의 길을 걷는 일은 말 그대로 '죽었다 다시 살아나는' 고통을 수반한다. 단순히 중독을 범죄로 치부하는 사회 통념과 중독자들을 향한 병리적 관점으로는 그들의 회복을 도모할 수 없다. 중독자들은 정죄해야 하는 대상이 아니라 회복과 자립을 지원하여 온전한 사회인으로 기능하도록 도와야 하는 아픔이 있는 사람들이다.

이 책이 우리 사회가 중독 문제를 해결하는 데 있어 중요한 변곡점이 되기를 진심으로 기대한다. 또한 중독자들이 걸어가는 재활

과 회복의 여정에 진정성을 담아 함께할 수 있기를 바란다. 친구이
자 동료로서 저자들의 깊이 있는 시도와 따뜻한 접근을 진심으로
지지하며, 이 책을 모든 회복의 동료들과 함께 추천하는 바이다.

전)한국마약퇴치운동본부 1342센터장 · 회복 당사자 박영덕

"회복을 향한 전쟁 같았던 내 삶을 향한 따뜻한 위로"

분투하는 삶! 나는 이 저술 속 표현이 참으로 좋았다. 중독에 빠져서 인생의 밑바닥을 경험하고, 다시 회복 당사자로서 긴 삶의 시간을 살아온 전쟁터 같았던 내 삶을 대변해 주는 것 같은 표현이어서 좋았다. 추천의 글을 쓰게 된 나 또한 회복 당사자로서 걸어온 시공간의 질곡이 너무도 컸다. 하고 싶은 말들이 너무 많을 때 오히려 할 말이 없어지는 모순이 발생하는 것처럼, 『중독된 그녀들: 탐닉의 늪에서 탈주하기』라는 이 저술을 마주하고 나서 하고 싶은 말이 없어지는 이 딜레마를 어떻게 글로 표현할 수 있을까?

나는 중독자의 삶, 그리고 회복자의 삶, 회복자로서 중독된 이들을 돕고 지지하는 동료지원가로서 살아온 삶, 그 여러 과정의 삶 안에 존재했고, 현재도 존재하고 있다. 그 여러 과정의 삶 속에서 우리 사회에서 나와 같은 이들은 '중독자'라는 불명예스러운 호칭으로 불렸다. 그러면서 무엇인가 일탈적이고 도덕적으로 문제가 많은 사람, 심리적으로 취약한 사람 등으로 섣부르게 이름 붙여지거나, 낙인찍히는 존재로 위치해 왔다. 혹은 뇌 기능 이상이나, 뇌가 손상된 환자 정도로 치부되면서 사회 내 가장 배제적 존재로, 주변인으로 위치해 왔다. 내가 이 저술을 추천하겠다고 마음먹은 이유는 이 저술의 내용은 적어도 회복의 길을 가고 있는 중독 여성들을 낙인찍히는 대상과 환자의 위치에서 바라보지 않았기 때문이다. 특히 이 중독 여성들은 어린 시절부터 가족과 인간관계 등에서 정서적 결핍과 소외감을 경험한다. 이러한 개인적 배경이 지금 우리 사회의 불확실함과 뒤섞이고, 그것이 자기 착취로 이어지며 중독 여성이 되는 과정을 조명했다는 점에서 나 역시 위로받는 느낌이었다. 특히 이 책은 회복기에 있는 중독 여성들을 통해 '중독자를 범죄자쯤으로 낙인찍는 왜곡된 사회적 시선'에 대해 비판적으로 사고하며, 회복기 여성 당사자들의 복지와 권리를 위한 사회참여의 목소리를 독려하고 있다. 새로운 시도이고 접근이다. 한국 사회는 회복을 희망하는 중독 여성들이 사회복귀를 할 수 있도록 돕는 재활에 초점을 맞춘 시설이 너무나 부족하다. 국가적이고 사회적 지원도 너무나 부족한 것이 현실이다. 그런 의미에서 회복 당사자인 나 자신부터 비판적으로 사고하고, 참여적 목소리를 내보라고 권하는 이 저술의 주장이 신선하게 다가온다. 다양한 생각의 지평이 열리고, 그 속에서 여성들의 중독과 회복에 대한 다양한 목소리들이 퍼져나갈 때 중독된 그녀들이 배제적 대상이 아니라, 함께 살아가는 친구이자 동료가 될 수 있을 것이다. 이것이 내가 이 책을 추천하고자 하는 이유이다.

회복 당사자 · 회복기 중독자 지원활동가 최 동그라미[*]

---

[*] 가명.

"우리가 관계하기에 가능한 것들"

　임해영, 최미경, 강선경이 공동 집필한『중독된 그녀들: 탐닉의 늪에서 탈주하기』는 현대사회에서 여성들이 중독에 빠지는 과정과 그 원인, 그리고 회복의 가능성을 다각도로 탐구한 책이다. 이 책은 중독을 단순히 개인의 문제로 치부하지 않고, 사회적·문화적 맥락에서 발생하는 복합적 문제로 보고 있다.

　이 책은 여성 중독 문제를 다루며, 사회 구조의 불평등과 외모에 대한 요구를 여성 중독의 배경으로 짚는다. 사회적 미덕이 되어버린 '아름다움'은 여성의 자아에 깊은 영향을 미친다. 이상과 현실의 괴리, 그리고 끝끝내 도달할 수 없는 이상은 여성들을 중독의 길로 끌어당긴다.

　현대사회에서 성과와 성공을 추구하는 여성들은 사회적 역할과 외모에 대한 과도한 압박을 받기 마련이다. 이런 짓눌림이 강화할수록 불안의 그림자는 짙어지고, 이를 탈피하기 위한 강박은 어느새 중독으로 변모한다. 특히 저자들은 현대사회가 여성에게 가하는 부당한 기대와 압박을 비판하며, 이러한 압박에서 벗어나기 위해 중독에 빠지는 현상을 주목한다.

　저자들은 중독 여성 4명의 사례를 통해 지속가능한 회복에 대한 전략을 제시한다. 이를 통해 우리는 이들이 중독에 빠지게 된 게 '의지박약의 문제'가 아니라, 사회 구조와 여성에 대한 역할 고정 등 부조리함이 깊이 관여한다는 것을 알 수 있다. 중독에 대한 진정한 회복 방식이 무엇인지, 저자들은 깊은 인터뷰 과정을 통해 제시한다.

우리 사회는 중독을 어떻게 바라볼까. "그럴 만한 사람의 그럴 만한 선택"으로 치부하고 있지 않나. 그래서 그들과 우리를 '단절' 하지 않나. 책의 마지막 장에는 중독 회복의 단초가 타인과의 "관계 회복"에 있다고 역설한다. 저자들은 개인의 문제를 넘어선 중독의 실체를 파악하고, 이를 극복하기 위한 사회적 공감과 연대의 필요성을 강조한다.

투데이 신문 강현민 기자

참고문헌

강선경 · 최미경, 2020, "남성 마약중독자의 회복활동가로의 생애연구", 『한국사회복지학』, 제72권 2호, pp. 231-258.

강선경 · 문진영 · 김진욱 · 신승남 · 박소연 · 강준혁 · 이소영 · 최윤 · 김미숙, 2020, 『4대 중독의 한국형 치유 모델 개발연구 "K-LIFE"』 모델, 파주: 한국학술정보.

강수돌, 2012, "성과사회, 자기 착취 그리고 피로사회:한병철 『피로사회』(서평)", 『진보평론』, 제52호, pp. 275-283.

강수돌 · 홀거하이데, 2018, 『중독의 시대-대한민국은 포스트 트라우마 중독사회다』, 고양: 개마고원.

강수돌, 2021, 『중독공화국』, 서울: 세창미디어.

강준혁, 2018, "회복 중인 단도박자의 선행(善行)체험에 관한 연구", 『생명연구』, 제48권, pp. 267-293.

권김현영 · 루인 · 류진희 · 정희진 외(1인), 2017, 『양성평등에 반대한다』, 서울: 교양인.

구연상, 2007, "하이데거의 권태" 『동서철학연구』, 제45권 pp. 247-268.

김동식 · 김영택 · 동제연 · 정다은 · 김숙이, 2020, 『한국 사회의 젠더와 건강불평등 연구 Ⅲ: 외모 강박과 미용 성형을 중심으로』, 서울: 여성정책연구원.

김미숙, 2019, "중독의 회복 과정에 대한 영성적 고찰: 국내 질적연구의 내용분석", 『사회복지연구』, 제50권 4호, pp. 31-58.

김소영 · 이수현 · 노법래 · 김윤민 · 주익현 · 정현탁 · 송지현, 2023, 『2022 한국형 나눔지수 개발연구』, 서울: 사회복지공동모금회.

김유숙, 2015, 『가족치료』, 서울: 학지사.

김의현 · 박수정 · 김다솜 · 김영근, 2023, "애착불안이 관계중독에 미치는 영향: 거부 민감성과 정서조절 곤란의 매개효과", 『재활심리연구』, 제30권 1호, pp. 133-150.

김정현, 2013, "불안의 치유와 소통의 사유-'자아신경증'을 중심으로", 『범한철학』, 제71권 4호, pp. 321-348.

김화자, 2005, 『모리스 메를로-퐁티 간접적인 언어와 침묵의 목소리』, 서울: 책세상.

김혜경, 2013, "부계 가족주의의 실패?: IMF 경제위기 세대의 가족주의와 개인화", 『한국사회학』, 제47권 2호, pp. 101-141.

남현지 · 하은혜, 2022, "대학생의 아동기 대인 외상 경험이 SNS 중독경향성에 미치는 영향 – 불안정 성인애착과 소외에 대한 두려움의 순차매개 효과 – ", 『한국아동복지학』, 제71권 4호, pp. 63-91.

노은주 · 신주연, 2024, "도박중독 및 회복 과정에 대한 질적 메타분석", 『재활심리연구』, 제30권 4호, pp. 1-28.

문성호, 2013, "국내 게임중독 담론의 역사", 『한국컴퓨터게임학회논문지』, 제26권1호, pp. 29-35.

미국정신분석학회, 이재훈 옮김, 2002, 『정신분석용어사전』, 서울: 한국심리상담연구소.

박병준, 2016, "불안과 철학상담-불행을 넘어서는 '치유의 행복학'의 관점에서", 『철학논집』 제46집, pp. 9-39.

박소영 · 박경, 2020, "한국판 성중독 척도(K-HBCS)의 타당화 연구", 『청소년학연구』, 27권 12호, pp. 217-247.

범상규, 2015, 『멍청한 소비자들 당신의 지갑을 여는 '지름신'의 주문 9가지』, 서울: 매일경제신문사.

신경아, 2013, "'시장화된 개인화'와 복지 욕구", 『경제와사회』, 제98호, pp. 266-303.

심형준, 2013, "섹슈얼리티의 성스러움: 금기 너머의 더럽고 위험한 성스러움과 (正常) 섹슈얼리티",『종교문화비평』, 제23권, pp. 15-46.

신선희, 2022, "마약 중독에 대한 비판적 담론 분석",『한국콘텐츠논문지』, 제22권 9호, pp. 712-726.

우재희, 2014, "외상경험과 애착이 알코올중독자의 음주에 미치는 영향",『정신보건과 사회복지』, 제42권 3호, pp. 121-150.

유은주, 2019, "알코올중독 노숙인의 회복자로 살아가기: 생애사 연구접근",『한국사회복지질적연구』, 제13권 1호, pp. 35-59.

이병욱, 2021, "인간소외 어떻게 극복할 것인가",『불교평론』, 제87호.

이찬, 2011, "맹목적 욕망과 자기 인식의 결여: 부끄러움(恥)에 대한 철학적 인간학의 성찰",『범한철학』, 제63권 4호, pp. 93-124.

임지현 · 정수복 · 정일준 · 심보선 외(9인), 2017,『지그문트 바우만을 읽는 시간 불안한 현대인에게 전하는 바우만의 철학적 사유』, 서울: 북바이북.

임해영 · 김학주, 2018, "회복기 마약중독자의 영성 체험에 관한 연구-기독교 · 가톨릭인 회복자를 중심으로-",『한국콘텐츠학회논문지』, 제18권 11호, pp. 98-112.

임해영 · 윤현준 · 이병호, 2021, "마약류 중독자는 사회적으로 어떻게 표상되고 있는가?",『생명연구』, 제61권, pp. 125-153.

장정은 · 전종설, 2021, "도박중독자에서 동료지원자로:회복자인턴 경험을 중심으로",『보건사회연구』, 제41권 4호, pp. 187-206.

장효민, 2018, "자본주의 사회에서의 인간 소외 극복과 가치 합리성",『동서철학연구』, 제87호, pp. 347-371.

정지은 · 강기수, 2021, "메를로- 퐁티의『지각의 현상학』에 나타난 몸철학의 교육적 의의",『교육사상 · 연구』, 제35권 2호, pp. 73-100.

정혜윤, 2012, "'불안'이 왜 사회적 질병인가_CBS 다큐멘터리'불안'",『신문과방송』제502호, pp. 59-62.

조광제, 2000,『모리스 메를로-퐁티의 몸 현상학 강의록』, 서울: 철학아카데미.

조광제, 2003,『주름진 작은 몸들로 된 몸』, 파주: 철학과 현실사.

조남주, 2016,『82년생 김지영』, 서울: 민음사.

주광순, 2017, "피로사회에서의 저항", ,『대동철학』, 제81권, pp. 193-213.

질병관리청, 2022,『2021 국민건강통계』, 청주: 질병관리청

최명민 · 김정진 · 김성천 · 정병오, 2022,『한국의 실천 현장을 반영한 사회 복지실천론』, 서울: 사회평론아카데미.

최미경(a), 2022, "치료공동체(DARC)에 입소한 마약중독자들의 회복경 험에 대한 내러티브 탐구",『정신건강과 사회복지』, 제50권 2호, pp. 170-198.

최미경(b), 2022, "여성 알코올중독자의 치료공동체를 통한 회복과 성장에 관한 생애사",『질적탐구』, 제8권 4호, pp. 151-177.

최삼욱, 2017,『행위중독: 인간의 행동이 '중독'의 대상이 되다』, 남양주: 눈 출판사.

최상욱, 2006,『하이데거와 여성적 진리』, 서울: 철학과현실사.

최은실, 2017, "중학생의 정서적 외상 경험이 인터넷 · 스마트폰 중독 성향 에 미치는 영향: 자아존중감의 조절효과-",『한국콘텐츠학회논문지』, 제17권 2호, pp. 375-383.

최재붕, 2019,『포노 사피엔스 : 스마트폰이 낳은 신인류』, 파주: 쌤앤파 커스.

최주혜, 2015, "중독과 영성",『신학과 실천』, 제47권, pp. 349-372.

최혜진, 2016, "외모지상주의의 문학적 극복과 치료적 대안-외모지상주의 로 인한 사회적 문제의 인문학적 해결방안",『문학치료연구』제40호, pp. 225-259.

한국성폭력상담소, 2005,『섹슈얼리티 강의』, 파주: 동녘.

한병철, 김태환 옮김, 2012,『피로사회』, 서울: 문학과지성사.

한주연, 2020, "게임중독의 정신분석적 함의와 치료요인에 대한 고찰"『한 국게임학회논문』, 제20권 4호, pp. 33-46.

허라금, 1998, "여성의 몸",『한국여성철학회 학술대회 발표자료집』, `pp. 33-45.

홍주연 · 윤미, 2013, "중년여성의 영성이 행복과 우울에 미치는 영향", 『한국심리학회지:여성』, 제18권 1호, pp. 219-242.

황갑진, 2020, 『현대인의 자유와 소외』, 부산: 산지니.

Anna, Lembke, 김두완 옮김, 2022, 『도파민네이션』, 서울: 흐름출판.

Adler, A., 라영균 옮김, 2009, 『인간이해』, 서울: 일빛.

Alain de Botton, 정영목 옮김, 2011, 『불안』, 서울: 은행나무.

Archibald, d., H., 온누리회복사역본부 옮김, 2005, 『참을 수 없는 중독』, 서울:두란노.

APA, 권준수 · 김붕년 · 김재진 외(9인) 옮김, 2023, 『정신질환의 진단 및 통계 편람: DSM-5-TR』, 서울: 학지사.

APA, 권준수 옮김, 2024, 『DSM-5-TR 간편 정신질환통계편람』, 서울: 학지사.

Bauman, Zygmun., Leoncini, Thomas., 김혜경 옮김, 2020, 『액체 세대: 지그문트바우만의 마지막 대담집』, 서울: 이유출판.

Bauman, Zygmun, 이일수 옮김, 2009, 『액체 근대』, 서울: 도서출판 강.

Bauman, Zygmunt., 윤태준 옮김, 2013, 『유행의 시대: 유동하는 현대사회의 문화』, 파주: 오월의 봄.

Biocati, R., Mancini,G., and Trombini, E, 2018, "proness to bordom and risk behaviors during adolescents free time", 『Psychological Reports』, Vol. 121, No. 2, pp. 303-323.

Danckert, J., eastwood, J., D., 최이연 옮김, 2022, 『지루함의 심리학: 지루함이 주는 놀라운 삶의 변화』, 서울: Being: 로크미디어.

Downey, G., and Feldman, S. I., 1996, Implications of rejection sensitivity for intimate relationships, *Journal of Personality and Social Psychology*, Vol. 70, No. 6, pp. 1327-1343.

Erich, Fromm., 황문수 옮김, 2002, 『인간의 마음』, 서울: 문예출판사.

Emmanuel, Levinas., 강영안 옮김, 1996, 『시간과 타자』, 서울: 문예출판사.

Hawkins, Mark., A, 서지민 옮김, 2018, 『당신은 지루함이 필요하다』, 서울: 틈새책방.

Heidegger, Martin, 이기상 옮김, 2008,『존재와 시간: 인간은 죽음을 향한 존재』, 파주: 살림.

Jűrgen Habermas, 장춘익 옮김, 2006,『의사소통행위이론. 1-2』, 파주: 나남출판.

Lars Fr. H., Svensen, 도복선 옮김, 2005,『지루함의 철학』, 파주: 서해문집.

Pascal, B., 김형길 옮김, 2015,『팡세』, 서울: 서울대학교출판부.

Paulo Freire, 남경태 옮김, 2018,『페다고지:50주년 기념판』, 서울: 그린비.

Philip J., Flores, 김갑중 · 박춘삼 옮김, 2010,『애착 장애로서의 중독』, 남양주: NUN.

Robinson, J., Sareen, J. J., Cox, B, J., Bolton, J., 2009, Self-medication of anxiety disorders with alcohol and drugs: Results from a nationally representative sample, *Journal of Anxiety Disorder*, Vol. 23 No. 1, pp. 38-45.

Schaef, Anne., Wilson, 강수돌 옮김, 2016,『중독사회: 우리는 모두 중독자다』, 서울: 이상북스.

Schaef, Anne., Wilson · Fassel, Dinae., 강수돌 옮김, 2015,『중독조직: 조직은 어떻게 우리를 속이고 병들게 하는가?』, 서울: 이후.

Svenja, Flasspöhler., 장혜경 옮김, 2013,『왜 우리의 노동은 우울한가』, 서울: 로도스.

Valis, Deux., 남도현 옮김, 2002,『그림으로 이해하는 현대사상』, 원주: 개마고원.

경향신문, https://www.khan.co.kr

국가법령정보센터, https://www.law.go.kr

국가정신건강정보포털, http://www.mentalhealth.go.kr

네이버 지식백과 , https://terms.naver.com

불교평론, http://www. budreview.com.

사행산업통합감독위원회, http://www.ngcc.go.kr

서울신문,https://www.seoul.co.kr

세계일보, http://www.Segye.com

아주경제, https://www.ajunews.com

연합뉴스, https://www.yna.co.kr

영화'뷰티풀보이', https://www.tving.com

조선비즈, https://biz.chosun.com

조선일보, https://www.chosun.com

청년의사, https://www.docdocdoc.co.kr

통계청, https://kostat.go.kr

표준국어대사전, http://ko.dict.naver.com

프레시안, https://www.pressian.com

한겨레신문, http://www.hani.co.kr

한국경제, http://www. hankyung.com/opinion/article

한국중독시설협의체 홈페이지, https://kaarf.co.kr

SBS 뉴스, https://news.sbs.co.kr

중독된 그녀들

탐닉의 늪에서 탈주하기

초판 1쇄 발행 2025년 4월 15일
초판 2쇄 발행 2025년 12월 31일

지은이 임해영 · 최미경 · 강선경
발행인 채종준

출판총괄 박능원
책임편집 조지원
디자인 공진혁
마케팅 문선영
전자책 정담자리
국제업무 채보라

브랜드 드루
주소 경기도 파주시 회동길 230 (문발동)
투고문의 ksibook1@kstudy.com

발행처 한국학술정보(주)
출판신고 2003년 9월 25일 제406-2003-000012호
인쇄 북토리

ISBN 979-11-7318-286-0 93330

드루는 한국학술정보(주)의 지식 · 교양도서 출판 브랜드입니다.
세상의 모든 지식을 두루두루 모아 독자에게 내보인다는 뜻을 담았습니다.
지적인 호기심을 해결하고 생각에 깊이를 더할 수 있도록, 보다 가치 있는 책을 만들고자 합니다.